Wichtige Propheten von heute

Edwin E. Slosson

Writat

Diese Ausgabe erschien im Jahr 2023

ISBN: 9789359257549

Herausgegeben von
Writat
E-Mail: info@writat.com

Inhalt

VORWORT

Jedes Zeitalter hat seine eigenen Propheten, Männer, die unverwechselbare Botschaften überbringen und sie in einer so wirkungsvollen Form präsentieren, dass sie die Strömungen des zeitgenössischen Denkens beeinflussen. In keinem Zeitalter wurden möglicherweise vielfältigere Theorien über das Leben und die Bedeutung der Dinge präsentiert als in unserem eigenen, und sicherlich hat keines dem ursprünglichen Denker jemals eine solche Gelegenheit gegeben, schnell ein weltweites Publikum zu erreichen, wie er es jetzt durch das Medium kann von billigen Büchern und kostenlosen Schulen.

Dieser Band entstand aus meinem eigenen Wunsch heraus, herauszufinden, was bestimmte Personen sagten, von denen ich Grund zu der Annahme hatte, dass sie Aufmerksamkeit wert waren. Aber wenn man nicht besonders egoistisch ist, möchte man anderen immer einen interessanten Bekannten vorstellen. Daher würde ich mir wünschen, dass die folgenden Kapitel lediglich als Einführung verstanden werden. Auf die eine oder andere Weise beeinflussen solche Männer das Denken von uns allen, aber da wir ihre Philosophie meist aus zweiter Hand – oder aus dritter, vierter oder zehnter Hand – erhalten, erkennen wir ihren Ursprung nicht und neigen dazu, ihre Absicht falsch zu verstehen . Ideen, die uns in fragmentarischer Form und oft nach mehrfacher Übersetzung durch manchmal fremde oder feindselige Köpfe erreichen, sind nicht sehr nützlich. Es ist immer sicherer, an der Quelle zu trinken. Ich habe mich bemüht, eine Vorstellung vom Umfang und Charakter der Arbeit jedes einzelnen Mannes zu vermitteln, damit der Leser selbst beurteilen kann, ob es für ihn von Nutzen ist, die Bekanntschaft fortzusetzen. Wenn ja, findet er am Ende des Kapitels Anweisungen zum weiteren Vorgehen.

Wir glauben, dass wir einen Mann besser verstehen können, wenn wir sein Gesicht oder sogar sein Foto sehen können. Dies mag ein Aberglaube sein, aber wenn ja, ist es ein Aberglaube, dem sich jemand, der Dolmetscher werden möchte, beugen sollte. Also besuchte ich im Sommer 1910 die sechs Männer, die in diesem ersten Band aufgeführt sind, in ihren Häusern, nicht in der Hoffnung, neue und unveröffentlichte Meinungen zu erfahren, nicht in der Erwartung, eine persönliche Bekanntschaft zu machen, die mir tiefere Einblicke ermöglichen würde in ihre mentalen Prozesse einzudringen, sondern nur, um mich davon zu überzeugen, dass sie aus Fleisch und Blut und nicht aus Papier und Tinte bestehen. Wenn ich den Leser davon überzeugen kann, wird mein Ziel erreicht.

Bei der Auswahl der Namen, die in die Liste aufgenommen werden sollten, ließ ich mich in erster Linie von der Idee leiten, dass ich andere am ehesten für die Männer interessieren sollte, die mich am meisten interessiert haben. Da das Ziel des Buches darin besteht, als Einführung in die Werke der Autoren zu dienen und nicht als Ersatz für diese, war die Auswahl auf diejenigen beschränkt, die ihre philosophischen Ansichten in einer hinreichend populären Form zum Ausdruck gebracht haben, um für die Autoren attraktiv zu sein allgemeiner Leser. Es war notwendig, Vertreter unterschiedlicher Denkrichtungen auszuwählen, und es war nicht möglich, die Auswahl auf den philosophischen Beruf zu beschränken, denn in unserer Zeit ist die Philosophie aus ihrem Klassenzimmer herausgekommen und zeigt außerhalb oft mehr Aktivität als darin. So habe ich sowohl Männer der Wissenschaft und Literatur als auch Philosophen des Lehrstuhls einbezogen.

Zu der in diesem Band vertretenen Gruppe gehören: Maurice Maeterlinck, Dramatiker und Essayist, Interpret der belebten und unbelebten Welt; Henri Bergson vom Collège de France, dessen intuitive Philosophie vom verstorbenen William James in Amerika eingeführt wurde; Henri Poincaré von der Französischen Akademie, Mathematiker und Astronom; Élie Metchnikoff, Direktor des Pasteur-Instituts in Paris, Autor von Studien zur optimistischen Philosophie; Wilhelm Ostwald von der Universität Leipzig, Nobelpreisträger für Chemie 1909, Begründer der *Annalen der Naturphilosophie* , und Ernst Haeckel von der Universität Jena, erfahrener Zoologe , Verfechter des Darwinismus und Monismus, Autor des „Rätsels des Universums". ."

Die Kapitel dieses Bandes sind größtenteils in den letzten drei Jahren im *Independent* in einer Reihe unter dem allgemeinen Titel „Zwölf große Propheten von heute" erschienen, die ähnliche Artikel über Rudolf Eucken, Bernard Shaw, HG Wells, GK Chesterton, FCS Schiller und John Dewey, und ich bin dieser Zeitschrift für das Privileg der Buchveröffentlichung zu Dank verpflichtet.

EDWIN E. SLOSSON.
NEW YORK,

1. März 1914.

KAPITEL I

MAURICE MAETERLINCK

Vergessen wir nicht, dass wir in schwierigen und entscheidenden Zeiten leben. Es ist wahrscheinlich, dass unsere Nachkommen uns um die Morgendämmerung beneiden werden, durch die wir, ohne es zu wissen, gehen, so wie wir diejenigen beneiden, die im Zeitalter des Perikles, in den glorreichsten Tagen der römischen Größe und in bestimmten Stunden des römischen Zeitalters dabei waren Italienische Renaissance. Der herrliche Staub, der die großen Bewegungen der Menschen trübt, leuchtet hell in der Erinnerung, aber er blendet diejenigen, die ihn aufwirbeln und einatmen, und verbirgt ihnen die Richtung ihres Weges und vor allem den Gedanken, die Notwendigkeit oder den Instinkt, der sie führt .— „Der Doppelgarten.“

Es war halb acht am Morgen meines letzten möglichen Tages in Paris, als das Dienstmädchen das Tablett mit meiner Schokolade brachte, einen blauen Umschlag, adressiert in der sachlichen Schrift von Maeterlinck; die lange erwartete und schließlich verzweifelte Nachricht, die die in Amerika erhaltene Einladung bestätigte, ihn in der Abtei von St. Wandrille zu besuchen , und als Uhrzeit fünf Uhr nachmittags festlegte. An diesem Morgen gab es für mich keine Schokolade. Der Concierge und ich dachten über einen französischen Eisenbahnführer nach, der verwirrender war als der von Bullinger, und kamen zu dem Schluss, dass um neun Uhr ein Zug in diese Richtung fuhr, obwohl keiner von uns beiden erkennen konnte, wo und wann er Umstiege machte . Von Rouen an musste ich auf Glück oder auf die staatliche Eisenbahn vertrauen – fast dasselbe.

Der Gare St. Lazare ist weit vom Quartier Latin entfernt, wenn man einen Zug nehmen muss, aber der Taxifahrer sagte, er würde es schaffen, und das tat er auch. In Rouen entdeckte ich, dass man im Laufe des Tages nach Barentin gelangen konnte , und von Barentin aus fuhr gezielt und gelegentlich ein Zug nach St. Wandrille . Aber als ich in Barentin ankam, stellte ich fest, dass der Zug erst am nächsten Tag fuhr. Es stand kurz vor der Teezeit und Maeterlinck war siebzehn Meilen entfernt! Barentin hätte mich unter anderen Umständen wegen der Unvereinbarkeit der Stimmung zwischen der Stadt und ihrer Umgebung, einer baumwollspinnenden, sozialistischen Bevölkerung inmitten einer ultrakatholischen Agrargemeinschaft, interessiert. Aber als ich umherschlenderte, interessierte ich mich für nichts, bis ich zu einer kleinen Autowerkstatt kam. Hier fand ich einen jungen Mann, der wusste, wo er eine Maschine finden konnte, und versprach, mich rechtzeitig zum Tee nach St. Wandrille zu bringen , sonst wäre ein Reifen geplatzt.

Es war gewiss eine Vergnügungsfahrt, im einen Sinne des Wortes und, wie ich vermute, auch im zweifachen Sinne. Die Straße, eine Straße, wie wir sie in diesem Land selten sehen, schlängelte sich um die Hügel mit Blick auf das Tal, durch das sich die Seine zum Meer schlängelte. Die Ufer waren durch den Juliregen überschwemmt und die Pappeln standen bis zu den Knien im Wasser. Nach und nach ließen wir die schicken Backsteinhäuser der neuen Baumwollaristokratie hinter uns und gelangten in die ältere Steinzeit. Entlang der Eisenbahnlinie begannen auf den Wiesen, wie ich mit Bedauern sah, die schädlichsten amerikanischen Unkräuter zu wachsen, große Werbeschilder, aber wir entkamen ihnen bald und sahen um uns herum nur noch Gras und Felder durch die doppelte Baumreihe säumte die Straße.

Als wir die Stadt verließen, kam mein improvisierter Chauffeur schneller voran, und unter dem Reiz der Beschleunigung rezitierte ich Passagen aus Maeterlincks Dithyrambus „Geschwindigkeit", denn er war der erste, der Poesie im Automobil wahrnahm:

Das Tempo wird immer schneller, die wahnsinnigen Räder schreien laut vor Freude. Und zunächst kommt die Straße auf mich zu, wie eine Braut, die mit den Handflächen wedelt und im Rhythmus einer fröhlichen Melodie den Takt hält. Aber bald wird es hektisch, springt vor und stürzt sich wie verrückt auf mich, rauscht unter dem Auto hindurch wie ein wütender Wildbach, dessen Schaum mir ins Gesicht peitscht ... Jetzt fällt die Straße steil in den Abgrund, und die magische Kutsche rast vor ihr her. Die Bäume, die so viele langsame Jahre lang friedlich an seinen Rändern gelebt haben, weichen aus Angst vor einer Katastrophe zurück. Sie scheinen aufeinander zu eilen, sich ihren grünen Köpfen zu nähern und in erschrockenen Gruppen darüber zu diskutieren, wie sie der seltsamen Erscheinung den Weg versperren können. Aber als dies voranschreitet, geraten sie in Panik, zerstreuen sich und fliehen, wobei jeder schnell seinen gewohnten Platz sucht; und während ich vorbeigehe, beugen sie sich stürmisch nach vorne, und ihre unzähligen Blätter murmeln, schnell zur wahnsinnigen Freude der Macht, die ihre Hymne singt , in meinen Ohren den geschwätzigen Psalm des Weltraums und jubeln und begrüßen den Feind, der bisher immer besiegt wurde Jetzt triumphiert endlich: Geschwindigkeit.

Als ich Maeterlinck später an diesen Aufsatz erinnerte, lachte er herzlich und sagte, er habe ihn geschrieben, als er nur ein Drei-PS-Auto besaß, eines der ersten gebauten und völlig unzuverlässigen. Jetzt hat er ein großes; auch ein Motorrad, mit dem er fünfzig Meilen pro Stunde fährt, aber ich weiß noch nicht, dass er Prosagedichte über das Motorrad schreibt. Allerdings wird er wahrscheinlich der Erste sein, der es schafft, es sei denn, Rostand oder

Kipling überholen ihn, wie sie es in der literarischen Luftfahrt getan haben: Rostand mit einem Sonett auf dem Doppeldecker und Kipling mit seiner „Nachtpost", in der er erfindet und lehrt ein neues technisches Vokabular, ohne die Geschwindigkeit zu verlangsamen. Kein Wunder, dass Kipling den Nobelpreis für idealistische Literatur erhielt. Maeterlinck, der 1911 den gleichen Preis erhielt, hatte ihn aus demselben Grund verdient, denn auch er ist berechtigt, nach seinem Namen den Grad MM, Master of Machinery, zu schreiben.

Mit Hilfe der Maschine erreichte ich das kleine Dorf St. Wandrille noch vor der verabredeten Stunde, sodass ich noch Zeit hatte, in der seltsamen alten Kirche vorbeizuschauen. Dies ist ein beliebter Ferienort für Pilger aus der gesamten Normandie und verdient seinen Ruf durchaus, wenn man den Krücken, Stöcken und Votivtafeln nachgeht, die von den Geheilten oder Gesegneten zurückgelassen wurden. Seit Wandregisilus im Jahr 684 n. Chr . den französischen Hof verließ und diesen Rückzugsort im Wald an der Seine gründete, ist er für seine Reliquien bekannt. Die Beinhausabteilung macht in der Tat eine gute Figur; Schädel, Oberschenkelknochen, Wirbel und Fingerglieder, alles unter Glas ausgelegt und ordentlich beschriftet, wie in einem Museum. Ich habe dreißig Heilige gezählt, einige davon sind mir bekannt, wie der heilige Thomas von Aquin, die heilige Clotilde, die heilige Genoveva und der heilige Wulfranz . Aber die meisten von denen, die durch Reliquien oder Holzstatuen dargestellt wurden, lagen völlig außerhalb des Bereichs meiner Hagiographie – St. Firmin, St. Mien, St. Vilmir , St. Wilgeforte , St. Pantoleon und St. Herbland .

Die Dorfkirche ist zu modern, um irgendjemanden außer einem Amerikaner zu interessieren. Die alte Abtei, die teilweise aus dem 12. Jahrhundert stammt und heute Maeterlinck gehört, liegt auf der anderen Straßenseite. Als ich an dem kleinen gewölbten Portal in der Wand klingelte, wurde ich in den Kreuzgang geführt; Es kam mir sehr bekannt vor, denn ich hatte ein Foto davon in meinem Zimmer zu Hause, ein Foto, das drei Hexen über einem Kessel zeigt, da es aufgenommen wurde, als hier Maeterlincks Version von „Macbeth" gespielt wurde. „Der Kreuzgang von St. Wandrille ist zweifellos eines der prächtigsten Denkmäler seiner Art, das dem Vandalismus der letzten Zeit entgangen ist", sagt Langlois in dem großen Band, den er seiner Architektur widmet. [1] Bis vor Kurzem befand sich das Kloster in den Händen der Benediktiner, doch diese wurden 1907 von der französischen Regierung im Zuge der Trennung von Kirche und Staat enteignet und das Anwesen zum Verkauf angeboten. Es sollte gerade an ein Chemiesyndikat für eine Fabrik verkauft werden, als Maeterlinck intervenierte und es kaufte, möglicherweise mehr, um seiner Frau zu gefallen als sich selbst, denn die Umgebung ist ihm gleichgültig, während sie große Freude an einem künstlerischen Bühnenbild hat, nicht aber nicht nur für die Stücke, die sie inszeniert, sondern für das tägliche Leben. Um die Abtei auf diese Weise vor kommerzieller Schändung zu bewahren, erhielt Maeterlinck vom Papst einen Pergamentsegen, aber seine spätere Nutzung als Theater war für die katholische Stimmung ebenso beleidigend.

Sicherlich wurde kein Autor seinen Bewunderern zufriedenstellender untergebracht als Maeterlinck. Er hatte es sich tatsächlich in seinen Jugendstücken vorgestellt. Es ist eine Bestätigung seines Glaubens, dass ein Mensch seine eigene Umgebung schafft. Der umliegende Wald, das alte Haus mit seinen langen Korridoren, der Garten, in dem hier und da zwischen Weinreben und Blumen die zerbrochenen Säulen und Bögen des vergrabenen Tempels auftauchen, sind die vertrauten Szenen all seiner Dramen. Es fehlt nur noch das Meer, an das er so oft denkt, und darunter ein paar feuchte, dunkle Höhlen und Kerker. Aber Maeterlinck braucht heutzutage solche unterirdischen Accessoires nicht mehr, denn er hat seine Schreckensherrschaft hinter sich und ist in die Sonne aufgetaucht.

Es ist merkwürdig, dass ein Mann, der so modernistisch eingestellt ist und eine so einzigartige Fähigkeit bewiesen hat, die prosaischen Details des heutigen Lebens zu idealisieren, alle seine Dramen in der historischen oder legendären Vergangenheit ansiedelt. Aber er betrachtet die Vergangenheit immer als Dichter, nicht als Archäologe, der lediglich einige schöne Namen und einen Vorschlag zum Szenenaufbau nennt und die Bühnenarbeiten der Fantasie des Lesers überlässt. Obwohl er ein Determinist ist, hat niemand, nicht einmal James oder Bergson, das Recht der Vergangenheit, unser Handeln zu kontrollieren, mutiger abgelehnt:

Wenn wir darüber nachdenken, gehört die Vergangenheit in Wirklichkeit genauso zu uns wie die Gegenwart und ist weitaus formbarer als die Zukunft. Wie die Gegenwart und in viel größerem Maße als die Zukunft findet ihre Existenz ausschließlich in unseren Gedanken statt und wird von unserer Hand kontrolliert. Dies gilt nicht nur für unsere materielle Vergangenheit, in der es Ruinen gibt, die wir vielleicht wiederherstellen können, sondern auch für jene Regionen, die unserem verspäteten Wunsch nach Sühne verschlossen sind, und vor allem für unsere moralische Vergangenheit und für das, was wir betrachten dort am irreparabelsten zu sein.

„Die Vergangenheit ist Vergangenheit“, sagen wir, und das ist nicht wahr; Die Vergangenheit ist immer gegenwärtig. „Wir müssen die Last unserer Vergangenheit tragen“, seufzen wir; und es ist nicht wahr; Die Vergangenheit trägt unsere Last. „Nichts kann die Vergangenheit auslöschen“, und das stimmt nicht; Die geringste Willensanstrengung lässt Gegenwart und Zukunft durch die Vergangenheit reisen, um alles auszulöschen, was wir von ihnen verlangen. „Die unzerstörbare, irreparable, unveränderliche Vergangenheit!“ Und das ist nicht wahrer als der Rest. In denen, die so sprechen, ist die Gegenwart unveränderlich und weiß nicht, wie sie repariert werden kann. „Meine Vergangenheit ist böse, sie ist traurig, leer", sagen wir noch einmal, „wenn ich zurückblicke, kann ich keinen Moment der Schönheit, des Glücks oder der Liebe sehen; ich sehe nichts als elende Ruinen …" Und das ist nicht der Fall wahr, denn du siehst genau das, was du selbst dort hinstellst, in dem Moment, in dem dein Blick darauf ruht. [2]

Während ich im Kreuzgang herumwanderte und über misshandelte Heilige und moosbewachsene Wasserspeier rätselte, wurde jede Neigung, die ich vielleicht zur klösterlichen Meditation empfunden hatte, durch das Erscheinen einer Frau zunichte gemacht, nicht nur einer Frau, sondern einer modernen Frau, einer Frau, die an Vitalität gewonnen hat Initiative, ohne die weiblichen Anmut zu verlieren, „die männliche Freundin und gleichberechtigte Kameradin", wie Maeterlinck sie nennt. Ihr Kostüm harmonierte nicht unharmonisch mit der Umgebung, denn es wirkte ein wenig mittelalterlich – ein Kapuzengewand aus schwerem blauen Stoff, das in langen, geraden Falten bis zu ihren Füßen herabfiel.

Es ist nicht notwendig, Madame Georgette Leblanc Maeterlinck zu beschreiben, denn Maeterlinck selbst hat das getan und ihre Tugenden und Schwächen gleichermaßen mit liebevoller Hand skizziert. [3] Ihren starken Einfluss auf sein Denken erkennt er dankbar in den Vorworten zu seinen Aufsätzen an und zeigt dies durch die häufigen Verweise auf ihre Meinungen und ihre Persönlichkeit. Monna Vanna, Joyzelle und Maria Magdalena sind Rollen, die für sie geschrieben wurden. Wann sie in Maeterlincks Leben trat, erkennen wir am Erscheinen der „neuen Frau" in seinen Dramen; Aglavaine , die unfreiwillig die gebrechliche und schüchterne Sélysette in den Schatten stellt und verdrängt , Ariane, die letzte Frau von Blaubart, die seine anderen Frauen aus der geheimen Kammer befreit, in der sie eingesperrt waren und nicht getötet wurden, wie frühere Gerüchte besagten. Die inhaftierte Schwesternschaft, die übrigens die Anämischen ist Die Heldinnen aus Maeterlincks früherer Zeit, Sélysette , Mélisande , Ygraine , Bellangère und Alladine , weigern sich, Ariane in die Freiheit zu folgen; Sie bleiben lieber bei Blaubart, also geht sie alleine aus. Aber sie schlägt die Tür nicht zu wie Nora in „Das Puppenheim". Heutzutage ist es nicht nötig, die Tür zuzuschlagen.

Pelléas und Mélisande " ausgewählt hat , denn sie ist die Erfinderin einer neuen Form der dramatischen Kunst, die auf der Entdeckung basiert, dass sich das Publikum leichter bewegen lässt als Burgen, Bäume und Hügel. Nur das Wetter kann sie nicht kontrollieren, und das erbärmliche Drama wurde angemessen, wenn auch unbequem, in einem Regensturm gespielt. [4] Das alte Refektorium, das sie in „Macbeth" als Bankettsaal nutzte, war groß genug, um vierhundert Benediktinermönchen Platz zu bieten. Es ist mit geschnitztem Holz überdacht und getäfelt und wird durch eine Reihe großer spitzer Fenster mit sehr alten Buntglasstücken beleuchtet.

Hier gesellt sich bald M. Maeterlinck zu uns, eine kräftige Gestalt in Norfolk-Jacke und Knickerbockern, denn er kommt gerade von einem Trampolinausflug mit seinem Hund zurück. Nein, der Hund war nicht sein Freund Pelléas . Pelléas ist , wie Sie sich erinnern sollten, vor Jahren gestorben, sehr jung.

Manche sagen, Maeterlinck habe ein flämisches Bauerngesicht. Manche sagen, ein flämisches bürgerliches Gesicht. Da ich weder mit der Physiognomie der Bauernschaft noch der Bourgeoisie Flanderns vertraut bin, kann ich diese heikle Frage nicht entscheiden. Ich kann nur sagen, dass es ein Gesicht ist, dem man vertrauen kann, das Gesicht eines Mannes, den man gerne zum Freund hätte. Die Augen sind weit geöffnet und weit auseinander, klar und ruhig. Sein Haar wird grau, und in den letzten Jahren hat er seinen Schnurrbart abrasiert, wodurch sein gerader, fester Mund und sein freundliches Lächeln zum Vorschein kommen. Seine Fotografien werden ihm nicht gerecht, denn keines davon zeigt ihn lächelnd – ebenso wenig wie seine Bücher. Frühes Zubettgehen und frühes Aufstehen sowie viel Zeit im Freien haben ihm eine aufrechte Haltung und einen kräftigen Schritt beschert. Er liebt das Boxen und hat einen Aufsatz geschrieben, in dem er diesen Sport lobt.

Vom Fenster seines Arbeitszimmers im Obergeschoss aus zeigt er mir sein Waldgebiet, das sich weit den Hügel hinauf erstreckt, und holt aus seiner Tasche das Buch, das seinen Nachmittag beschäftigt hat, ein Buch über Forellenfliegen. Aber ich interessiere mich mehr für andere Dinge, für den großen Arbeitstisch, der die Mitte des Arbeitszimmers einnimmt, übersät mit Papieren, auf dessen Ecke eine Schreibmaschine steht. Die Wand gegenüber dem Fenster ist mit Büchern gesäumt, und als ich darüber blicke, sehe ich seine eigenen Theaterstücke und Essays, die in ein halbes Dutzend Sprachen übersetzt wurden, Carlyles Werke, Vaughans „English Mystics" und viele Bände über Naturwissenschaften, Poesie und Philosophie . M. Maeterlinck errät, was ich am liebsten sehen möchte, und nimmt sein Emerson zur Hand, eine alte einbändige Ausgabe, in äußerst kleiner Schrift, aber offensichtlich gut gelesen, mit zahlreichen Unterstreichungen und so vielen Anmerkungen, wie es die schmalen Ränder zuließen. Es ist merkwürdig, dass Emerson zwei so ungleiche Männer wie Nietzsche und Maeterlinck stark beeinflusst haben soll. [5] Aber nur dieser erlangte seine schönste Eigenschaft, die Gelassenheit des Geistes. Maeterlinck ähnelt Thoreau auch in seiner Liebe zur Natur, obwohl er weder Askese noch Einsiedelei zur Schau stellt.

Die Sommer verbringt er ausschließlich in der Abbaye de St. Wandrille . Im Winter geht er an die Riviera, um bei den Bienen und Blumen zu leben, deren Sprache er spricht. Sein Winterwohnsitz liegt in Les Quatre Chemins, in der Nähe von Grasse, im südöstlichen Zipfel des Landes. Hier ist er noch zurückgezogener als auf St. Wandrille . Er zieht das Land der Stadt vor, nicht weil er eine Abneigung gegen Menschenmassen oder die Mechanismen des modernen Lebens hätte, sondern weil er jede Art von Verherrlichung und Publizität ablehnt. Er würde in der Atmosphäre eines Pariser Salons ersticken. Er gehört keiner der literarischen Cliquen an, die sich zur gegenseitigen Bewunderung und zur gegenseitigen Förderung individueller Interessen zusammengeschlossen haben. Er war nie das, was Verlaine einen „Beckenspieler" nannte.

Einblick in die Geheimnisse des Universums verschafft . Anstatt den Mystizismus zu töten, wie es von verzweifelten Dichtern des letzten Jahrhunderts vorhergesagt wurde, hat die moderne Wissenschaft zu einer Wiederbelebung des Mystizismus geführt. Das ist ganz natürlich, denn Mystik ist die Verifizierung der Religion durch die experimentelle Methode, so wie der Geistliche die Verifizierung der Religion durch die historische Methode ist. Die Evolutionslehre hat dem Gefühl der Einheit der Natur, das die Kraft der Mystik darstellt, eine intellektuelle Grundlage und einen reicheren Inhalt verliehen. Ein schwacher Dichter, der seiner Vision oder seinen eigenen Kräften misstraut, fürchtet die Wissenschaft und flieht vor ihr. Ein großer und mutiger Dichter nutzt die Wissenschaft und nutzt sie für seine eigenen Zwecke. Tennyson und Sully-Prudhomme gehörten zu den ersten, die diese Möglichkeit erkannten und demonstrierten. Maeterlinck gehörte zu der Generation, die seit Beginn des wissenschaftlichen Zeitalters geboren wurde, und trat das Erbe seines Reichtums an, ohne dafür eine Sturm- und Drangperiode durchmachen zu müssen. Keine Spur der ärgerlichen Gegensätze des 19. Jahrhunderts stört den Gleichmut seiner Essays. Er sieht keinen Konflikt zwischen der wissenschaftlichen und der poetischen Sicht auf die Welt. Er betrachtet es mit offenen Augen und die beiden Visionen verschmelzen zu einer festen Realität.

Maeterlinck war einer der Anführer jener charakteristischen Bewegung des 20. Jahrhunderts, die man als Wiederbelebung des Universums bezeichnen könnte. Es ist noch nicht so lange her, dass sich die meisten von uns noch daran erinnern können, als der Mensch aus Angst vor dem Fortschritt der Wissenschaft nicht wagte, seine Seele sein Eigen zu nennen. Natürlich verweigerte er dem Rest der Welt eine Seele. Tiere waren Automaten; Pflanzen natürlich bewusstlos; und Planeten und Maschinen kommen nicht in Frage. Die Natur wurde einem Prozess unterzogen, den man treffend als Deanthropomorphisierung bezeichnen kann . Für Naturforscher der unbelebten Schule lohnte es sich nicht, ein Insekt zu studieren, solange es nicht mit einer Nadel durchbohrt war. Tiere waren nur dann interessant, wenn sie ausgestopft waren.

Heutzutage kehren Naturforscher zur Natur zurück. Sie verlassen das Labor und machen sich auf den Weg in den Wald. Sie haben erkannt, dass das Studium der Zoologie in einem Museum dem Studium der Soziologie auf einem Friedhof gleicht. Sie haben herausgefunden, dass Tiere und Pflanzen nicht nur Vitalität, sondern auch Individualität besitzen, und da das wirkliche Interesse des Menschen an der Welt, auf die er herabschaut, schon immer eine neue Schule der Welt war, obwohl er es oft geleugnet hat, weil er hoffte, sich dort zu sehen Es sind Fabulisten aufgetaucht, die uns den Spiegel der Natur vorhalten, wie es einst Esop und Pilpay taten.

Unter ihnen gibt es niemanden, außer Kipling, der Maeterlinck ebenbürtig ist. Wie Tyltyl trägt er den Feenknopf an seiner Mütze, der bei Berührung die Seelen der Dinge zum Vorschein bringt. Und wie in „The Blue Bird“ kehren die Seelen, die er einst durch die Magie seiner Phrasen aus ihren materiellen Gefängnissen befreit hat, nicht mehr zurück. Sie bleiben für uns immer sichtbar; nicht nur die Seelen des Hundes und der Katze, sondern auch der Biene, der Eiche, des Brotes und des Automobils. Er zeigt uns die Katze als einen winzigen, aber nicht domestizierten Tiger, für den wir nichts weiter als eine übergroße und ungenießbare Beute sind. Durch seine Augen sehen wir die Kulturpflanzen als unsere stummen Sklaven, denn „die Rose und der Mais würden, wenn sie Flügel hätten, bei unserer Annäherung wie die Vögel fliegen.“

Maeterlinck hat kürzlich die Denkpferde von Eberfeld , den Nachfolgern von Kluge Hans, auf die Probe gestellt und sich von deren Fähigkeit überzeugt, zu buchstabieren und zu chiffrieren und sogar die Quadratwurzel aus großen Zahlen zu ziehen, eine Leistung, die Maeterlinck selbst in der Schule nie erlernen konnte . Er zieht jedoch eine Grenze, wenn es darum geht, den Pferden telepathische Kräfte zuzuschreiben. [6]

„The Blue Bird“ kann sich dem Vergleich mit seinem zeitgenössischen Bühnenkonkurrenten „Chantecler“ nicht entziehen, aber die Ähnlichkeit ist oberflächlich. Sie sind in ihrer Philosophie ebenso unterschiedlich wie in ihrem Stil. Maeterlinck hat ein Märchen für Kinder geschrieben; Rostand eine Satire für Erwachsene. Maeterlinck verbirgt seine Gedankentiefe hinter einem Dialog aus einfacher und schlichter Prosa. Rostand verbirgt seine Trivialitäten in aufwändigen und künstlichen Versen. „Der blaue Vogel“ ist in Wirklichkeit der Nachkomme von „Der kleine weiße Vogel“, ungeachtet des Gegenteils von Mendel. Aber Maeterlinck fehlt der köstliche Humor, mit dem Barrie seinen Peter Pan dargestellt hat.

Ob jemand, der „Der blaue Vogel“ gelesen hat, enttäuscht sein wird, wenn er es sieht, hängt von der Lebhaftigkeit seiner Vorstellungskraft ab. Er wird wahrscheinlich feststellen, dass er beim Lesen den Humor der grotesken Charakterisierung der Nebenfiguren wie Brot, Hund, Katze und Zucker nicht gewürdigt hat, aber andererseits wird er feststellen, dass er es sich vorgestellt hat Szenen wie der Palast der Nacht und das Königreich der Zukunft wirken viel prächtiger und beeindruckender, als sie auf der Bühne erscheinen. Das Stück, das im New Theatre in New York aufgeführt wurde, war bei weitem nicht so wirkungsvoll wie im Haymarket in London.

„Der blaue Vogel" würde als Oper am besten funktionieren. Ich wünschte, jemand würde es vertonen. Der sehr eindrucksvolle Gesang der Mütter zur Begrüßung ihrer Kinder zeigt, wie viel Musik dazu beitragen kann. Debussys verträumte und formlose Harmonien passten zu „ Pelléas und Mélisande ", aber allein der Autor der „Haussymphonie" könnte diesem Küchendrama gerecht werden. Nur Strauss konnte Zucker und Milch mit geeigneten Motiven versehen und den Streitigkeiten zwischen Katze und Hund sowie Feuer und Wasser die richtige Orchestrierung verleihen.

Bei Maeterlinck erfolgt die Personifizierung nicht durch Fälschung. Sein „Leben der Biene" basiert auf seiner eigenen Beobachtung und umfassenden Lektüre und ist fehlerfreier als viele der rein wissenschaftlichen Bücher, die zu diesem Thema geschrieben wurden. Solche Fehler, die er macht, sind in der Tat zufällig und niemals auf Verzerrungen oder Erfindungen zurückzuführen, die der Absicht dienten, einer poetischen Fantasie zu folgen oder eine Moral zu verdeutlichen. Tatsächlich stellt er keine Moral dar. Seine Naturstudien vermitteln keine Lektion, es sei denn, es handelt sich um die große Lektion der Verwandtschaft mit der Natur. Er schreibt nicht wie Kipling eine Tiergeschichte mit dem Ziel, den Haushaltsentwurf zu ändern oder die diplomatischen Beziehungen zu ändern. „Das Leben der Biene" kann als sozialistisches Traktat verwendet werden. Es kann auch als antisozialistisches Traktat genutzt werden. „Der Geist des Bienenstocks", wie er es interpretiert, zieht einige Menschen an und stößt andere ab. Lord Avebury, der führende englische Experte für Ameisen und Bienen, ist der Vorsitzende der Gesellschaft zur Opposition gegen den Sozialismus.

Maeterlinck gehört nicht zu denen, die Tiere auf ihre Hinterbeine stellen, um den Menschen als Schulmeister zu fungieren. Er findet nirgendwo außerhalb von uns, weder im Himmel oben noch auf der Erde unten, die Gerechtigkeit, an die die Menschheit instinktiv und unweigerlich glaubt. Er ist in seiner Ableitung der Moral ebenso pragmatisch wie Sumner:

Zwischen der Außenwelt und unseren Handlungen bestehen nur die einfachen und im Wesentlichen nichtmoralischen Beziehungen von Ursache und Wirkung.

Im Zuge der Anpassung an die Gesetze des Lebens sind wir natürlicherweise dazu gelangt, unseren moralischen Vorstellungen die Prinzipien der Kausalität zuzuschreiben, denen wir am häufigsten begegnen. Und wir haben auf diese Weise einen sehr plausiblen Anschein einer wirksamen Gerechtigkeit geschaffen, die die meisten unserer Handlungen in dem Maße belohnt oder bestraft, in dem sie sich bestimmten Gesetzen nähern oder von ihnen abweichen, die für die Erhaltung der Rasse wesentlich sind.

In uns gibt es einen Geist, der nur Absichten abwägt; ohne uns eine Macht, die nur Taten ausgleicht. [7]

Dies liest sich wie eine Ergänzung zu Huxleys Romanes-Ansprache aus dem 20. Jahrhundert.

Maeterlincks Gerechtigkeitssinn ist mehr empört über die Katastrophen, die aus der Nachlässigkeit und Böswilligkeit der Menschen resultieren, als über die Katastrophen von Erdbeben und Unwettern. Wir sind seltsame Liebhaber einer idealen Gerechtigkeit, sagt er; Wir, die drei Viertel der Menschheit zum Elend von Armut und Krankheit verurteilen und uns dann über die Ungerechtigkeit der unpersönlichen Natur beschweren. Und als er eine Geschichte aus „1001 Nacht" liest, fällt ihm auf, dass die Frauen des Harems, zum Laster erzogene und zur Sklaverei verurteilte Geschöpfe, die höchsten moralischen Gebote aussprechen:

Diese Frauen, die ständig über die höchsten und größten Probleme der Gerechtigkeit, der Moral von Männern und Nationen nachdenken, werfen keinen fragenden Blick auf ihr eigenes Schicksal und ahnen auch nur einen Augenblick lang die abscheuliche Ungerechtigkeit, deren Opfer sie sind. Auch diejenigen, die ihnen zuhören, sie lieben, bewundern und verstehen, ahnen es nicht. Und wir, die wir uns darüber wundern – wir, die wir auch über Gerechtigkeit und Tugend, über Mitleid und Liebe nachdenken – sind so sicher, dass diejenigen, die nach uns kommen, nicht eines Tages in unserer gegenwärtigen sozialen Lage ein ebenso beunruhigendes und erstaunliches Schauspiel vorfinden werden. [8]

Maeterlinck steht der Politik ziemlich fern, aber nicht, weil er keine Sympathie für die Tendenz der Zeit hätte. Er glaubt an die Demokratie, obwohl er sich ihrer Fehler und Gefahren klar bewusst ist:

Bei den Problemen, in denen alle Rätsel des Lebens zusammenlaufen, hat die Menge, die Unrecht hat, fast immer Recht gegenüber dem Weisen, der Recht hat. Es weigert sich, ihm sein Wort zu glauben. Es fühlt sich vage an, dass hinter den offensichtlichsten abstrakten Wahrheiten unzählige lebendige Wahrheiten stecken, die kein Gehirn vorhersehen kann, denn sie brauchen Zeit, Realität und menschliche Leidenschaften, um ihre Arbeit zu entwickeln. Aus diesem Grund besteht die Menge vor allen anderen darauf, dass das Experiment ausprobiert werden soll, ganz gleich, welche Warnung wir aussprechen und welche Vorhersagen wir auch treffen mögen. Können wir sagen, dass es falsch war, in Fällen, in denen die Menge das Experiment erhalten hat, darauf zu bestehen? [9]

Es wäre sicherlich äußerst gefährlich gewesen, Platon oder Aristoteles, Marcus Aurelius, Shakespeare oder Montesquieu das Schicksal dieser Art anzuvertrauen. In den schlimmsten Momenten der Französischen

Revolution lag das Schicksal des Volkes in den Händen von Philosophen von großem Rang. [10]

Den durchgreifenden Charakter seiner Demokratie betont Professor Dewey in seinem Vortrag über „Maeterlincks Lebensphilosophie", den er an der Columbia University hielt:

„Emerson, Walt Whitman und Maeterlinck sind bisher vielleicht die einzigen Männer, die sich gewohnheitsmäßig und sozusagen instinktiv darüber im Klaren waren, dass Demokratie weder eine Regierungsform noch eine soziale Zweckmäßigkeit, sondern eine Metaphysik dieser Beziehung ist des Menschen und seiner Erfahrungen mit der Natur; unter diesen hat Maeterlinck zumindest den Vorteil einer größeren Aufklärung durch den Fortschritt der Naturwissenschaft.

Dieses demokratische Gefühl scheint mir eher aus seinem mystischen Sinn für die Kontinuität des Lebens als aus persönlicher Disposition oder politischer Theorie zu resultieren. In seinen früheren und charakteristischeren Dramen sind die Personen kaum mehr als sprechende Symbole. Ihr Aussehen und ihre Kostüme werden weder in den Regieanweisungen noch im Dialog beschrieben. Ihre Namen – wenn er sich die Mühe macht, ihnen Namen zu geben – reichen in manchen Fällen kaum aus, um auf das Geschlecht hinzuweisen. Ihre Sprache ist auf ihre untersten Elemente reduziert, in der Tat übermäßig vereinfacht und voller Wiederholungen und Inkohärenzen, die dummen und ungebildeten Menschen auf der ganzen Welt gemeinsam sind. Maeterlinck selbst nennt sie „ Marionetten " und sagt, dass sie wie halbtaube Schlafwandler aussehen, die gerade aus einem schmerzhaften Traum erwachen.

Aber diese Marionettenmenschen werden ihrer Individualität beraubt, um sie auf den gemeinsamen Nenner der Menschheit zu reduzieren. Ihnen wird jegliches persönliches Interesse entzogen , um zu verhindern, dass die Aufmerksamkeit des Betrachters auf sie gerichtet wird. Sie werden transparent gemacht, damit wir durch sie hindurchschauen und die äußeren Kräfte wahrnehmen können, die sie kontrollieren. Der dramatische Dichter, sagt er im Vorwort zu seinen frühen Dramen, „muss uns zeigen, auf welche Weise, in welcher Form, unter welchen Bedingungen, nach welchen Gesetzen und zu welchem Zweck unser Schicksal von den höheren Mächten, dem Unverständlichen, kontrolliert wird." Einflüsse, deren unendliche Prinzipien, soweit er Dichter ist, davon überzeugt sind, dass das Universum voll ist.

Für ihn besteht große Poesie aus drei Hauptelementen:

Zuerst die verbale Schönheit, dann die Betrachtung und leidenschaftliche Darstellung dessen, was wirklich um uns herum und in uns selbst existiert, also die Natur und das Gefühl, und schließlich die Idee, die das gesamte Werk umhüllt und eine eigene Atmosphäre schafft, die Idee, die der Dichter hat vom Unbekannten, in dem die Wesen und Dinge schweben, die er heraufbeschwört, vom Geheimnis, das sie beherrscht, über sie richtet und über ihr Schicksal herrscht.

Die Kritiker lagen nicht ganz unrecht, wenn sie die Figuren seiner früheren Stücke als „bloße Schatten" bezeichneten. Ein Schatten existiert jedoch nur, wenn helles Licht auf ein reales Objekt fällt. Maeterlincks Absicht ist es, Platons Höhlenmenschen auf das Drama aufmerksam zu machen, das sich hinter ihrem Rücken abspielt. Die eigentliche Handlung dieser Stücke ist nicht die, die man auf der Bühne sieht. Seine Dramen enthalten ihre Botschaft mit geheimer Tinte zwischen den Zeilen und werden erst sichtbar, wenn sie durch die Anteilnahme des Lesers erwärmt werden.

Die Aufführung von „Macbeth" in Saint- Wandrille hatte ein doppeltes Interesse. Es führte eine neue Form des Dramas ein und fügte den vielen Versuchen, Shakespeare ins Französische zu übertragen, eine weitere hinzu. Diese erlesene und alltägliche Unterhaltung könnte man „Kammerfest" nennen, weil sie in gewisser Weise die gleiche Beziehung zu den Umzügen im Freien hat , die heute so beliebt sind, wie Kammermusik zu Orchestermusik. Die meisten Unstimmigkeiten, auf die die Kritiker hingewiesen haben [11] , sind nicht dem Plan inhärent, sondern darauf zurückzuführen, dass „Macbeth" ebenso wenig an einen solchen Schauplatz angepasst ist wie an das moderne Theater. Möglicherweise könnte in dieser Hinsicht etwas Wirkungsvolleres erreicht werden, wenn ein neues Stück geschrieben würde, das dem Ort und den Bedingungen der Aufführung entspricht, wobei die Anforderungen sicherlich nicht anspruchsvoller sind als die der elisabethanischen Bühne. Dabei wäre es sogar möglich, sich strikt an die drei Einheiten zu halten und die Szenen drinnen und draußen, bei Tageslicht und Dunkelheit passend zu spielen.

Madame Georgette Leblanc-Maeterlinck war, wie es bei Ehefrauen üblich ist, für ihren Ehemann sowohl eine Hilfe als auch ein Hindernis.

Sie hat einige seiner besten Arbeiten inspiriert und ihn auch in endlose Kontroversen mit Theatermanagern verwickelt. „Monna Vanna" wurde für sie geschrieben, daher wollte sie ganz natürlich das Monopol auf die Titelrolle , und als Debussy „ Pelléas et Mélisande " so unheimlich vertonte wie das Stück, bestand sie darauf, Mélisande zu singen . Aber die Pariser Manager lehnten es ab, sie aufzunehmen, entweder weil sie eigene Protegés hatten oder weil sie keine ausreichend hohe Meinung von Madame Leblancs Fähigkeiten als Schauspielerin und Primadonna hatten, und Herr Maeterlinck war nicht in der Lage, sie zu *zwingen* die Aufführung des Theaterstücks und der Oper mit anderen Hauptdarstellerinnen zu verhindern oder zu verhindern. Sie sang die Rolle jedoch schließlich sowohl zu Hause als auch in Amerika, verlor jedoch die Auszeichnung, sie zu komponieren.

Aber auf jeden Fall verdanken wir ihrer Fleißigkeit eine neue Übersetzung von „Macbeth", die laut der London *Times* „der gewissenhafteste Versuch ist, die Atmosphäre eines Shakespeare-Stücks zu bewahren, der seit M. Marcel Schwabs bemerkenswertem Werk auf Französisch versucht wurde." Wiedergabe von ‚Hamlet'." Die Schwierigkeit, poetische Sprache zu übersetzen, bei der der Klang und die Konnotation der Wörter ebenso wichtig sind wie ihre wörtliche Bedeutung, wird von M. Maeterlinck bewundernswert dargelegt:

Die bescheidenen Übersetzer, die Shakespeare gegenüberstehen, sind wie Maler, die vor demselben Wald, denselben Meeren, auf demselben Berg sitzen. Jeder von ihnen wird ein anderes Bild ergeben. Und eine Übersetzung ist fast ebenso ein *Etat d'âme* as ist eine Landschaft. Oben, unten und rundherum schwebt im wörtlichen und literarischen Sinn der primitiven Phrase ein geheimes Leben, das kaum zu fassen ist und das dennoch wichtiger ist als das äußere Leben der Worte und der Bilder. Es ist dieses geheime Leben, das es zu verstehen und so gut wie möglich zu reproduzieren gilt. Äußerste Vorsicht ist geboten, denn die kleinste falsche Note, der kleinste Fehler kann die Illusion zerstören und die Schönheit der schönsten Seite zerstören. Das ist das Ideal des gewissenhaften Übersetzers. Es entschuldigt von vornherein jede Anstrengung dieser Art, auch diese, die nach so vielen anderen kommt, und trägt zur gemeinsamen Arbeit lediglich durch die sehr bescheidene Hilfe einiger Phrasen bei, die der Zufall hin und wieder begünstigt haben mag.

Er veranschaulicht diese unterschiedlichen Ansichten derselben Landschaft, indem er alle verschiedenen Versionen eines Couplets zusammenführt, von Letourneur aus dem 18. Jahrhundert bis zu Duval, dem neuesten Shakespeare-Übersetzer:

„Seltsame Dinge, die ich im Kopf habe, die zur Hand sind,
die behandelt werden müssen, bevor sie gescannt werden können ."

„ Ich habe mich am Anfang der Reise entschieden, um mich auf den Weg zu machen , und er hat es geschafft avantgardistisch qu'on les médite ." – (Maeterlinck.)

„ Ich habe am Abend des Abends die Wahl getroffen , dass ich mich hauptsächlich und veulent fühle être Exekutionen avant d'être méditées . "
—(François-Victor Hugo.)

„Ich tête a des projets étranges qui réclament ma main; achevons l'acte avantgardistisch d'y réfléchir ." —(Maurice Pottecher .)

„ Ich wähle am Ende der Bühne , dass ich an meinen Hauptspeisen vorbeigehe , und wähle, was ich gerade exekutiere avantgardistisch d'avoir le temps de les examer." – (Guizot.)

„ Ich habe mich in meinem Amtskollegen dafür entschieden , dass mein Hauptverwalter es ist , und ich bin veulent. " être „Accomplices sans me laisser le temps de les peser " – (Montégut .)

„Ich tête a des projets qu'exécutera ma main; Ich bin ein guter Prüfer , ohne dass ich mir die Zeit als Prüfer nehmen muss .

„ J'ai d'étranges Projekte en tête qui veulent être Exekutionen avantgardistisch d'y réfléchir ." –(Georges Duval.)

„ J'ai dans la tête d'étranges Projekte , qui, de là , passeront dans mes mains; et il faut les exécuter avantgardistisch Qu'on puisse les pénétrer . " —(Pierre Letourneur .)

Dieses Couplet ist an sich schon ein Argument für mehr Übersetzungsfreiheit, als üblicherweise gewährt wird. Die Wahl von „ scann'd " unter anderen Wörtern, die die Idee genauso gut oder besser ausgedrückt hätten, war offensichtlich durch die Notwendigkeit diktiert, sich auf „hand" zu reimen, und dies wiederum war auf den Wunsch zurückzuführen, mit „head" zu alliterieren. " Um ebenso gute Gedichte wie der Originalautor zu verfassen, muss ein Übersetzer über die gleiche Lizenz verfügen. Daher ist es nicht verwunderlich, dass M. Maeterlinck den Geist des Originals dort am erfolgreichsten bewahrt hat, wo er ihn in Reime statt in Prosa übersetzt hat, denn hier haben ihn die Anforderungen des französischen Verses zu größerer Freiheit gezwungen. Hier sind Fragmente der Hexenlieder:

Paddock schreit : „ Allez , allez ."
Le said est beau und le beau lag
Allons flotter dans la brume,
Allons faire le tour du monde,Dans la brume et l'air immonde .

Trois fois le chat miaula
Le hérisson Piaula .
Harpier schreien : „Voilà! voilà!"

Doppelt, doppelt, puis redouble,
Le feu chante au chaudron ärger.

Damit der Leser selbst beurteilen kann, ob es dem belgischen Dichter gelungen ist, Shakespeare ins Französische zu übertragen, zitieren wir einige besonders schwierige Passagen. Der vollständige Text ist in *Illustration* vom 28. August 1909 veröffentlicht.

Et, enfin , ce Duncan fut si doux sur son trône , si Pur dans sa puissance que ses Tugenden parleront Komm d'angéliques Trompetten Contre le crime damné de son assassinat . Es ist bemitleidenswert , gleichbedeutend mit einem neuen Versuch , den Sturm zu ertragen , oder mit einem himmlischen Engel, der die unsichtbaren Kuriere aus der Luft aufnimmt , soufflerait Ich habe mich schrecklich verhalten, als alle anderen Männer gerade noyer le vent parmi les larmes .

„Tu ne dormiras ! Macbeth a tué le sommeil !" Ich bin unschuldig sommeil , le sommeil qui dévide l'écheveau embrouillé des soucis .

Tout l'océan du grand Neptune pourrait -il laver ce sang de ma main? Nein, das ist es plutôt Diese Hauptaufgabe besteht darin, die Vagues zu verstehen Innombrables , faisant de la mer Verte un océan rouge.

Maeterlinck hat selbst unter vielen Dingen vieler Übersetzer gelitten. Alfred Sutro hat uns bewundernswerte Versionen seiner philosophischen Werke „Weisheit und Schicksal", „Der Schatz der Bescheidenen" und „Das Leben der Biene" gegeben, aber seine Stücke waren nicht so glücklich, da ihre emotionale Wirkung davon abhängt auf der Aufrechterhaltung einer besonderen Atmosphäre, die so empfindlich ist, dass ein scharfer Atem sie zerstören würde und lächerliche Holzpuppen zurücklässt, wo wir im Moment zuvor dachten, wir hätten Wesen von übernatürlicher Schönheit gesehen. Daher wird selbst ein Leser, dessen Französischkenntnisse schwach sind, die Stücke im Original vorziehen, da ihre Sprache von äußerster Einfachheit ist und die Wirkung durch den zusätzlichen Schleier, den sein teilweises Unverständnis über das Bühnenbild legt, möglicherweise noch verstärkt wird. Dann nervt uns auch Maeterlincks Trick der dreifachen Wiederholung, der unsere angelsächsischen Ohren beleidigt, auf Französisch nicht mehr, denn in dieser Sprache sind sogar identische Reime zulässig.

Als Beispiel dafür, wie ein prosaischer Literalismus die Illusion zerstören kann, nehmen wir die exquisite Passage, die „ Pelléas et Mélisande " abschließt:

C'était un petit être si ruhig , si timid et si silencieux . Es ist ein kleines , sehr geheimnisvolles Werk , wie die ganze Welt. Elle est là , komm si elle était la grande soeur de son enfant.

So wird es von Laurence Alma Tadema wiedergegeben, und das Libretto der Oper ist noch schlimmer: „Es war ein kleines sanftes Wesen, so ruhig, so schüchtern und so still. Es war ein armes kleines, geheimnisvolles Wesen, wie alle. " Welt. Sie liegt da, als wäre sie die große Schwester ihres eigenen Kindes."

Der weise alte Mann, der am Sterbebett Mélisandes ihren Charakter mit den Worten zusammenfasst: „ *C'était un pauvre petit être.* " *„mystérieux , comme tout le* *monde* ", gibt gleichzeitig den Schlüssel zur Philosophie des Stücks . – „Sie war ein armes kleines geheimnisvolles Wesen wie jeder andere ." „Wie jeder einzelne "! Der Satz wirft einen ebenen Strahl zurück Licht, als wäre es eine untergehende Sonne, und erhellt den dunklen Weg, den wir gegangen sind. „Wie jeder andere ", und die ganze Zeit über haben wir darüber nachgedacht, was für ein unnatürliches und absurdes Geschöpf diese Mélisande war, diese Prinzessin, die nicht wusste, wo sie kam oder wohin sie ging, die immer ohne Grund weinte, die so nachlässig mit ihrem Ehering über der Brunnenmündung spielte und deren Worte nie ausdrücken konnten, was sie fühlte. „Wie jeder"? Vielleicht ... auf jeden Fall zum Nachdenken anregen, wenn man es uns einmal nahegelegt hat. Und in diesem Zusammenhang können wir einen Satz in „Weisheit und Schicksal" betrachten:

Das Genie bringt nur alles, was im Leben aller Menschen geschehen kann und tatsächlich geschieht, noch kühner zur Geltung; Sonst wäre es nicht mehr Genie, sondern Inkohärenz oder Wahnsinn.

Was für ein Spaß, Francisque Sarcey machte sich bei seiner ersten Aufführung in Paris im Jahr 1893 über „ Pelléas und Mélisande " und seine Bewunderer lustig . Dem erfahrenen Kritiker von „ *Le Temps*" *zufolge* [12] enthielt das Stück eine dreifache Symbolik; Ein Teil wird von den Profanen nicht verstanden, ein Teil wird von den Eingeweihten nicht verstanden und ein Teil wird vom Autor nicht verstanden. Maeterlinck sei aufgrund der verwerflichen Vorliebe der Pariser für alles Fremde nur eine vorübergehende Begeisterung gewesen, dachte er. Doch etwa fünfzehn Jahre später hätte er in New York möglicherweise Gruppen von Menschen gesehen, die stundenlang im Schnee rund um das Manhattan Opera House standen, um Gelegenheit zu bekommen, mit dem zusätzlichen Charme von Debussys Musik dasselbe Stück zu sehen, das die Kritiker „ Maeterlincks Limousine."

Sogar Richard Hovey, der Maeterlincks Stücke erstmals in Amerika vorstellte, als die „Green Tree Library" florierte und ihre seltsamen Früchte trug, befürchtete, dass „seine Hingabe an die wurmige Seite der Dinge ihn daran hindern könnte, jemals populär zu werden". Aber er hat seine Hingabe an die wurmartige Seite der Dinge überwunden und ist zu einer gesünderen Philosophie und damit zu größerer Popularität herangewachsen. Der Übergangspunkt in seinem Stil und Denken wird durch das Vorwort zu seinen Dramen von 1901 markiert. Er widerruft weder sein früheres Werk noch entschuldigt er sich dafür, geschweige denn macht er sich darüber lustig, wie Ruskin sein erstes Werk schrieb, sondern er deutet es offen und anmutig an veränderte Lebenseinstellung, die sich in seinen späteren Essays widerspiegelt.

Er hört auf, das Wort „Schicksal" ausschließlich in seinem bösen Sinn zu verwenden und es als eine dem Menschen feindselige Macht darzustellen, die im Schatten lauert und sich auf uns stürzt, wann immer wir ein wenig Freude zeigen. Schicksal bedeutet in seinem späteren Werk nicht immer Schicksal, und die Ereignisse werden mehr vom Charakter als von äußeren Kräften gesteuert. Durch Weisheit kann der Mensch das Schicksal überwinden. Aber Maeterlinck möchte, dass wir darauf achten, ein gesundes Gleichgewicht zwischen Altruismus und Egoismus zu wahren:

Dir wird gesagt, dass du deinen Nächsten lieben sollst wie dich selbst; aber wenn du dich selbst gemein, kindisch, schüchtern liebst, wirst du auch deinen Nächsten lieben. Lernen Sie daher, sich selbst mit einer Liebe zu lieben, die weise und gesund, groß und vollständig ist.

Es ist eine merkwürdige Veränderung, durch die dieser belgische Anwalt und esoterische Dichter zu einem der bekanntesten französischen Dramatiker und Moralisten geworden ist. Er wurde am 29. August 1862 in Gent als Sohn einer alten flämischen Familie geboren. Der Name „Getreidemesser" leitet sich von einem Vorfahren ab, der in Zeiten der Hungersnot großzügig war.

Dem Wunsch seiner Familie entsprechend wurde er an der Universität Gent für Jura ausgebildet, obwohl er Medizin vorgezogen hätte. Sein Hauptinteresse galt jedoch immer der Literatur.

Seine Anwaltserfahrung war kurz, er hatte ein paar Kriminalfälle, dann verließ er den Anwalt und ging für ein Jahr nach Paris, wo er hauptsächlich unter dem Einfluss des französischen Symbolisten Villiers de l'Isle-Adam stand . Dann kehrte er nach Hause zurück, um sich in aller Stille der Pflege seines Doppelgartens aus Literatur und Wissenschaft zu widmen. Er fühlte sich besonders von der Frische und dem Reichtum Shakespeares und seiner Zeitgenossen angezogen und trank, wie er sagt, lange und durstig aus den elisabethanischen Quellen. Auch an Shelley und Browning interessierte er sich sehr. [13]

Im Alter von vierundzwanzig Jahren begann er, Beiträge für *La Pléiade* zu leisten, das Organ der „Jungen Belgier", einer Gruppe ehrgeiziger junger Schriftsteller, Impressionisten, die nach neuartigen Stileffekten suchten, die hauptsächlich durch die Übertragung beschreibender Adjektive aus einem einzigen erreicht wurden der fünf Sinne auf die anderen vier. In der dritten Nummer dieser kurzlebigen Zeitschrift wurde Maeterlincks erste und offenbar letzte Geschichte veröffentlicht: „Das Massaker der Unschuldigen", ein biblisches Ereignis, das in die Zeit der Spanischen Kriege zurückversetzt wurde. [14] Hier erschienen einige der Gedichte, die 1889 in dem kleinen Band mit dem Titel „ Serres" neu veröffentlicht wurden Chaudes " („Hot-house Blooms").

Maleine " entstehen , eine neue Spezies, wenn es jemals eine gab, Shakespeare in Form und Ereignis, in allem anderen völlig un-Shakespeareanisch. Die erste Ausgabe dieses Dramas war mit zwanzig Exemplaren äußerst limitiert und wurde auf einer Handpresse gedruckt, an der Maeterlinck die Kurbel drehte.

Es war die „Prinzessin Maleine ", die zu seiner „Entdeckung" durch Octave Mirbeau führte, der sie als „das größte Geniewerk der Zeit" und „an der Schönheit dem Schönsten Shakespeares überlegen" bezeichnete. [15] Dieses Zeitungslob machte Maeterlinck überall außer in seinem eigenen Land sofort berühmt. Seine Nachbarn in Gent wollten es nicht ernst nehmen und fanden es schade, dass seine Familie den jungen Mann in seiner Manie bestärkte, indem sie für solche Züge bezahlte.

Maeterlincks dramatische Entwicklung zu verfolgen ist, als würde man einer Materialisierung bei einer Séance zusehen. Seine Charaktere sind immer gefestigter und lebensechter geworden, aber sie haben die Illusion und Anspielung verloren, die den Charme seiner früheren Stücke ausmachten. Maeterlinck war nie in der Lage, Ibsen – und auch sonst niemand – in der Kunst zu erreichen, einen vollkommen individuellen und natürlichen Charakter auch als Typus oder Symbol dienen zu lassen und so unser Interesse zu verdoppeln, indem er das Spezifische und das Allgemeine verbindet.

Maeterlincks Genie zeigt sich am besten in seinem eigenen Feld der Symbolik und Suggestion, dem seiner frühen Dramen und „Der blaue Vogel". Seine Stücke konventionellerer Art, „Monna Vanna" und „Maria Magdalena", verraten seine Defizite als Dramatiker, seinen Mangel an Handlungskompetenz und Sinn für Humor. „Maria Magdalena" ist eigentlich ebenso ein Einakter wie „Das Innere", denn der letzte Akt ist der einzige, der zählt. Hier hat die Menge den Sternteil, die Menge der Lahmen, der Haltlosen und der Blinden, der Sünder und der Kranken, die Jesus geheilt hat und die ihn jetzt verlassen; und das eigentliche Drama spielt sich nicht im Obergemach des Hauses Josefs von Arimathäa ab, sondern auf der Straße draußen, die zum Schädelplatz führt. Die Szene der Frau, die beim Ehebruch ertappt wird, ist weitaus weniger dramatisch als in ihrer biblischen Form, denn im Stück wird sie tatsächlich durch römische Schwerter beschützt, nicht durch das erwachte Gewissen der Menge.

Die kontinuierliche Weiterentwicklung von Maeterlincks Lebensphilosophie zeigt sich sowohl in seinen Theaterstücken als auch in seinen Essays. Maria Magdalena, die ihren Erlöser nicht durch das Opfer ihrer Tugend retten würde, vertritt ein höheres ethisches Ideal als Monna Vanna, die sich für die Stadt hingibt. In seinen früheren Stücken versucht Maeterlinck, uns mit den traditionellen Schrecken einzuschüchtern, die in „Der blaue Vogel" im Palast der Nacht gefangen und harmlos dargestellt werden. Old Time mit seiner Sense, der als „Der Eindringling" vor zwanzig Jahren den Tod ins Haus brachte, erscheint nun in „Der blaue Vogel" unter einem freundlicheren Aspekt und ruft die Kinder der Zukunft ins Leben. Tatsächlich stellt „Der blaue Vogel" den höchsten Punkt der Philosophie des Optimismus dar, denn er basiert auf der gewagtesten aller Annahmen der Wissenschaft – dass das Geheimnis der Existenz auch das Geheimnis des Glücks ist. „Klug zu sein bedeutet vor allem, glücklich zu sein", sagt Maeterlinck. Von Schopenhauer, dem Gegenstand seiner jungenhaften Bewunderung, ist er wahrlich weit entfernt.

Kurz gesagt, Maeterlinck hat sich einen Glauben angeeignet. Ich weiß nicht genau, an wen oder was er glaubt, aber er hat Vertrauen, und das scheint schließlich die Hauptsache zu sein. Die Entwicklung seines Denkens ist insofern von besonderem Interesse, als sie zeigt, wie eine spirituelle Interpretation des Universums und eine moralische Unterstützung auf reinem Agnostizismus aufgebaut werden können. Vom Christentum hat er außer einer vagen Symbolik und bestimmten ethischen Idealen wenig abgeleitet. Er blickt mit Bitterkeit auf seine Schulzeit im Genter Jesuitenkolleg zurück, aber seine Schriften zeigen keine Spur der antiklerikalen Feindseligkeit, die bei Haeckel so auffällig ist. Es war sein neuestes Buch, „Der Tod", das religiösste von allen, das den Geist des unbesiegbaren Glaubens an Unsterblichkeit und zukünftiges Glück ausstrahlte, das Maeterlinck die Verurteilung Roms einbrachte, und 1914 wurden alle seine Bücher und Theaterstücke ins Rampenlicht gestellt der Index der Heiligen Kongregation.

Von den Mystikern hat er viel abgeleitet, insbesondere vom deutschen Novalis und dem flämischen Ruysbroek , deren Werke er ins Französische übersetzt hat. In seinem Vorwort zu letzterem sagt er:

Mystische Wahrheiten haben diese seltsame Überlegenheit gegenüber Wahrheiten gewöhnlicher Art, dass sie weder Alter noch Tod kennen ... Sie besitzen die Immunität von Swedenborgs Engeln, die sich kontinuierlich dem Frühling der Jugend nähern, so dass die ältesten Engel immer als die jüngsten erscheinen .

Aber seine ethische und philosophische Entwicklung verdankt er zweifellos vor allem dem Studium der Natur, nicht der vagen Betrachtung natürlicher Objekte, die im frühen viktorianischen Zeitalter als wahres Pabulum für Dichter galt, sondern dem Bemühen, die Natur mithilfe moderner wissenschaftlicher Methoden zu verstehen Methoden. Wir werden an Sir Thomas Browne erinnert, der sagt: „Diese seltsamen und mystischen Seelenwanderungen, die ich bei Seidenraupen beobachtet habe, verwandelten meine Philosophie in Göttlichkeit."

Der Grund, warum viele Dichter und fantasievolle Schriftsteller mit hohem Talent in der modernen Welt keinen Einfluss mehr haben, liegt meiner

Meinung nach darin, dass sie die Wissenschaft nicht kennen oder ihr feindlich gegenüberstehen. Sie schreiben also für die Antike, die keine Bücher kauft, oder für die Nachwelt, die, so kann man mit Sicherheit sagen, nie wieder die Position erreichen wird, die sie innehaben. Die Menschen haben keinen Spaß an der Wissenschaft, aber ihre Denkweise ist von ihr geprägt, und Musik, die nicht mit ihr übereinstimmt, berührt sie nicht oder stößt sie ab.

Obwohl Maeterlinck die Wissenschaft durchaus schätzt, übertreibt er ihre Macht nicht. Er sucht darin keine vollständige Erklärung der Welt.

Selten verschwindet ein Geheimnis; Normalerweise wechselt es nur seinen Platz. Aber es ist oft sehr wichtig, sehr wünschenswert, dass es ihm gelingt, seinen Platz zu wechseln. Von einem bestimmten Standpunkt aus reduziert sich der gesamte Fortschritt des menschlichen Denkens auf zwei oder drei Veränderungen dieser Art – zwei oder drei Geheimnisse von dem Ort zu entfernen, an dem sie Schaden angerichtet haben, um sie dorthin zu transportieren, wo sie harmlos werden, wo sie harmlos werden kann Gutes tun. Manchmal genügt es, wenn es uns gelingt, ihm einen anderen Namen zu geben, ohne dass ein Mysterium seinen Platz wechselt. Was früher „die Götter" genannt wurde, heißt jetzt „Leben". Und wenn das Leben genauso unerklärlich ist wie die Götter, haben wir zumindest dies erreicht, dass im Namen des Lebens niemand die Autorität hat, zu sprechen, noch das Recht, Schaden anzurichten.

Maeterlinck scheint mir nicht so sehr ein origineller Denker zu sein, sondern vielmehr eine äußerst sensible Persönlichkeit, die in der Lage ist, den vorherrschenden Ton der Zeit, in der er lebt, einzufangen und ihm einen künstlerischen Ausdruck zu verleihen, wie es ein Musiker auf einem hohen Turm als seinen bezeichnen würde Er gibt den Grundton der Straßen unten an und moduliert seine Musik, während sich der Rhythmus der Stadt ändert, nicht um Applaus zu erhalten, sondern weil seine Seele mit dem Leben um ihn herum sympathisiert. In Maeterlincks Schriften, so unterschiedlich sie in Form und Thema auch sein mögen, lassen sich die wechselnden Stimmungen der Philosophie der letzten zwanzig Jahre kontinuierlich verfolgen, denn er hat sich stets seine Aufrichtigkeit im Denken und seinen Mut zum Ausdruck bewahrt.

Furchtlos auf das Leben blicken; die Gesetze der Natur zu akzeptieren, nicht mit sanfter Resignation, sondern als ihre Söhne, die es wagen, zu suchen und zu hinterfragen; Frieden und Vertrauen in unserer Seele zu haben – das sind die Überzeugungen, die glücklich machen. Aber zu glauben ist nicht genug; Alles hängt davon ab, wie wir glauben. Ich glaube vielleicht, dass es keinen Gott gibt, dass ich in sich geschlossen bin, dass mein kurzer Aufenthalt hier keinen Zweck hat; dass in der Ökonomie dieser grenzenlosen Welt meine

Existenz so wenig zählt wie der vergängliche Farbton einer Blume – ich darf dies alles in einem zutiefst religiösen Geist glauben, mit dem unendlichen Pochen in mir; Sie mögen an einen allmächtigen Gott glauben, der Sie schätzt und beschützt, doch Ihr Glaube mag gemein, kleinlich und kleinlich sein. Ich werde glücklicher sein als du und ruhiger, wenn mein Zweifel größer und edler und ernster ist als dein Glaube; ob es tiefer in meine Seele eingedrungen ist, größere Horizonte durchquert hat, ob es mehr Dinge gibt, die es geliebt hat. Und wenn die Gedanken und Gefühle, auf denen mein Zweifel beruht, umfassender und reiner geworden sind als diejenigen, die Ihren Glauben stützen, dann wird der Gott meines Unglaubens mächtiger und von höchstem Trost sein als der Gott, an den Sie sich klammern. Denn in der Tat sind Glaube und Unglaube nur leere Worte; nicht so die Loyalität, die Größe und Tiefgründigkeit der Gründe, warum wir glauben oder nicht glauben. [16]

WIE MAN MAETERLINCK LEST

Für diejenigen, die mit Maeterlinck vertraut sind, wird das Folgende und vielleicht auch das Vorstehende nicht von Interesse sein. Aber diejenigen, die ihn näher kennenlernen möchten, finden einige Vorschläge möglicherweise nicht unverschämt.

Maeterlincks Essays werden in englischer Sprache von Dodd, Mead and Company in sieben Bänden veröffentlicht: „The Treasure of the Humble"; „Weisheit und Schicksal"; „Der begrabene Tempel"; „Das Maß der Stunden"; „Der Doppelgarten"; „On Emerson and Other Essays" (Novalis und Ruysbroek); und „Unsere Ewigkeit". Die angegebene Reihenfolge ist die ihrer Veröffentlichung auf Französisch. Jeder von ihnen wird dem Leser einen Einblick in den Charakter seines Denkens geben; „Wisdom and Destiny" ist am aufeinanderfolgenden. Wenn jemand nur Zeit für einen einzigen Aufsatz hat, kann er „Das Olivenblatt" lesen.

Zu seiner Behandlung der Natur siehe „The Life of the Bee" (Dodd, Mead and Company), Aufsätze in „The Double Garden" und in „The Measure of the Hodrs" sowie „The Insect's Homer" im Forum , *September* , 1910; auch „News of Spring and Other Nature Studies", illustriert von EJ Detmold (Dodd, Mead and Company).

Von seinem dramatischen Werk sind die frühen mystischen Stücke am charakteristischsten. Der schüchterne Leser sollte es vermeiden, sie nach Einbruch der Dunkelheit alleine zu lesen. Dennoch gibt es in ihnen nichts Übernatürliches – außer dem Gefühl des Übernatürlichen, das sie durchdringt. Es passiert nichts, was nicht rationalistisch erklärt werden kann – nur ist der Leser zu diesem Zeitpunkt nicht bereit, eine solche Erklärung zu akzeptieren. Wählen Sie Ihre Mitleser sorgfältig aus (alle Stücke sollten natürlich vorgelesen werden); Dabei vermeidet er besonders das hysterische Kichern, denn die Wirkung hängt von der Aufrechterhaltung des atmosphärischen Drucks ab, und Maeterlinck bewegt sich nahe an der Grenze, die das Erhabene vom Lächerlichen trennt, und wie er selbst zugibt, überschreitet er gelegentlich diese Grenze. Lesen Sie das Original, wenn Sie über irgendwelche Französischkenntnisse verfügen, denn die Sprache ist die einfachste, und in diesen verschleierten Dramen kann eine leichte zusätzliche Verschwommenheit nicht schaden. (Die französische Ausgabe erscheint bei Lacomblez , Brüssel, in drei Bänden. Band I, „La Princesse Maleine ", „ L'lntruse ", „Les Aveugles "; Band II, „ Pelléas et Mélisande ", „ Alladine et Palomides ", „ Intérieur ", „La mort de Tintagiles "; Band III, „ Aglavaine et Sélysette ", „ Ariane et Barbebleue " , „ Soeur Beatrice". Die Bände I und II, übersetzt von Hovey, werden von Dodd, Mead and Company in drei Bänden verkauft.) Wenn Sie Zweifel an Ihrer Fähigkeit haben, „das statische Drama" zu lesen, oder von Ihrer Fähigkeit, es zu genießen, beginnen Sie mit „Das Innere (Das Zuhause)." Hier spielt sich die Tragödie im Inneren des Hauses ab, während alle Gespräche draußen stattfinden. Wenn Sie eine Faszination darin finden, gehen Sie zu „Der Eindringling" über. und „Der Blinde". Letzteres bietet unbegrenzten Spielraum für diejenigen, die es lieben, Symbole herunterzufahren. Der tote Priester in der Mitte der Gruppe steht für jede Form von Geistlichkeit, der Sie möglicherweise entwachsen sind, und Sie können die blinden Menschen um sich herum geben ihm die Namen aller Philosophen, die Sie kennen, entsprechend dem Grad ihrer Blindheit und ihrem Vertrauen auf Rationalismus, Intuitionalismus, Kinderpsychologie, Tierpsychologie usw. als Ausweg. Aber denken Sie nicht, dass Sie sie überhaupt beschriften müssen, wenn Sie das nicht möchten.

Um „Der blaue Vogel" zu verstehen, muss man nur ein Kind werden. Wenn du dann wieder erwachsen bist, wirst du vielleicht feststellen, dass du es noch besser verstehst. Es wurde erstmals in Russland präsentiert, wo es von 52 Unternehmen gespielt wurde. London und New York sahen es vor Paris, wo es fünf Jahre nach seinem Erscheinen anderswo zum ersten Mal auf die Bühne kam, mit Madame Georgette Leblanc in der Rolle des Lichts. (Englische Version, Dodd, Mead and Company.) Maeterlinck hat die Waldverschwörung entfernt, weil sie den Kindern Angst machte, und sie durch einen neuen Akt ersetzt, der eine seiner originellsten Figuren enthält, das Glück, barfuß im Tau zu laufen, der offenbar ein ist Tochter von Doktor Kneipp . Madame Maeterlinck hat „Der blaue Vogel für Kinder" in Form einer Geschichte für Schulen (Silver, Burdett and Company) vorbereitet.

Nethersole gespielt , kann aber genauso gut gelesen wie gesehen werden. „Monna Vanna" war in England bis 1914 vom Zensor verboten, wurde hierzulande jedoch von Bertha Kalich ohne Beleidigung gespielt. Das einzige

Stück von Maeterlinck, das überhaupt „französisch" ist, ist eines, das er aus dem Englischen von John Ford übersetzt hat. (Dodd, Mead and Company veröffentlichen „ Joyzelle " und „Monna Vanna", „ Aglavaine und Sélysette ", „Maria Magdalena", „ Pelléas und Mélisande ", „Prinzessin Maleine ", „Der Eindringling und andere Stücke" und „Schwester Beatrice" und „Ariane and Blue Beard". Harper veröffentlicht „Monna Vanna"; Crowell veröffentlicht „ Pelléas und Mélisande "; RF Seymour, Chicago, veröffentlicht „Twelve Songs of Maeterlinck". Mehrere der Stücke sind in früheren Nummern von zu finden *Poet Lore*, verkauft von RG Badger, Boston.)

Eine umfassende Bibliographie findet sich im Leben von Maeterlinck von Montrose J. Moses (Duffield). Wir haben auch in englischer Sprache Kurzbiografien von Gérard Harry (Allen and Sons) und J. Bithel (Scribner). Die Skizze von William Sharp in der „Warner Library of the World's Best Literature" ist bemerkenswert für ihre Einsicht, und der Leser kann auch auf Hunnekers „Iconoclasts", Thorolds „Six Masters of Desillusion" und den Artikel über „Maeterlincks Philosophie" verwiesen werden of Life" von Professor John Dewey aus Columbia im *Hibbert Journal* , Juli 1911. Der Liebhaber von Maeterlinck, dessen Zuneigung leicht entfremdet werden kann, sollte sich davor hüten, die sehr kluge Parodie auf seinen Stil in Owen Sea-mans „Borrowed" zu lesen Plumes" (Holt).

---

[1] „ L'Abbaye de Fontenelle ou de Saint- Wandrille ." Paris. 1827.

[2] Aus „The Past" von Maurice Maeterlinck. *The Independent*, 6. März 1902.

[3] „Das Porträt einer Dame", in „Der Doppelgarten".

[4] Siehe ihren Bericht über die Aufführung im *Century Magazine* , Januar 1911.

[5] Für Maeterlinck über Emerson siehe *Poet Lore* , Bd. 10, S. 76, Januar 1898, und *Arena* , Bd. 16, S. 563, März 1896.

[6] *Metropolitan Magazine* , Mai 1914.

[7] „Das Geheimnis der Gerechtigkeit", in „The Double Garden".

[8] *The Independent* , 3. Januar 1901.

[9] „Der Doppelgarten."

[10] „Das Geheimnis der Gerechtigkeit."

[11] Eine Beschreibung der Aufführung finden Sie in „A Realization of Macbeth" von Alvan G. Sanborn in *The Independent* , 15. September 1909.

[12] Siehe sein „ Quarante Ans de Théâtre".

[13] Seine Bewunderung für Browning kommt in seiner Antwort an Professor William Lyon Phelps aus Yale zum Ausdruck, der auf die große Ähnlichkeit zwischen einem Vorfall in Brownings „Luria" und Maeterlincks „Monna Vanna" aufmerksam gemacht hatte. Maeterlinck bekannte sich sehr offen und höflich zu seiner Dankbarkeit gegenüber Browning, den er, wie er sagte, wie Aeschylos , Sophokles und Shakespeare als gemeinsame Quellen literarischer Inspiration betrachtete. *The Independent* , 5. März und 11. Juni 1903.

[14] Dies ist mit seinem Namen in seiner ursprünglichen Form, Mooris , unterzeichnet Mäterlinck . Eine Übersetzung dieser und anderer Geschichten belgischer Schriftsteller von Edith Wingate Rinder wurde 1897 in der „Green Tree Library" von Stone & Kimball (heute Duffield & Co.) veröffentlicht.

[15] *Figaro* , 24. August 1890. Octave Mirbeau beschäftigte sich später mit der boomenden Pariser Näherin Marguerite Audoux , die „Marie-Claire" schrieb.

[16] „Weisheit und Schicksal", § 79.

KAPITEL II

HENRI BERGSON

Die Geschichte der Philosophie zeigt uns vor allem die unaufhörlich erneuerten Bemühungen der Reflexion, die darauf abzielen, Schwierigkeiten abzuschwächen, Widersprüche aufzulösen und eine mit unserem Denken inkommensurable Realität immer näher zu messen. Aber von Zeit zu Zeit bricht eine Seele hervor, die mit der Kraft der Einfachheit über diese Komplikationen zu triumphieren scheint, die Seele eines Künstlers oder eines Dichters, die ihrem Ursprung treu bleibt und sich mit einer Harmonie, die das Herz empfindet, mit Begriffen versöhnt, die für die Intelligenz vielleicht unvereinbar sind. Die Sprache, die sie spricht, wenn sie die Stimme der Philosophie entlehnt, wird nicht von allen gleichermaßen verstanden. Manche halten es für vage, und so ist es auch in dem, was es ausdrückt. Andere empfinden es als präzise, weil sie alles erleben, was es nahelegt. Für viele Ohren bringt es nur das Echo einer verschwundenen Vergangenheit mit sich, andere hingegen hören darin wie in einem prophetischen Traum das freudige Lied der Zukunft.

Diese Worte, die Bergson in seiner Lobrede auf seinen Lehrer Ravaisson vor der Französischen Akademie für Moral- und Politikwissenschaften verwendete, lassen sich eher auf Bergson selbst übertragen. Denn weit mehr als Ravaisson hat er sich als originelle Kraft in der Welt des Denkens erwiesen, und auch seine Philosophie erscheint manchen tendenziell reaktionär und anderen weit voraus von allem, was bisher formuliert wurde. Aber für alle scheint es wichtig zu sein. „Seit Descartes gibt es nichts Vergleichbares", sagt man in Frankreich. „Seit Kant gibt es nichts Vergleichbares", sagt man in Deutschland. Sein Hörsaal ist der größte im Collège de France, aber er ist zu klein, um die Menge aufzunehmen, die ihn hören würde. Sie beginnen sich um halb drei für die Vorlesung um fünf Uhr zu versammeln, müssen sich aber einem politischen Ökonomen anhören, um ihre Plätze zu behalten. Eine kosmopolitische Menschenmenge ist es, die mittwochs den Dozenten erwartet und mehr Sprachen spricht, als man in der Zeit vom Sturm auf den Turmbau zu Babel bis zur allgemeinen Einführung von Esperanto jemals im selben Raum gehört hat. Unter ihnen sind Französisch, Italienisch, Englisch, Amerikanisch, Deutsch, Jiddisch und Russisch zu unterscheiden; unter den Fremdsprachen überwiegen vielleicht die letzteren, denn junge Menschen beiderlei Geschlechts kommen in Scharen aus Russland, um sich seinem Unterricht zu unterziehen. Dies könnte in uns einige Spekulationen, ja sogar Befürchtungen hervorrufen. Der Bergsonianismus hat in den Köpfen seiner allzu eifrigen Anhänger bereits einige merkwürdige Formen angenommen, und es wäre voreilig, vorherzusagen, wie er aussehen wird, nachdem er in die russische Sprache und das russische Temperament übersetzt wurde.

Aber das polyglotte Publikum schweigt, als M. Bergson das Podium erklimmt und in langsamen, sanften, klaren Tönen zu sprechen beginnt, betont durch nervöse Gesten seiner schlanken Hände. Seine Figur ist schlank und sein Gesicht schmal und spitz, fast kirchlich wirkend. Sein Haar ist leicht grau, aber sein kurzgeschnittener Schnurrbart ist braun. Die Augen sind tief, dunkel und durchdringend, die Augen des Sehers und des Wissenschaftlers zugleich. Er legt seine Argumentation vorab im formalen französischen Stil dar, beschränkt sich aber im Gegensatz zu den meisten französischen Dozenten nicht auf Notizen. Seine schnellen Gedankengänge durchbrechen die konventionellen Formen der Logik und finden Ausdruck in eindrucksvollen und originellen Gleichnissen, die aus seinem breiten Spektrum an Lektüre stammen. Ich nehme an, dass alle Professoren von ihren Studenten Spitznamen erhalten; zumindest alle, die entweder geliebt oder gehasst werden, und dazu gehören alle, die etwas bedeuten. Bergsons Schüler nennen ihn „die Lerche“, denn je höher er fliegt, desto süßer singt er. Seine Stimme scheint tatsächlich aus einer hochgelegenen Region der oberen Atmosphäre zu kommen, so klar und dünn und hoch und durchdringend ist sie. Ein Autor der *London News* brachte es sehr treffend auf den Punkt, als er über Bergsons Londoner Vortrag sagte: „Niemand hat jemals vor einem großen Publikum mit mehr Selbstbeherrschung und weniger Selbstbehauptung gesprochen.“

Als erfahrener Lehrer weiß er die Bedeutung der Wiederholung zu schätzen und bringt in seinen Vorlesungen denselben Gedanken in vielen verschiedenen Formen zur Sprache und schreibt mit seiner Stimme die wesentlichen Punkte kursiv. Sein ganzes Leben lang war er Lehrer und kletterte die reguläre Bildungsleiter Stufe für Stufe bis zur Spitze hinauf.

Henri Bergson wurde am 18. Oktober 1859 im Herzen von Paris, im Viertel Montmartre, geboren. Er stammt aus einer prominenten jüdischen Familie Polens und verdankt seine hervorragenden Englischkenntnisse seiner Mutter, da er diese Sprache immer sprach mit ihr. Im Alter von neun Jahren betrat er das Lycée Condorcet, nur wenige Blocks von seinem Haus in der Rue Lamartine entfernt. Er war ein guter Schüler und arbeitete fleißig, insbesondere in der Geographie, die für ihn am schwierigsten war. Mathematik war sein Lieblingsstudium, und er wollte es dann zu seiner Lebensaufgabe machen, aber stattdessen wählte er einen schwierigeren Weg, denn, wie er mir sagte, Philosophie sei viel schwieriger und erfordert konzentrierteres Denken als Mathematik. Bevor er im Alter von achtzehn Jahren das Lycée verließ, gewann er einen Preis für die Lösung eines mathematischen Problems, und die *Annales de Mathématiques* veröffentlichten seine Arbeit vollständig.

Als nächstes trat er in die École Normale Supérieure ein, wo er unter den Einfluss von Ravaisson , Lachelier und Boutroux geriet . Nach seinem Abschluss im Jahr 1881 wurde er für zwei Jahre zum Professor für Philosophie am Lycée von Angers ernannt, danach für fünf Jahre in Clermont und dann zurück nach Paris, zunächst am Collège Rollin und später am Lycée Henri IV. 1898 wurde er an die École Normale Supérieure und zwei Jahre später an das Collège de France befördert. 1901 wurde er in das Institut und 1914 in die Akademie gewählt.

Die rasche Verbreitung seiner Philosophie in Frankreich ist nicht nur auf ihren inneren Wert und die Beredsamkeit, mit der er sie präsentiert, zurückzuführen, sondern teilweise auch darauf, dass er ein Lehrer von Lehrern war. Durch seine zwanzigjährige Arbeit in den weiterführenden Schulen oder *Lycées* der Provinzen und in Paris sowie in der Superior Normal School hat er das Denken Tausender junger Männer geprägt, die heute in Frankreich lehren, schreiben und regieren. Seine gegenwärtige Position als Dozent für verschiedene Zuhörerschaften am Collège de France ist zwar auffälliger, aber in Wirklichkeit nicht einflussreicher als seine früheren Arbeiten. Er verfügt über die Fähigkeit, den Enthusiasmus und die persönliche Hingabe seiner Studenten zu wecken, und so wurde im ganzen Land der Boden für die Verbreitung seiner Ideen vorbereitet, und jetzt muss er sie nur noch verbreiten. Wir können etwas Ähnliches in unserem eigenen Land beobachten, wo Deweys Einfluss größtenteils durch persönliche Kontakte mit Lehrern ausgeübt wurde. Hätte er nie eine Zeile veröffentlicht, würden die Colleges, Normal- und High Schools in der westlichen Hälfte der Vereinigten Staaten dennoch den anonymen Deweyismus lehren . Ein Philosoph, dem es mehr um Einfluss als um Berühmtheit geht, wird einen Stuhl, auf dem er die größte Zahl zukünftiger Lehrer erreichen kann, jeder anderen Position, wie erhaben auch immer, vorziehen.

Wir sind nicht auf Spekulationen über das Ausmaß von Bergsons Einfluss auf die französische Bildung angewiesen. Eine von Binet [1] durchgeführte Umfrage zum Philosophieunterricht an den *Lycées* zeigte, dass seine Ideen die dominierende Kraft der Zeit waren. Eine Schule berichtete, dass „vier Professoren hier sie vorbehaltlos übernommen und zur Seele ihres Unterrichts gemacht haben". Es ist interessant festzustellen, dass keiner dieser Hochschulprofessoren den Materialismus oder den Pantheismus in seinen verschiedenen philosophischen Glaubensbekenntnissen erwähnte. Sie waren gleichermaßen zwischen objektiven und subjektiven Denkern oder, sagen wir, zwischen Realisten und Idealisten aufgeteilt.

Bergson selbst war von Anfang an Materialist und arbeitete sich zu seiner heutigen spiritistischen Philosophie hoch, als er die Unzulänglichkeit seiner frühen Vorstellungen feststellte. Seine Vorliebe galt den exakten Wissenschaften, und in ihnen zeichnete er sich während seiner Schulzeit aus.

Zu dieser Zeit hatte er vor, sich dem Studium der Mechanik zu widmen, und sein jugendlicher Ehrgeiz war es, die Philosophie von Herbert Spencer fortzuführen und weiterzuentwickeln, von dem er damals ein begeisterter Bewunderer war.

Doch als er die Formeln der Mechanik studierte, um ihre philosophischen Implikationen zu entdecken und sie zur Erklärung des Universums zu nutzen, fiel ihm auf, wie unzulänglich, ja sogar falsch sie waren, wenn sie auf die Phänomene des Lebens und des Geistes angewendet wurden. Insbesondere störte ihn das Symbol t, das in mathematischen und physikalischen Formeln so häufig vorkommt und für „Zeit" stehen soll. Sie wird ebenso wie die drei Dimensionen des Raumes geometrisch durch eine Gerade dargestellt. Tatsächlich ist „Zeit", wie Bergson betont, in der Naturwissenschaft nichts anderes als eine vierte Dimension des Raums. Es handelt sich um eine rein räumliche Vorstellung, einen leeren Rahmen, in dem Ereignisse so angeordnet werden können, wie Objekte in einer Reihe auf einem Regal aufgestellt werden. Es gibt keine Veränderung oder Entwicklung darin, denn Vergangenheit und Zukunft sind für sie dasselbe.

Als Bergson nun diese physikalische Vorstellung von „Zeit" mit der tatsächlichen Zeit oder Dauer, wie er sie in sich selbst fühlte, verglich, stellte er fest, dass es sich um völlig unterschiedliche Dinge handelte. Für den Geist erstreckt sich die Vergangenheit nicht in einer Linie dahinter. Es wird in die Gegenwart gerollt und in die Zukunft projiziert. Noch weniger gibt es einen Weg oder mehrere optionale Wege, die definitiv vor uns liegen. Wir brechen unsere eigenen Wege, während wir vorwärts gehen. Es ist wie mit den großen Schneebällen, die wir Jungen zusammenrollten, um daraus Festungen zu bauen; Der ganze Schnee, den es überquert hat, ist ein Teil davon, und vorn ist der Schnee spurlos.

Die mechanischen Formeln der Wissenschaft sind hervorragend an den Zweck angepasst, für den sie entwickelt wurden, nämlich den Umgang mit Materie, aber bei der Anwendung auf Lebewesen und insbesondere auf den menschlichen Geist, der am weitesten von diesem Bereich entfernt ist, sind sie irreführend der Materialmechanik. Hier herrscht wahre Freiheit und Initiative.

Der Verfechter des freien Willens unterliegt im Streit mit dem Deterministen immer dann, wenn er ihm auf seinem eigenen Boden begegnet, denn die Übernahme der räumlichen Zeitauffassung und der dynamischen Motivauffassung reduziert den Menschen auf eine Maschine und macht ihn natürlich zugänglich zu den gewöhnlichen Gesetzen der Mechanik. Wenn es richtig ist, die Zukunft als zwei Kreuzungen vor dem unentschlossenen Individuum darzustellen, die durch „Motive" auf beiden Seiten nach rechts und links gezogen werden, dann hat der Determinist alles auf seine Art und

Weise. Der Fall wurde ihm im Voraus zugestanden, und der Libertäre kann vor seiner Logik nur zurückschrecken. Aber Bergson ist der Ansicht, dass der Determinist, wenn er vorgibt, über die Zukunft zu sprechen, sie in Wirklichkeit als bereits vergangen, als definitiv kartiert und praktisch existent betrachtet.

So wie Bergsons erstes Buch, „Zeit und freier Wille", dem Sturz des metaphysischen Arguments für den Determinismus gewidmet war, so widmete sich sein zweites, „Materie und Erinnerung", dem Sturz des psychologischen Arguments, das besagt, dass der Geist und im Gehirn lediglich verschiedene Aspekte derselben Sache sind (Monismus) oder dass ihre Wirkung parallel ist, so dass ein bestimmter Bewusstseinszustand immer einer bestimmten molekularen Bewegung entspricht (Dualismus). Da die Aktivitäten des Gehirns vermutlich durch physikalische und chemische Gesetze gesteuert werden, müssen auch die geistigen Aktivitäten identisch oder untrennbar mit ihnen verbunden sein. Aber Bergson vertritt die Position eines extremen Dualisten und argumentiert, dass der Geist sich von der Materie unterscheidet und nur teilweise von ihr abhängt, dass Erinnerungen nicht vollständig im Gehirn oder irgendwo im Raum gespeichert werden und dass das Gehirn im Wesentlichen nichts anderes ist als ein Instrument des Handelns.

Das Gleiche gilt für unsere Sinne, für unseren Körperorganismus im Allgemeinen. Sie dienen praktischen und nicht spekulativen Zwecken. Die Dinge, die uns am nächsten sind, werden am größten und klarsten gesehen. Das Auge ist nützlich, weil sein Sehvermögen eingeschränkt ist. Wenn es wie unsere Haut allen Strahlen ausgesetzt wäre, würden wir nicht sehen, sondern einen Sonnenbrand bekommen. Nun begrenzt der Verstand, der ebenfalls einen pragmatischen Ursprung hat, unser Wissen, so wie das Auge unsere Sicht einschränkt, und zwar aus demselben Grund.

Lassen Sie mich einige Beispiele für diese Einschränkung unserer Sinne und unseres Intellekts nennen. Nehmen wir an, wir betrachten ein vorbeifahrendes Pferd oder Auto auf der Straße. Wir bekommen ein unmittelbares Gefühl für die Bewegung, aber die Bewegung selbst können wir nicht sehen. Wir müssen zuerst die Bewegung analysieren; das heißt, zerlegen Sie es, zerlegen Sie es in etwas, das keine Bewegung ist. Dies können wir mit einer Kinetoskopkamera machen, die mit einer Geschwindigkeit von 50 Bildern pro Sekunde Schnappschüsse macht. Diese aufeinanderfolgenden Bilder erzeugen keine Bewegung, egal wie schnell sie aufgenommen werden. Jedes stellt das stillstehende Objekt dar, oder wenn es nicht schnell genug dafür ist, ist das Bild unscharf; Aber wenn man uns diese Stillleben-Fotografien in schneller Folge zeigt, nehmen wir sie nicht mehr als separate Ansichten wahr, sondern als kontinuierliche Bewegung. Warum kann uns die Kamera so täuschen? Ganz einfach, weil unsere Augen genauso funktionieren. Es handelt sich um Kameras, und die Belichtungszeit der Netzhaut entspricht in etwa der der Bewegtbildfilme. Ein sich bewegendes Objekt, das man stetig betrachtet, ist lediglich ein verschwommenes Band. Aber wenn wir schnell blinzeln, können wir flüchtige Blicke auf die Beine des Pferdes oder die Speichen des Rades erhaschen, so wie das Kinetoskop Bewegung durch intermittierende Aufmerksamkeit in Unbeweglichkeit verwandelt.

Schauen Sie sich ein Porträt in diesem Buch genau an und Sie werden sehen, dass es aus reinem Schwarz und Weiß besteht. Es versteht sich von selbst , dass das dargestellte Gesicht nicht aus unterschiedlich großen schwarzen Flecken auf weißem Grund bestand. Im Original gab es kein Schwarz, kein Weiß und keine Punkte. Es gab nur gleichmäßige Schattierungen, heller und dunkler. Das Bild ist eine absolute Fehldarstellung. Doch wenn man es mit dem bloßen Auge aus ausreichender Entfernung betrachtet, um die Punkte außer Sichtweite zu bringen, imitiert es die Schattierung des Originals so gut, dass man es als „Halbtonplatte" bezeichnen kann, obwohl es in Wirklichkeit keinen Halbton enthält, sondern nichts anderes Schwarz und weiß.

Dieser Trick, die kontinuierliche Bewegung in aufeinanderfolgende Bilder zu zerlegen, wie beim Kinetoskop, und den kontinuierlichen Raum in aufeinanderfolgende Punkte zu zerlegen, wie beim Druckvorgang, ist die Art und Weise, wie wir denken. Der Geist vergeht ruckartig wie das Auge. Wenn wir über den Lauf der Geschichte nachdenken , teilen wir ihn in handliche Blöcke auf und vergleichen Jahrhundert mit Jahrhundert, Jahr mit Jahr. Dies ist völlig gerechtfertigt, sehr nützlich, in der Tat unvermeidlich und völlig harmlos, vorausgesetzt, wir erkennen, dass es sich um eine logische Fiktion handelt, die lediglich an praktische Zwecke angepasst ist. Das Problem liegt darin, dass man dies nicht erkennt. Menschen im Allgemeinen und insbesondere Wissenschaftler und Philosophen neigen dazu, diesen Prozess der Rationalisierung als Weg zur Realität zu betrachten und nicht als bloßes Werkzeug zur Bewältigung der Realität.

Als die Menschen vor langer Zeit anfingen, intensiv zu denken, entdeckten sie die Unzulänglichkeit des bloßen Denkens. Zeno von Elea stellte neben anderen Rätseln das von Achilles und der Schildkröte auf, das die Welt seit vierundzwanzig Jahrhunderten in Rätseln hält. Während Achilles sein Handicap wettmacht, ist die Schildkröte ein Stück weiter gegangen, und wenn Achilles diese Strecke zurückgelegt hat, ist die Schildkröte nicht da, sondern immer noch vorn, und da der Raum als unendlich teilbar angesehen wird, würde Achilles eine Unendliche nehmen Zeit, aufzuholen. Ich glaube nicht, dass das Experiment jemals versucht wurde. Das war nicht die Art der Griechen. Sie verließen sich zu sehr auf ihr Gehirn und zu wenig auf irgendetwas außerhalb von ihnen, um eine Theorie experimentell auf die Probe zu stellen. Aber überall, immer und von allen herrschte Einigkeit darüber, dass Achilles die Schildkröte fangen würde, und ein beträchtlicher Teil jeder Generation hat versucht zu erklären, wie er das konnte, was ihm oft zu ihrer eigenen Zufriedenheit gelang, aber selten zur Zufriedenheit anderer Menschen. Denn bei diesem Rätsel geht es nicht darum, die Antwort zu finden, sondern darum, zu sagen, warum es uns rätselhaft macht, und Philosophen von Aristoteles bis Bergson haben diesem Punkt viel Forschung gewidmet; und zweifellos ist das Ende noch nicht gekommen.

Ich erinnere mich noch gut an den Tag, als mir dieser uralte Scherz zum ersten Mal an der Universität von Kansas über den Weg lief, und zwar von einem Dozenten für Philosophie, einem aufgeweckten jungen Mann, der gerade aus Harvard kam und die Eleaten in der Hand hatte . Mehrere der Jungen meldeten sich freiwillig, um es zu erklären, aber ich, der den längsten Arm und die schnippischsten Finger hatte, bekam das Wort. Ich schlug vor, dass wir Achilles und die Schildkröte, die es wohl satt haben mussten, so lange zu rennen, durch einen Windhund ersetzen sollten, der ein Kaninchen jagt. Sowohl Windhunde als auch Hasen kommen durch Sprünge voran, und ich argumentierte mit Hilfe eines Stücks Kreide, dass diese gemessen und auf der Prärie, hier dargestellt durch die Tafel, abgelegt werden könnten, und so ergab sich die ganze Sache. Aber der Dozent lehnte meinen Antrag auf einen Ortswechsel ab. Er blieb in Griechenland und weigerte sich, mich auf meinem Heimatboden zu treffen, sodass ich mich verunsichert zurückzog. Damals hielt ich ihn für unnachgiebig, aber jetzt erkenne ich, dass er lediglich weise war. Vorsicht wird oft mit Unhöflichkeit verwechselt. Das Paradox wird durch die Wissenschaft und den gesunden Menschenverstand gelöst, indem man annimmt, dass Achilles und die Schildkröte sich durch Sprünge statt kontinuierlich bewegen, und dann diese Sprünge vergleicht, da sie von endlicher Länge und Anzahl sind.

Kurz gesagt, wir wissen durch den gesunden Menschenverstand, durch das Gefühl, durch die Intuition, was Bewegung ist, aber wenn wir darüber nachdenken und insbesondere wenn wir darüber sprechen, müssen wir sie durch etwas ersetzen, das keine Bewegung ist, sondern etwas ist einfacher zu handhaben und ihm nahe genug, so dass es normalerweise genauso gute Dienste leistet. Es ist ihm so ähnlich, wie die kurzen, geraden Linien, die der Mathematiker ersetzt, den Segmenten der Kurve ähneln, die er zu lösen versucht. Was für die Bewegung gilt, gilt in gewisser Weise für alle unsere Definitionen, Formulierungen, Gesetze und Kategorien; es handelt sich nicht um die echten Dinge, sondern lediglich um praktische Stellvertreter. Sie stellen eine bestimmte Phase der Realität mehr oder weniger zufriedenstellend dar. Diese Formeln sind nicht dazu gedacht, alle Schlösser der Schatztruhen der Natur zu knacken. Sie sind gut für das Schloss, für das sie entwickelt wurden, und manchmal auch für andere, aber nicht für alle.

Der Hauptschlüssel für alle Schlösser existiert entweder nicht oder ist für den Menschen zu schwerfällig.

Bergsons Persönlichkeitstheorie ergibt sich ganz natürlich aus seiner Zeitauffassung. Zeit soll eine Dimension haben. Ja, wenn wir es durch eine Linie symbolisieren; sonst nicht, es hat keine Dimension. Die unpersönliche Zeit der Philosophen und Wissenschaftler ist lediglich das räumliche Symbol der Dauer. Was uns unsere Erfahrung zeigt, ist nicht diese leere, künstliche, ereignislose Zeit, sondern *die Dauer*. Und nicht nur Dauer, sondern *Dauern*, denn es gibt so viele Dauern unterschiedlichen Intervallrhythmus wie Bewusstseine. Das ist es, was in der Zeit real ist. Zeit ist in Wirklichkeit die kontinuierliche Entfaltung unseres bewussten Lebens, von psychologischen Zuständen, die sich nur dann unterscheiden, wenn es uns gefällt, sie zu teilen. Persönlichkeit ist eine Kontinuität *unteilbarer Bewegung*. Wir können einen Eimer Wasser aus dem Fluss schöpfen und dann noch einen Eimer voll, aber auf diese Weise können wir niemals den Strom bekommen, denn der Strom ist im Wesentlichen Bewegung. Die Bewegung ist das Wesentliche am Strom.

Aus unbeweglichen Zuständen heraus können wir aus dem Leben niemals das machen, was uns die Erfahrung tatsächlich gibt, denn Leben ist Veränderung. Nur indem wir diese Veränderung direkt in einer integralen Erfahrung erfassen, können wir das Problem lösen. Auf wahre Realitäten ist kein Konzept anwendbar. Die Wirklichkeit muss als solche betrachtet werden, so wie sie ist; und indem wir es beschreiben, können wir nur das Bild davon vor unseren Augen fixieren.

Der Leitfaden philosophischer Probleme besteht darin, dass der Intellekt ein Handlungsinstrument ist, das sich im Laufe der Jahrhunderte entwickelt hat, um über die Schwierigkeiten zu triumphieren, die die Materie dem Leben entgegenstellt. Der Intellekt hat sich zum Zweck eines Kampfes konstituiert. Die Hindernisse, die es stürzen würde, sind die roher Materie. Die Kategorien des Verstehens werden im Hinblick auf das Handeln auf die Materie konstruiert. Wenn unser Intellekt also versucht, etwas anderes als die materielle Welt zu kennen, ist er nicht in der Lage, es zu erfassen. Die gesamte Geschichte der Evolution des Lebens zeigt zusammen, dass Intelligenz eine instrumentelle Funktion für das Eingreifen in die Materie ist, um die Gesetze zu formulieren und darzustellen, die es uns ermöglichen, vorherzusehen und damit vorzubeugen.

Beim Umgang mit einer Realität wie der Persönlichkeit wird der Intellekt zunächst versuchen, das Subjekt mit den gleichen Prozessen zu handhaben, die er für die träge Materie einsetzt, und endet daher in einer logischen *Sackgasse*. Darin liegen die Schwierigkeiten dieser Frage. Die Konzepte, die es auf die Persönlichkeit anwenden würde, sind nur für die materielle Welt gemacht. Wir wissen nicht, wie wir sie angemessen auf das geistige Leben anwenden können, das sie überflutet.

Unsere Aufmerksamkeit auf den Strom unseres Bewusstseins zu richten, unterbricht ihn und macht ihn bewegungsunfähig. Aber es kann durch eine andere Art der Selbstbeobachtung erreicht werden, die darin besteht, leben zu lassen und zu versuchen, die Vitalität zu stärken . Auf diese Weise kann Aktivität zum Bewusstsein werden, ohne aufzuhören, aktiv zu sein. So kann das Ich so erfasst werden, wie es wirklich ist, als Übergang und Kontinuität.

In seiner Evolutionstheorie unterscheidet Bergson scharf zwischen Intelligenz und Instinkt. So wie die Intelligenz bei der Menschheit ihren Höhepunkt erreicht hat, so hat auch der Instinkt bei den Ameisen, Bienen und Wespen seinen Höhepunkt erreicht. Hier sehen wir, wie der Instinkt seine Ziele durch die Anwendung der verschiedensten und kompliziertesten Mittel erreicht. Die Ameise ist die Herrin des Untergrunds, so wie der Mensch der Herr des Bodens ist. Die einsamen Wespen, die Maeterlinck im Vergleich zu den sozialisierten Bienen als primitive Individualisten verachten würde, werden von Bergson zur Veranschaulichung seiner Instinkttheorie herangezogen. Diese Insekten decken den zukünftigen Bedarf ihrer Larven , indem sie in ihrem unterirdischen Nest Spinnen, Käfer oder Raupen ansammeln. Diese müssen am Leben gehalten werden, so wie wir Schildkröten und Hummer halten, damit sie frisch bleiben, und um zu verhindern, dass sie entkommen, lähmt die Wespe sie, indem sie sie an der Stelle oder den Punkten sticht, an denen die motorischen Nerven zusammentreffen. Eine Wespenart durchbohrt die Ganglien ihrer Raupe mit neun aufeinanderfolgenden Stichstößen und drückt dann den Kopf in ihren Mandibeln so stark zusammen, dass es zu einer Lähmung ohne Tod kommt. Andere Wespenarten müssen abhängig von der Art des Insekts, das sie einlagern, auf andere Formen der chirurgischen Behandlung zurückgreifen. Wie lässt sich das erklären? Wenn wir es Intelligenz nennen, müssen wir davon ausgehen, dass die Wespe oder ihre Vorfahren mit einem Wissen über die Anatomie von Insekten ausgestattet waren, wie wir es nur ungern jedem Lebewesen zutrauen, das auf der Lebensskala niedriger steht als einem Professor für Entomologie. Wenn wir eine mechanistische Hypothese annehmen, müssen wir davon ausgehen, dass diese wunderbare Fähigkeit in der Chirurgie im Laufe von Tausenden von Generationen nach und nach erworben wurde, entweder durch das Überleben der Nachkommen jener Insekten, die ihre Stacheln zufällig an den neun richtigen Stellen gestochen hatten (Darwinismus) oder durch die Vererbung der erworbenen Gewohnheit, eine bestimmte Raupenart auf diese besondere Weise zu stechen (Lamarckianismus). Da dieses Wissen oder diese Fähigkeit jedoch niemals für das einzelne Insekt von Nutzen ist und für die Art erst dann von Nutzen ist, wenn sie einen beträchtlichen Grad an Perfektion erreicht hat, können wir kaum eine Theorie übernehmen, ohne unsere Vorstellungskraft anzustrengen.

Aber die angenommenen Schwierigkeiten verschwinden, wenn wir den Bergsonschen Standpunkt übernehmen und Raupe und Wespe als zwei Teile desselben Prozesses betrachten. Kein Wunder also, dass sie zusammenpassen. Zu diesem Zweck haben sich Slayer und Slain entwickelt, und was scheinbar Antagonismus ist, ist in Wirklichkeit Kooperation. Die Bedeutung dieser Theorie für diejenigen, die über die moralische Interpretation des Universums besorgt sind, liegt auf der Hand, denn das Stechen der Raupe würde so aussehen, als würde man mit der rechten Hand einen Splitter aus der linken Hand reißen, doch Bergson geht nicht auf diese Frage ein überhaupt.

Die Entstehung des Auges, die bei Evolutionisten aller Schulen große Verwirrung auslöst, bietet Bergson eine hervorragende Illustration seiner Theorie. Das Auge der Mollusken ähnelt in seiner Form und Funktion dem Auge der Wirbeltiere, doch bestehen beide aus unterschiedlichen Elementen und wachsen auf unterschiedliche Weise. Die Netzhaut des Wirbeltiers entsteht durch eine Erweiterung des Zentralnervensystems des jungen Embryos. Es ist sozusagen ein Teil des Gehirns, der zum Sehen herauskommt. Bei der Molluske hingegen wird die Netzhaut aus der äußeren Schicht des Embryos gebildet. Hier kommt eine Vererbung wegen dieser unterschiedlichen Bildung nicht in Frage und weil weder der Mensch von der Molluske noch die Molluske vom Menschen abstammt. Die Struktur des Auges besteht aus der Kombination einer so großen Anzahl von Elementen und muss so viele Bedingungen erfüllen, bevor sie für irgendetwas geeignet ist, dass es praktisch unmöglich ist, sie entweder als Wirkung der Lichteinwirkung oder als Ergebnis von zu erklären eine Anhäufung geringfügiger zufälliger Variationen.

Aber Bergson setzt seinen philosophischen Glauben an dem Punkt ein, an dem die Wissenschaft aufhört, und macht darauf aufmerksam, dass das Auge zwar eine komplizierte Struktur, das Sehen jedoch ein einfacher Akt ist. Warum beginnen wir unsere Erklärung nicht mit dem Einfachen statt mit dem Komplexen? Die analytische Methode des Intellekts ist zwar an ihrer Stelle nützlich, führt uns jedoch nicht zur Bedeutung der Realität. Es ist, als könnten wir ein Bild nur als in ein Mosaik zerlegt sehen oder als könnten wir eine Handbewegung nur in der Art eines Mathematikers betrachten, als eine unendliche Reihe von Punkten, die in einer Kurve angeordnet sind.

So ist das Auge mit seiner wunderbar komplexen Struktur möglicherweise nur der einfache Akt des Sehens, aufgeteilt *für uns* in ein Mosaik von Zellen, deren Ordnung uns wunderbar erscheint, weil wir das Ganze als eine Ansammlung konzipiert haben ...

Mechanismus und Finalismus gehen beide zu weit, denn sie schreiben der Natur die gewaltigste Arbeit des Herkules zu, indem sie behaupten, dass sie dem einfachen Akt des Sehens eine Unendlichkeit unendlich komplexer Elemente verliehen hat, während die Natur keine Schwierigkeiten mehr hatte, eine zu schaffen Auge, als ich beim Heben meiner Hand habe. Der einfache Akt der Natur hat sich automatisch in eine Unendlichkeit von Elementen aufgeteilt, die dann einer Idee zugeordnet werden, so wie die Bewegung meiner Hand eine Unendlichkeit von Punkten fallen gelassen hat, die dann einer Gleichung genügen. – „Kreative Evolution " , S. 90-91.

Amiels Kritik an der französischen Philosophie zu sein : „Den Franzosen fehlt die intuitive Fähigkeit, die die lebendige Einheit der Dinge offenbart." „Ihre Logik geht nie über die Kategorie des Mechanismus hinaus, noch ihre Metaphysik über den Dualismus hinaus."

M. Bergsons Wohnsitz ist die Villa Montmorency in Auteuil, einem ruhigen Viertel von Paris, zwischen der Seine und dem Bois de Boulogne gelegen. Im Sommer reist er in die Schweiz, um mehr Abgeschiedenheit zu genießen und seine Gedanken durch die Höhenlage anzuregen. Hier hatte ich das Vergnügen, einen Nachmittag mit ihm zu verbringen. Von Genf, wo ich wohnte, nahm ich die Eisenbahn, die auf der Westseite des Sees entlangführt, nach Nyon , einer alten römischen Stadt am Fuße des Dole, dem höchsten Gipfel des Schweizer Jura. St. Cergue , mein Ziel, lag neun Meilen landeinwärts und eine halbe Meile höher. Die Distanz, die ich zurücklegen musste, war also die Quadratwurzel der Summe der Quadrate dieser Distanzen, aber ich habe es nicht herausgefunden, weil wir laut Bergson eher in der Zeit als im Raum leben und die Dauer kein Maß dafür ist Länge. Daher kann ich nur sagen, dass es eine der längsten und angenehmsten Hypotenusen war, die ich je durchquert habe. Denn es war ein Hochgefühl, immer höher zu steigen, während die Kutsche im Zickzack durch den Wald fuhr, und jedes Mal, wenn wir an einer Kurve anhielten, um einem Auto Platz zu machen, das langsam tuckernd oder schnell herunterrollte, eine noch größere Aussicht zu genießen. Als ich in dem kleinen Dorf St. Cergue ankam , musste ich noch einen Aufstieg machen und zwischen den über den Berghang verstreuten Hotels, Pensionen und Sommerhäusern nach Villa Bois -gentil suchen. Mitten auf einer von einem Tannenwald umgebenen Wiese wurde ein quadratisches, zweistöckiges Haus gefunden, einfach eingerichtet, aber ohne den Anschein von Rustikalität, wie es in amerikanischen Landhäusern üblich ist. Von der geschlossenen Veranda aus hat man einen herrlichen Blick auf den Mont Blanc, wobei sich der lange blaue Halbmond des Genfersees um die Wälle seines Sockels schlängelt. Aber wie bei vielen anderen Schweizer Ansichten wird die Wirkung durch die Anwesenheit einer großen Hotelschachtel im unmittelbaren Vordergrund getrübt.

Angesichts der Herzlichkeit meines Empfangs hätte man meinen können, ein Philosoph hätte nichts Besseres zu tun, als einen umherziehenden amerikanischen Journalisten zu unterhalten. Beim Mittagessen hatte ich Gelegenheit, auch Madame und Mademoiselle Bergson zu treffen und anschließend ein langes Gespräch mit Professor Bergson zu führen, der mich später den steilen Bergpfad hinunter zum Dorf und auf der kurvenreichen Straße durch den Wald begleitete. Sein Gespräch hat den Charme seiner Bücher, die Begeisterung für die Mission der Philosophie, die Fülle an Illustrationen aus vielen Bereichen der Wissenschaft und Kunst, die Frische und Inspiration seines neuartigen Standpunkts, die Offenheit bei der Betrachtung gegensätzlicher Argumente, die ungekünstelte, unprätentiöse Art, das Fehlen der beruflichen Eifersucht und persönlichen Arroganz, die für viele originelle Denker charakteristisch waren. Der Leser wird bemerken, dass er in seinen Rezensionen und Kritiken an den historischen Systemen der Philosophie nie versucht, sie zu stürzen, sondern immer versucht herauszufinden, wie viel davon er retten und assimilieren kann. Er glaubt, dass es der Metaphysik möglich ist, eine kontinuierliche und positive Entwicklung wie die Naturwissenschaften zu erleben, wobei jeder Mensch auf dem aufbaut, was vorher war, anstatt eine neue Schule zu gründen und sich um eine persönliche Anhängerschaft zu bemühen. [2]

Ich nahm mir die Freiheit, Professor Bergson nach Amerika einzuladen, da ich ihm aufgrund des bereits großen Interesses an seinen Gedanken einen herzlichen Empfang zusichern konnte. Die Arbeit von James und Dewey bereitete Bergson den Weg in diesem Land, denn seine Philosophie kann als ein konstruktives System angesehen werden, das auf pragmatischer Kritik aufbaut. Tatsächlich wurde er von seinen Gegnern beschuldigt, die Psychologie der Yankees gestohlen und daraus Metaphysik gemacht zu haben. Die Wahrheit ist, dass James und Bergson über viele Jahre hinweg Gedankengänge mit ähnlicher Tendenz, aber unabhängiger Entwicklung verfolgt haben, obwohl jeder immer wieder die Gelegenheit genutzt hat, seine Wertschätzung für die Arbeit des anderen zum Ausdruck zu bringen. Es handelt sich eher um psychometaphysische Parallelität als um Interaktion.

Im Februar 1913 kam Professor Bergson auf Einladung der Columbia University nach Amerika und hielt zwei Vortragsreihen, eine auf Französisch und die andere auf Englisch, über *Spiritualité et Liberté* und die Methode der Philosophie. Man hätte Grund, die landläufige Behauptung in Frage zu stellen, dass man sich heutzutage nicht mehr für metaphysische Probleme interessiere, wenn man die Hörsäle voller Menschen aus der Stadt und Studenten aller Fachbereiche der Universität sähe. Eine Reihe von Autos stand am Broadway und wartete, so wie die Sänften in den Straßen Roms warteten, als Plotin, der Neuplatoniker, vor siebzehnhundert Jahren zu einem Vortrag dorthin kam. Diejenigen, die nicht betteln, keine Eintrittskarte kaufen oder sich eine Eintrittskarte ausleihen konnten, bildeten eine Schlange vor der Tür und hofften, dass einige, die Eintrittskarten hatten, nicht erscheinen würden, aber das kam nicht oft vor. Über der Tür, die zum Hörsaal führte, wurde eine Lünette entdeckt, und hier versammelte sich eine kompakte Gruppe Ausgeschlossener, die Platz für jeweils ein Auge oder ein Ohr fanden, aber die Ohnmacht einer Dame im Gedränge machte diesem Privileg ein Ende. In den Kaufhäusern in der Innenstadt stapelten sich Bergsons Bücher auf der „Bestseller"-Theke. Sein amerikanischer Verleger verkaufte in zwei Jahren halb so viele Exemplare von „Creative Evolution" wie in Frankreich in fünfzehn Jahren. Dennoch ist Bergson ein Prophet, der in seinem eigenen Land nicht ohne Ehre ist. Die drei Wochen, die er hier verbrachte, waren so voller Verpflichtungen, dass er einen Zeitplan einhalten musste, der einem Eisenbahnfahrplan ähnelte. Als er ging, stellte ich Professor Bergson die banale Frage, was er von Amerika halte. Er antwortete: „Ich werde Amerika immer als das Land der unterbrochenen Gespräche in Erinnerung behalten. Ich habe so viele interessante Menschen getroffen, mit denen ich gerne reden würde, aber dann taucht jemand anderes auf, der ebenso interessant ist."

M. Bergson glaubt, dass es möglich ist, jede philosophische Idee klar und für die Menge akzeptabel zu machen. Darin unterscheidet er sich offensichtlich von anderen Philosophen, von denen viele dies nicht für möglich und einige für nicht wünschenswert halten. Doch um ein breiteres Publikum zu erreichen, muss der Autor großen Wert auf seinen Stil legen. Der Fehler bei Übersetzungen besteht darin, dass der Schwung, der Rhythmus leicht verloren geht oder sich verändert, und das ist für den Eindruck genauso wichtig wie für die richtigen Worte. Ich sprach mit ihm über die Schwierigkeit, ein genaues englisches Äquivalent für *élan vital zu finden* , das das Schlüsselwort seiner „Evolution créatrice " ist, und er antwortete, dass er das für „Impetus" halte, das Wort, das Dr. Arthur Mitchell in seinem Buch gewählt hatte Die Übersetzung des Werks war besser als alle anderen vorgeschlagenen Wörter wie „impulse", „momentum", „movement", „onrush", „push", „force" und „urge".

Die Kompositionsmethode von M. Bergson basiert auf seiner Stiltheorie. Bei der Arbeit an einem neuen Buch verbringt er so viele Jahre wie nötig, um die Fachliteratur zu beherrschen und seine Ideen zu entwickeln. Wenn er dann mit dem Komponieren beginnt, legt er alle seine Bücher und Notizen beiseite und schreibt in rasendem Tempo, um das Buch möglichst genau in der Form niederzuschreiben, die es einmal in seinem Kopf hatte, als er seine Gedanken niederschrieb so schnell sie kommen, oft in fragmentarischen Sätzen und Wörtern, um die Bewegung seines Geistes nicht zu unterbrechen. Nachdem er das Wesentliche seines Themas mit seinem ursprünglichen Impuls zu

Papier gebracht hat, widmet er sich dem langen Prozess der Überarbeitung, Überprüfung und Korrektur.

Bergson hat der Kunst in all ihren Formen einen großen Platz in seiner Philosophie eingeräumt. Das kleine Buch „Le Rire " (Lachen) , in dem er es angesprochen hat , ist keineswegs eine Abweichung von seinem grundlegenden Gedankengang, wie es den Anschein haben mag. Er erklärt, dass sich Spott als eine Methode der sozialen Kontrolle entwickelt habe, um Menschen auf Linie zu bringen und sie für vorsätzliche oder geistesabwesende Missachtung gesellschaftlicher Gepflogenheiten zu bestrafen. Lachen ist mit Emotionen unvereinbar. Der Comic widmet sich der reinen Intelligenz. Ein Witz kann erst wahrgenommen werden, wenn das Herz vorübergehend betäubt ist . Es gibt nichts Komisches außer den Menschen. Der Mensch wurde als „das lachende Tier“ definiert. Er ist auch das einzige lächerliche Tier. Der Mensch wird lächerlich, wenn wir ihn von einem intellektualistischen Standpunkt aus betrachten ; das heißt, als Maschine. Die Haltungen, Gesten und Bewegungen des menschlichen Körpers sind genau in dem Maße lächerlich, wie sie uns mechanisch erscheinen. Wir lachen immer, wenn Personen wie Dinge wirken.

Der Einfluss dieser Theorie des Lächerlichen auf seine Philosophie ist so offensichtlich, dass er es nicht darzulegen braucht. Auch Bergson könnte Spott als Waffe einsetzen und den Determinismus außergerichtlich auslachen. Der Mann der Mechaniker wäre so lustig wie ein Springteufel.

Im selben Band stellt er seine Sicht auf die Funktion der Kunst dar, aus der hier einige Sätze zitiert werden dürfen:

Was ist der Gegenstand der Kunst? Wenn die Realität unsere Sinne und unser Bewusstsein direkt treffen würde; Wenn wir mit den Dingen und untereinander in unmittelbare Kommunikation treten könnten, glaube ich, dass die Kunst nutzlos wäre, oder vielmehr, dass wir alle Künstler wären, denn unsere Seelen würden dann ständig im Einklang mit der Natur schwingen. Unsere Augen würden mit Hilfe unseres Gedächtnisses unnachahmliche Bilder im Raum ausschneiden und in der Zeit festhalten. Im Vorbeigehen erfasste unser Blick die in den lebenden Marmor des menschlichen Körpers gemeißelten Statuenstücke, die so schön waren wie die der Antike. Wir hörten den Gesang in den Tiefen unserer Seele wie Musik, manchmal fröhlich, öfter klagend, immer originell, die ununterbrochene Melodie unseres Innenlebens. All dies ist um uns herum, all dies ist in uns, und doch nehmen wir nichts davon deutlich wahr. Zwischen der Natur und uns – was soll ich sagen? – zwischen uns und unserem eigenen Bewusstsein liegt ein Schleier, ein dicker Schleier für den einfachen Mann, ein dünner, fast durchsichtiger Schleier für den Künstler und den Dichter. Welche Fee hat diesen Schleier gewebt? War es aus Bosheit oder aus Freundlichkeit? Es ist lebensnotwendig, und das Leben erfordert, dass wir die Dinge im Verhältnis zu unseren Bedürfnissen wahrnehmen. Leben besteht im Handeln. Leben bedeutet, von Objekten nur den *nützlichen* Eindruck zu empfangen, um darauf mit den entsprechenden Reaktionen zu reagieren; die anderen Eindrücke müssen sich verlöschen oder nur verwirrt auf uns zukommen. Ich schaue und glaube, dass ich sehe, ich höre zu und glaube, dass ich höre, ich studiere mich selbst und glaube, dass ich aus tiefstem Herzen lese. Aber was ich von der Außenwelt sehe und höre, ist einfach das, was meine Sinne daraus extrahieren, um Licht auf mein Verhalten zu werfen; Was ich von mir selbst weiß, ist das, was an der Oberfläche fließt, was an der Aktion teilnimmt. Meine Sinne und mein Bewusstsein geben mir nur eine praktische Vereinfachung der Realität.

Ob Malerei, Skulptur, Poesie oder Musik, die Kunst hat kein anderes Ziel, als die praktisch nützlichen Symbole, die allgemeingültigen und gesellschaftlich akzeptierten Allgemeingültigkeiten, kurz alles, was die Realität für uns verdeckt, aufzulösen, um uns von Angesicht zu Angesicht zu begegnen mit der Realität selbst. Es ist ein Missverständnis in diesem Punkt, das zur Debatte zwischen Realismus und Idealismus in der Kunst geführt hat. Kunst ist sicherlich nur eine direktere Sicht auf die Realität. Aber diese Reinheit der Wahrnehmung impliziert einen Bruch mit nützlichen Konventionen, eine angeborene und speziell lokalisierte Desinteresse der Sinne oder des Bewusstseins, kurz gesagt, eine gewisse Immaterialität des Lebens, die immer als Idealismus bezeichnet wird. Man könnte also sagen, ohne den Sinn der Worte auch nur im Geringsten zu bezweifeln, dass der Realismus im Werk steckt, wenn der Idealismus in der Seele ist, und dass man nur durch die Kraft der Idealität wieder Kontakt mit der Realität aufnehmen kann.

Neben der Kunst gibt es noch verschiedene andere Möglichkeiten, die Fähigkeit der Intuition wiederherzustellen und zu stärken, die durch eine zu ausschließliche Abhängigkeit von rationalen Prozessen verkümmert ist. Es gibt zum Beispiel das Handeln, das Leben selbst, das Lebensgefühl, das uns in unmittelbaren Kontakt mit der Realität bringt. Mit Hilfe von Wissenschaft, Kunst und Philosophie können wir Sympathie, ein Gefühl der Verwandtschaft der Natur, ein Bewusstsein der gegenseitigen Durchdringung und eine Erkenntnis der Bedeutung der Evolution erlangen. Die Philosophie hat vor allem das Ziel und die Kraft, eine weitere Fähigkeit zu entwickeln, die den Intellekt ergänzt und uns eine Perspektive auf die andere Hälfte der Realität eröffnet, die nicht in den starren Formeln der deduktiven Logik eingeschränkt werden kann.

Es gibt Dinge, nach denen die Intelligenz allein suchen kann, die sie aber allein nie finden wird. Der Instinkt allein kann diese Dinge finden, aber er wird sie niemals suchen.

Intelligenz und Instinkt sind in entgegengesetzte Richtungen gerichtet, ersterer auf die träge Materie, letzterer auf das Leben. Die Intelligenz wird uns durch die Wissenschaft, die ihr Werk ist, immer vollständiger das Geheimnis der physikalischen Operationen enthüllen; des Lebens bringt es uns und behauptet darüber hinaus nur, es uns zu bringen, eine Übersetzung in Begriffen der Trägheit. Es geht rund um das Leben herum, nimmt von außen möglichst viele Ansichten davon auf und zieht es in sich hinein, anstatt in es einzutreten. Aber die *Intuition führt* gerade zum Innersten des Lebens – mit Intuition meine ich den Instinkt, der uneigennützig und selbstbewusst geworden ist und in der Lage ist, über sein Ziel nachzudenken und es ins Unendliche zu erweitern.

Wir sehen, dass der Intellekt, so geschickt im Umgang mit dem Trägem, in dem Moment ungeschickt ist, in dem er das Lebende berührt. Ob es das Leben des Körpers oder das Leben des Geistes behandeln will, es geht mit der Strenge, der Steifheit und der Brutalität eines Instruments vor, das nicht für einen solchen Zweck konzipiert ist. Die Geschichte der Hygiene oder der Pädagogik lehrt uns diesbezüglich viel.

In Bergsons System nimmt die Metaphysik denselben Platz ein wie in den Werken des Aristoteles. Metaphysik ist einfach das, was über die Physik hinausgeht, nicht etwas, was ihr widerspricht. Er hat, wie viele moderne Philosophen, der physiologischen Psychologie keine Verachtung entgegengebracht. Im Gegenteil, er hat es gemeistert und darauf aufgebaut. Das ist meiner Meinung nach der Grund, warum seine Ideen so schnelle Akzeptanz gefunden haben. Es ist heutzutage für einen Philosophen ebenso absurd, sich auf die Daten zu beschränken, die Platon zugänglich waren, wie es für einen Mathematiker wäre, zu versuchen, die Probleme der modernen Physik mit den Methoden Euklids zu lösen.

Institut wandte Bergson seine Theorie der Beziehung zwischen Geist und Gehirn auf die Erklärung des Mechanismus des Träumens an *psychologique* am 28. März 1901. [3] Hier zeigte er, wie die obskuren Empfindungen des Sehens, Berührens und Hörens, die uns sogar im Schlaf erreichen, die Grundlage für unsere Träume bilden und wie unsere Erinnerungen in diesen Rahmen passen, so ist der Prozess ähnelt der gewöhnlichen Wahrnehmung, außer dass die kritische Fähigkeit weniger wachsam ist als im Wachzustand. So kann das Aufblitzen des Lichts auf die geschlossenen Augen einen Feuertraum hervorrufen, und die liegende Haltung und die daraus resultierende Abwesenheit von Druck auf die Fußsohlen geben uns die Vorstellung, in der Luft zu schweben. Die folgende Passage aus dieser Arbeit über Träume ist von besonderem Interesse, denn darin stellt Bergson die Theorie vor, die Freud und seine Schule seitdem entwickelt und in vielen Fällen zu übertriebenen Ausmaßen getrieben haben – die Theorie, dass unsere Erinnerungen in einem Zustand gespeichert sind von Spannung wie

Dampf in einem Kessel und kann in verschiedenen Formen ins Bewusstsein gelangen, wenn die Wachsamkeit des Einzelnen nachlässt:

Unsere Erinnerungen bilden zu jedem Zeitpunkt ein festes Ganzes, sozusagen eine Pyramide, deren Spitze genau in unser gegenwärtiges Handeln eingefügt ist. Aber hinter den Erinnerungen, die in unseren Berufen eine Rolle spielen und durch sie offenbart werden, gibt es andere, Tausende andere, die unterhalb der vom Bewusstsein erhellten Szene gespeichert sind. Ja, ich glaube in der Tat, dass unser gesamtes vergangenes Leben bis ins kleinste Detail erhalten ist und dass wir nichts vergessen und dass alles, was wir vom ersten Erwachen unseres Bewusstseins an gefühlt, wahrgenommen, gedacht und gewollt haben, überlebt unzerstörbar. Aber die Erinnerungen, die in diesen dunklen Tiefen aufbewahrt werden, sind dort im Zustand unsichtbarer Phantome. Sie streben vielleicht nach dem Licht, aber sie versuchen nicht einmal, dorthin zu gelangen; Sie wissen, dass es unmöglich ist und dass ich als lebendes und handelndes Wesen etwas anderes zu tun habe, als mich mit ihnen zu beschäftigen.

Aber nehmen wir an, dass ich in einem bestimmten Moment *das Interesse* an der gegenwärtigen Situation, an der gegenwärtigen Handlung verliere – kurz gesagt, an allem, was zuvor mein Gedächtnis fixiert und geleitet hat; Nehmen wir mit anderen Worten an, dass ich schlafe. Dann steigen diese Erinnerungen aus der Tiefe auf, als sie erkennen, dass ich das Hindernis beseitigt und die Falltür geöffnet habe, die sie unter dem Boden des Bewusstseins gehalten hat. Sie erheben sich, sie bewegen sich, sie führen in der Nacht der Bewusstlosigkeit einen großen makabren Tanz auf. Sie eilen gemeinsam zur Tür, die offen gelassen wurde. Sie alle wollen durchkommen. Aber sie können es nicht; es gibt zu viele davon. Welche werden aus der Menge, die berufen ist, ausgewählt? Es ist nicht schwer zu sagen. Früher, als ich wach war, drängten sich Erinnerungen auf, die Behauptungen einer Beziehung zur gegenwärtigen Situation beinhalten konnten, zu dem, was ich um mich herum sah und hörte. Jetzt sind es mehr undeutliche Bilder, die meinen Blick beschäftigen, mehr unentschlossene Geräusche, die auf mein Ohr einwirken, undeutlichere Berührungen, die über die Oberfläche meines Körpers verteilt sind, aber es gibt auch die zahlreicheren Empfindungen, die aus den tiefsten Teilen des Organismus entstehen. Unter den Phantomerinnerungen, die danach streben, sich mit Farbe, mit Klang, kurz mit Materialität zu füllen, sind also nur diejenigen erfolgreich, die sich mit dem Farbstaub assimilieren können, den wir wahrnehmen, mit den äußeren und inneren Empfindungen, die wir wahrnehmen die wir fangen usw., und die außerdem auf den wirksamen Ton unserer allgemeinen Sensibilität reagieren. Wenn diese Verbindung zwischen Erinnerung und Empfindung zustande kommt, haben wir einen Traum.

Bergson könnte als ein Mann mit drei Büchern bezeichnet werden, wenn wir „Lachen" außer Acht lassen, das lediglich ein fliegender Pfeiler seines Systems ist. Im ersten Buch, das auf Englisch als „Time and Free Will" bekannt ist, entwickelt er seine Theorie der Lebensdauer im Unterschied zur physischen Zeit, die der Leitfaden für sein gesamtes späteres Denken war. Dieser 1887 fertiggestellte Band war das Ergebnis einer vierjährigen Studie über die physischen, psychologischen und metaphysischen Vorstellungen von Zeit und Raum. Für das zweite Buch, das sich mit der Beziehung des Geistes zum Gehirn befasst, war es notwendig, die umfangreiche Literatur zu diesem Thema zu beherrschen, insbesondere die klinischen und experimentellen Untersuchungen zu Aphasie und Funktionslokalisation. Dies erforderte ein neunjähriges Studium, das in „Materie und Gedächtnis" zum Ausdruck kam, das 1896 erschien. Bei der Vorbereitung des dritten Buches widmete er elf Jahre dem Studium der Biologie und veröffentlichte 1907 „Kreative Evolution". Dieser Steigerungsrate zufolge , könnten wir seinen vierten Band im Jahr 1923 erwarten, aber es wäre offensichtlich unfair, den mathematischen Determinismus, den er ablehnt, auf M. Bergson selbst anzuwenden.

Ich mache auf diese Vorstudie zu den Naturwissenschaften aufmerksam, weil die Gefahr besteht, dass die antiintellektualistische Tendenz der pragmatischen Bewegung zu einer Missachtung der Bedeutung der wissenschaftlichen Forschung führt. Dass diese Gefahr real und gegenwärtig ist, zeigte der zuvor erwähnte Binet-Bericht über die Lehre der Philosophie. Einige der Professoren beklagten sich darüber, dass ihre Studenten unter dem Einfluss von Bergsons Ideen eine Verachtung für die mühsamen und mühsamen Methoden der experimentellen Wissenschaft entwickelt hätten, weil sie glaubten, dass die Wissenschaft uns keine Realität gebe, und davon ausgingen, dass die Wissenschaft zwar gut genug sei Für Mechaniker und Mediziner ist es den Philosophen gleichgültig.

Société française de Philosophie zur Diskussion gestellt wurde , gab M. Bergson eine empörte Antwort und erklärte, dass er in den ihm zugeschriebenen Theorien nichts wiedererkenne, was er gelehrt oder geschrieben habe. Er hatte die Wissenschaft nie verachtet oder sie der Metaphysik untergeordnet.

Mathematik zum Beispiel, was habe ich dazu gesagt? Dass die schöpferische Vorstellungskraft, so groß die Rolle dabei auch sein mag, den Raum und die Materie nicht aus den Augen verlieren darf; dass Materie und Raum Realitäten sind; dass Materie durch Geometrie gewichtet wird; dass die Geometrie folglich kein bloßes Spiel, sondern ein wahrer Berührungspunkt mit dem Absoluten ist. Ich schreibe den Naturwissenschaften den gleichen absoluten Wert zu. Es ist wahr, dass sie Gesetze aussprechen, deren Form eine andere gewesen wäre, wenn andere Variablen, andere Maßeinheiten gewählt worden wären und insbesondere, wenn die Probleme chronologisch in einer anderen Reihenfolge gestellt worden wären. Aber das alles liegt daran, dass wir gezwungen sind, die Natur aufzubrechen und die Probleme, die sie uns stellt, einzeln zu untersuchen. Tatsächlich strebt die Physik nach dem Absoluten und nähert sich dieser idealen Grenze immer mehr an. Ich würde gerne wissen, ob es unter den modernen Wissenschaftsvorstellungen eine Theorie gibt, die der positiven Wissenschaft einen höheren Stellenwert beimisst. Die meisten von ihnen geben uns die Wissenschaft als etwas völlig Relatives zur menschlichen Intelligenz. Ich bin im Gegenteil der Meinung, dass es die Realität selbst ist, die absolute Realität, die uns die mathematischen und physikalischen Wissenschaften offenbaren. Die Wissenschaft beginnt erst dann relativ oder vielmehr symbolisch zu werden, wenn sie sich von der physikalisch -chemischen Seite aus den Problemen des Lebens und des Bewusstseins nähert. Aber auch hier ist es durchaus legitim. Es braucht dann nur noch durch ein Studium anderer Art, nämlich der Metaphysik, vervollständigt zu werden. Kurz gesagt, alle meine Forschungen hatten kein anderes Ziel, als eine *Annäherung zwischen Metaphysik und Wissenschaft* herbeizuführen und das eine mit dem anderen zu verbinden, ohne etwas von dem einen zu opfern, nachdem ich zuvor das eine vom anderen klar unterschieden hatte.

Diese offene und nachdrückliche Sprache sollte viele aktuelle Missverständnisse über Bergsons Philosophie beseitigen. Nachdem er nun seine Grundprinzipien niedergelegt hat, ist zu hoffen, dass er sich als nächstes mit deren Anwendungen auf die Interpretation der Geschichte und die Probleme des Verhaltens befassen wird. Wenn er dies nicht selbst tut, werden es andere für ihn tun, und sicherlich nicht immer in Übereinstimmung mit seinen Absichten. Tatsächlich tun sie es bereits. In Frankreich ist der Bergsonianismus keine akademische Spekulation, sondern eine aktive Kraft in einigen der wichtigsten Bewegungen der Zeit. Wir hören von einer Bergsonschen Kunst und einer Bergsonschen Literatur sowie von einem Bergsonschen Katholizismus und einer Bergsonschen Arbeiterbewegung. Die beiden letztgenannten sind von besonderem Interesse, da sie den Einfluss seiner neuartigen Ansichten auf die unterschiedlichsten Geister zeigen. So wie es Hegelianer der Rechten und Hegelianer der Linken gab, so gibt es heute zwei Flügel des Bergsonianismus : die Konservativen sind die Modernisten und die Radikalen die Syndikalisten.

Selten hat es einen solchen Ausbruch der Begeisterung für metaphysisches Denken gegeben wie bei den französischen Neokatholiken. Die pragmatische Philosophie, insbesondere James' „Varieties of Religious Experience", wies den Weg zu einer neuen christlichen Apologetik, die auf lebendigen Erfahrungen statt auf abstrakten Überlegungen basierte. Die jungen Katholiken wandten ihre Aufmerksamkeit eher den Heiligen als den

Theologen zu und fanden Inspiration in einem neuen Studium der katholischen Mystiker. Mit der Vorstellung von Wahrheit als einem Wachstum, als einer idealen Konvergenz nützlicher Überzeugungen und nicht als einer statischen Grenze, und mit einer Auffassung von der Geschichte als einem fortschreitenden Prozess der Verifizierung gelangten sie zu einem Standpunkt, der es ihnen ermöglichte, ihre kirchliche Tradition beizubehalten Erbe zu bewahren und gleichzeitig die Fülle der modernen Wissenschaft zu akzeptieren. Aber solche Spekulationen wurden vom Vatikan als gefährlich eingestuft, und die Bewegung wurde durch die Enzyklika und den Lehrplan von Pius später verhängt. [4] Darauf folgte 1914 die Aufnahme von Bergsons Werken in den Index der verbotenen Bücher, die kein guter Katholik ohne die ausdrückliche Erlaubnis seines spirituellen Beraters lesen darf.

Im entgegengesetzten Extrem stehen die Gewerkschaften oder Syndikate, deren Macht in den letzten Jahren oft unter Beweis gestellt wurde, deren Ziele und Ideale jedoch noch unbestimmt und vage sind. Bisher ist es der Wille und nicht die Idee, der sich in der revolutionären Arbeiterbewegung manifestiert, um die Schopenhauerschen Begriffe zu verwenden. Als sie sich jedoch der Notwendigkeit einer philosophischen Rechtfertigung bewusst wurden, griffen sie eine Seite von Bergsons Lehre auf und erklärten den „ *élan ouvrier* " zum „Bruder" des „ *élan vital*" oder eines Teils davon. Ihre extravagante Phraseologie erinnert an das Jahr 1793: „Das Collège de France arbeitet mit der Bourse du Travail zusammen" und „Die Flöte der persönlichen Meditation harmoniert mit den Trompeten der sozialen Revolution." Die Syndikalisten revoltieren ebenso wie die Modernisten gegen das Dogma, gegen die Schlagworte des Republikanismus sowie gegen die starren Formeln des Marxismus , gegen alle Versuche, die Zukunft in der Vergangenheit zu begrenzen und dem Verhalten Determinismus aufzuzwingen. Und wenn es um die Durchsetzung der Konformität – oder vielmehr der Einheitlichkeit – des Berufsstandes geht, gibt es zwischen Papst und Partei keinen großen Unterschied. [5]

Es erübrigt sich zu sagen, dass M. Bergson weder Katholizismus noch Revolution lehrt und dass er nicht für die vielfältigen Anwendungen seiner Ideen im praktischen Leben zur Verantwortung gezogen werden kann. Ich erwähne diese Extreme nur, um die Bandbreite ihres tatsächlichen Einflusses zu zeigen. Was auch immer das Schicksal von Bergsons Philosophie sein mag, wir können sicher sein, dass sie die Welt nicht so hinterlassen wird, wie sie sie vorgefunden hat. Es ist eine Kraft, mit der sowohl auf dem Gebiet des Handelns als auch auf dem Gebiet der reinen Vernunft auf jeden Fall zu rechnen ist.

In seinen Werken finden sich nur sehr wenige Bezüge zu umstrittenen Fragen der Religion, Soziologie und Ethik, und da er lieber ein neues, sauberes und unkonventionelles Vokabular verwendet, lässt er sich in keine der von den Historikern vorab vorgegebenen Schubladen einordnen der Philosophie. Auf die Forderung nach einer kurzen Formulierung seiner Philosophie erwidert ein empörter Bergsonianer : „Können Sie Maeterlincks , Pelléas und Mélisande ' in eine Formel bringen?"

Die Postimpressionisten und Futuristen schreiben ihre neuartigen Kunstvorstellungen gerne Bergson zu, aber er ist nicht bereit, die Verantwortung zu übernehmen. Als ich ihn danach fragte, sagte er, dass er seine Philosophie noch nie in ihren Gemälden entdecken konnte und dass er einer Bewegung, in der die Theorie der Praxis so weit voraus sei, immer skeptisch gegenüberstehe.

Es liegt auf der Hand, dass die Übernahme des pragmatischen Prinzips, insbesondere in der extremen Bergsonschen Form, unsere Sicht auf die Vergangenheit radikal verändern und ein Umschreiben oder zumindest ein Neulesen der Geschichte erzwingen würde. Wenn sich die Geschichte nie wiederholt, welche Lehre daraus ziehen wir für uns? Sicherlich ist es nicht kompetent, unsere Zukunft vorherzusagen, geschweige denn, unsere Handlungen vorzuschreiben. Der beste Ausdruck dessen, was meiner Meinung nach die legitimen ethischen Schlussfolgerungen von Bergsons Philosophie sind, findet sich in den brillanten Essays von LP Jacks. Laut dem Herausgeber des *Hibbert Journal* besteht die höchste Moral nicht darin, die festgelegten Regeln zu befolgen, sondern im freiwilligen Aufstieg in eine höhere Ebene. Der wahre moralische Akt ist originell, kreativ und beispiellos. Was hätte der Autor von „Folk-ways", für den Konformität die einzige Moral war, zu Folgendem gesagt:

„Hätten sich die Menschen von Anfang an auf die Ausführung jener Handlungen beschränkt, für die damals und da die Berechtigung der Moralwissenschaft vorhanden war, wären viele Verbrechen vielleicht nicht begangen worden, aber es ist zweifelhaft, ob die Welt die Aufzeichnungen eines einzigen Adligen enthalten würde Tat. Wir können uns nicht oft genug daran erinnern, dass die umfassendste wissenschaftliche Kenntnis dessen, was bisher getan wurde, uns niemals in die Lage versetzen wird, die Frage zu beantworten: „Was sollte als nächstes getan werden?"

„Der Gegenstand der Wissenschaft und der Gegenstand der Moral sind völlig unterschiedlich und in gewissem Sinne gegensätzlich; der erste ist die Tat, wie sie getan wurde, der zweite ist das Tun einer zukünftigen Tat."

„Das richtig verstandene Gewissen ist kein abstraktes Urteilsvermögen, das Aussagen darüber macht, was getan werden sollte und was nicht; es ist keine ‚Stimme', obwohl wir sie oft so nennen, die uns auffordert, dies oder das zu tun; es ist vielmehr eine … *élan vital* , ein Impuls, ein aktives Prinzip, ja, der gute *Wille* selbst." – „Alchemy of Thought", von LP Jacks, S. 260, 287.

Unter den zahlreichen Anhängern Bergsons ist niemand enthusiastischer oder sympathischer als Edouard Le Roy, ein modernistischer Katholik – sofern das seit der Enzyklika kein Widerspruch in sich ist –, der seit vielen Jahren in engem Kontakt mit Bergson steht und dies auch getan hat war besonders an den religiösen und ethischen Anwendungen seiner Theorien interessiert. Seine Einführung in Bergsons Philosophie ist daher nützlich, nicht nur, weil sie in Kürze eine kompetente Darlegung von Bergsons Ideen bietet, denn der Anfänger würde es wahrscheinlich genauso gewinnbringend und unterhaltsam finden, die gleiche Anzahl von Seiten von „Creative Evolution" zu lesen, sondern vor allem denn M. Le Roy ist in gewisser Weise ein autorisierter Sprecher, und so können wir uns ein Bild von Bergsons Meinungen zu Fragen machen, zu denen er sich noch nicht geäußert hat. Bergson zum Beispiel beschäftigt sich in all seinen Büchern nie mit Religion, obwohl es offensichtlich ist, dass seine Philosophie in vielen Aspekten die engste Beziehung zur Religion hat. Le Roy ist jedoch nicht so zurückhaltend und schließt den Band mit der folgenden bemerkenswerten Passage:

„In den Tiefen unseres Selbst finden wir Freiheit; in den Tiefen des universellen Seins finden wir ein Verlangen nach Schöpfung. Da die Evolution schöpferisch ist, arbeitet jeder ihrer Momente an der Entstehung einer unabweisbaren und transzendenten Zukunft. Diese Zukunft darf nicht als solche betrachtet werden eine einfache Entwicklung der Gegenwart, ein einfacher Ausdruck bereits gegebener Keime. Folglich haben wir keine Autorität zu sagen, dass es für immer nur eine Lebensordnung, nur eine Aktionsebene, nur einen Dauerrhythmus, nur eine Existenzperspektive gibt. Und wenn in der Wirtschaft der Vergangenheit Brüche und abrupte Sprünge sichtbar sind – von der Materie zum Leben, vom Tier zum Menschen – haben wir keine Autorität mehr zu behaupten, dass wir heute im eigentlichen Wesen des menschlichen Lebens nichts Analoges beobachten können. dass der Gesichtspunkt des Fleisches und der Gesichtspunkt des Geistes, der Gesichtspunkt der Vernunft und der Gesichtspunkt der Nächstenliebe eine homogene Erweiterung davon sind. Und abgesehen davon, das Leben in seiner ersten Tendenz zu betrachten , und in der allgemeinen Richtung seiner Strömung ist es Aufstieg, Wachstum, Anstrengung nach oben und ein Werk der Spiritualisierung und Emanzipation der Schöpfung: Damit könnten wir das Gute definieren, denn das Gute ist eher ein Weg als eine Sache.

„Aber das Leben kann scheitern, stehen bleiben oder nach unten wandern … Jede Art, jedes Individuum, jede Funktion tendiert dazu, sich selbst als ihr Ziel zu betrachten; Mechanismus, Gewohnheit, Körper und Buchstabe, die streng genommen reine Instrumente sind, werden tatsächlich." Prinzipien des Todes. So kommt es, dass das Leben sich im Streben nach Selbsterhaltung erschöpft, sich von der Materie in gefangene Wirbel verwandeln lässt, sich manchmal sogar der Trägheit des Gewichts, das es

heben sollte, überlässt und sich dem hingibt Abwärtsströmung, die das
Wesen der Materialität ausmacht: Auf diese Weise würde das Böse als die
dem Guten entgegengesetzte Bewegungsrichtung definiert werden. Nun
erscheinen beim Menschen Denken, Reflexion und klares Bewusstsein.
Gleichzeitig treten auch eigentlich moralische Qualifikationen auf ; das Gute
wird zur Pflicht, das Böse zur Sünde. Genau in diesem Moment beginnt ein
neues Problem, das die Sondierung einer neuen Intuition erfordert, aber an
klaren und sichtbaren Punkten mit früheren Problemen verbunden ist.

„Dies ist die Philosophie, von der einige gerne sagen, dass sie von Natur aus
für alle Probleme einer bestimmten Art, Probleme der Vernunft oder
Probleme der Moral, verschlossen ist. Im Gegenteil, es gibt keine Doktrin,
die offener ist, und keine, die in Tatsächlich eignet es sich besser für eine
weitere Erweiterung.

Ich habe das Ganze zitiert, weil Professor Bergson es in den deutlichsten
Worten bestätigt hat. In einem Brief an M. Le Roy über das Buch sagt er:

Gewissenhafter und originalgetreuer könnte Ihr Studium nicht sein.
Nirgendwo ist diese Sympathie deutlicher zu erkennen als dort, wo Sie auf
die Möglichkeiten einer Weiterentwicklung der Doktrin hinweisen. In dieser
Hinsicht sollte ich selbst genau das sagen, was Sie gesagt haben.

Die oben zitierte Passage aus dem Buch von M. Le Roy hat also fast die
Bedeutung einer unterschriebenen Erklärung. Es wurde beobachtet, dass
Professor Bergson in seinen Vorlesungen in New York seine Ansichten zu
religiösen Fragen viel offener äußerte als früher; wie zum Beispiel, als er die
Frage, ob er an Unsterblichkeit glaubte oder nicht, bejahend beantwortete.
Man kann davon ausgehen, dass seine zukünftige Arbeit in der Entwicklung
seiner Philosophie entlang der von M. Le Roy angedeuteten Linien liegen
wird, obwohl wir – nach seinen früheren Büchern zu urteilen – erwarten
können, dass dies die Form und nicht die Formulierung eines a annehmen
wird neuen Moralkodex, sondern der Entdeckung einer neuen Sichtweise auf
das Leben und der Bewertung von Handlungen.

Bis vor Kurzem stieß der Siegeszug Bergsons zu zunehmender Popularität
und zunehmendem Einfluss kaum auf systematischen Widerstand. Einige
fanden ihn unbekannt. Manche nannten ihn absurd. Er hat seine treuen
Anhänger und erbitterten Gegner. Aber seine Ansichten wurden noch nicht
der gründlichen Kritik unterzogen, die sie früher oder später unweigerlich
erhalten müssen. Ein Schritt in diese Richtung ist die Untersuchung der
pragmatischen Bewegung von René Berthelot. Der erste Band seiner
„Utilitaristischen Romantik" beschäftigt sich mit dem Pragmatismus
Nietzsches und Poincarés ; der zweite mit dem Pragmatismus von Bergson.
Dem Autor geht es in der Art von Philosophiehistorikern mehr darum,
herauszufinden, was an Bergson neu ist, als daran, was wahr ist. Er orientiert

sich an der alten Militärregel „Teile und herrsche" und spaltet den Bergsonismus dementsprechend in die deutsche Romantik und den angelsächsischen Utilitarismus auf, um diese dann einzeln nach orthodoxer Art zu bekämpfen. Dieses Vorgehen wirft in gewisser Weise die Frage auf, denn es leugnet implizit die Bergsonsche These, dass es etwas Neues auf der Welt geben könnte. Eine Sache bis zu ihren Wurzeln zurückzuverfolgen, ist völlig in Ordnung, vorausgesetzt, man geht nicht davon aus, dass die Wurzeln das Einzige sind, was von der Pflanze übrig geblieben ist, die aus ihnen gewachsen ist.

Bei der Verfolgung dieser Genealogie des Denkens stellt M. Berthelot fest, dass Bergson auf der romantischen Seite mit Nietzsche verwandt ist. Beide, sagt er, leiten ihre Romantik von Schelling ab; Bergson durch seinen verehrten Lehrer Ravaisson und Nietzsche durch Hölderlin , Emerson, Schopenhauer und Wagner. „Wie die Symbolisten haben Nietzsche und Bergson in verschiedenen Bechern das Wasser aus derselben magischen Quelle getrunken; eine unsichtbare Vivian hat sie beide mit demselben Zauber verbunden."

Von der anderen Seite des Hauses – könnten wir sagen, der männlichen Seite? – leitete Bergson seinen utilitaristischen Empirismus ab; M. Berthelot verfolgt seine Abstammung von Berkeley über Hume, Mill, Bain und Spencer. Im Verlauf dieser Diskussion führt der Autor die folgende geniale Formel ein:

Hobbes : Berkeley:: Nietzsche: Bergson.

Wer sich mit der Anwendung der Dreierregel auf die Metaphysik ausreichend auskennt, kann sich dies in Ruhe ausdenken.

Nach Mendelschen Grundsätzen würde man annehmen, dass ein Hybrid aus so unterschiedlichen und herausragenden intellektuellen Vorfahren mehr Originalität aufweisen würde, als Berthelot Bergson gegenüber zugestehen möchte. Am Ende seiner Analyse kommt er zu dem Schluss, dass Bergson eigentlich nur einen wichtigen Beitrag zur Philosophie geleistet hat; das heißt, seine Vorstellung von Dauer im Unterschied zur Zeit. So wie Berkeley bei der Analyse der Raumidee zeigte, wie sich der psychologische Raum, d. Aber selbst diese Theorie wird laut unserem Autor von Bergson falsch angewendet, denn es handelt sich nicht um einen Gegensatz zwischen Raum und Zeit, sondern um zwei unterschiedliche Vorstellungen von Raum und Zeit. Dies ist charakteristisch für Berthelots Kritik, die hauptsächlich darauf abzielt, die Dichotomie, der Bergson verfallen ist, auf ganzer Linie aufzubrechen.

Bergsons literarische Fähigkeiten und seine erstaunliche Popularität scheinen ihn ebenso zu ärgern wie andere Philosophieprofessoren in verschiedenen

Ländern. Wann immer Berthelot Bergson ein Bündel Komplimente überreicht, können wir eine Brennnessel im Blumenstrauß entdecken, etwa wenn er Bergson als „Debussy der zeitgenössischen Philosophie" bezeichnet und sagt, dass mit zunehmender Stilvielfalt die Zahl der Bergsoniennes *zunimmt hat mittlerweile die der Bergsonien* übertroffen . Aber dass eine Philosophie in Mode kommt, erscheint mir für die Öffentlichkeit eher glaubwürdig als für den Urheber diskreditierend.

Professor Bergson hat bei mehreren Gelegenheiten sein Interesse an den Bemühungen der Society of Psychical Research bekundet, Licht in dunkle Ecken zu bringen, und er hat sein Mitgefühl zum Ausdruck gebracht, indem er die Präsidentschaft der englischen Gesellschaft angenommen hat, als Nachfolger von FWH Myers, Sir Oliver Lodge, Sir William Crookes, AJ Balfour und Andrew Lang. In seiner Präsidentenansprache, die er am 28. Mai 1913 in der Æolian Hall in London hielt, äußerte Professor Bergson den neuartigen Vorschlag, dass wir es jetzt wissen könnten, wenn wir der Erforschung geistiger Phänomene den gleichen Aufwand gewidmet hätten wie den physischen viel über den Geist, wie wir es über die Materie tun. Es lohnt sich, die abschließende Passage der Ansprache zu zitieren:

Was wäre passiert, wenn unsere gesamte Wissenschaft in den vergangenen drei Jahrhunderten auf die Erkenntnis des Geistes und nicht auf die der Materie ausgerichtet gewesen wäre – wenn zum Beispiel Kepler, Galileo und Newton Psychologen gewesen wären? Die Psychologie hätte Entwicklungen erreicht, von denen man sich ebenso wenig eine Vorstellung machen konnte, wie man sich vor Kepler, Galilei und Newton eine Vorstellung von unserer Astronomie und unserer Physik machen konnte. Anstatt sie *a priori zu verachten* , wären wahrscheinlich alle seltsamen Tatsachen, mit denen sich die psychische Forschung befasste, minutiös untersucht worden. Wahrscheinlich hätten wir eine ganz andere vitalistische Biologie als unsere haben sollen, vielleicht auch eine andere Medizin, sonst wären die Therapeutika durch Suggestion auf einen Punkt gebracht worden, von dem wir uns keine Vorstellung machen können. Aber als sich der menschliche Geist, nachdem er die Wissenschaft des Geistes so weit vorangetrieben hatte, der trägen Materie zugewandt hätte, wäre er über ihre Richtung verwirrt gewesen, hätte nicht gewusst, wie er an die Arbeit gehen sollte, und nicht gewusst, wie er die Prozesse mit dieser Materie anwenden sollte was bis dahin erfolgreich war. Die Welt der physischen und nicht die der psychischen Phänomene wäre dann die Welt des Mysteriums gewesen. Es war jedoch weder möglich noch wünschenswert, dass die Dinge so geschehen wären. Dies war nicht möglich, da es zu Beginn der Neuzeit bereits eine mathematische Wissenschaft gab und es daher notwendig war, dass der Geist seine Forschungen in einer Richtung fortsetzte, auf die diese Wissenschaft anwendbar war. Es war auch nicht wünschenswert, nicht einmal für die

Wissenschaft des Geistes, denn dieser Wissenschaft hätte immer etwas unendlich Kostbares gefehlt – die Präzision, das Streben nach Beweisen, die Gewohnheit, zwischen dem, was sicher ist, und dem, was einfach möglich oder wahrscheinlich ist, zu unterscheiden . Nur die Wissenschaften, die sich mit der Materie befassen, können dem Geist diese Präzision, diese Strenge, diese Skrupel verleihen. Gehen wir nun mit diesen hervorragenden Gewohnheiten an die Wissenschaft des Geistes heran und verzichten wir auf die schlechte Metaphysik, die unsere Forschung behindert, und die Wissenschaft des Geistes wird Ergebnisse erzielen, die alle unsere Hoffnungen übertreffen.

Aber was auch immer das Ergebnis gewesen wäre, wenn Kepler, Galileo und Newton ihre Aufmerksamkeit der Psychologie statt der Physik zugewandt hätten, muss man zugeben, dass die Society for Psychical Research eine Enttäuschung war, ungeachtet der Tatsache, dass sie zu ihren eifrigen Forschern so hervorragende Persönlichkeiten zählte Wissenschaftler wie Lodge, Crookes und Wallace. Als die Gesellschaft 1882 gegründet wurde, machte ihr erster Präsident, Professor Sidgwick, auf die zahlreichen Berichte über physikalische Phänomene im Séanceraum aufmerksam und äußerte die Hoffnung, dass solche Beweise nun in größerer Zahl vorliegen würden, da kompetente Forscher bereit seien, sich mit ihnen zu befassen . Doch genau das Gegenteil geschah. Wie Herr Podmore es in seinem Buch „The Naturalization of the Supernatural" ausdrückt:

„Kurz gesagt, gerade als zum ersten Mal eine organisierte und systematische Untersuchung in einem der Bedeutung des Themas nicht unangemessenen Umfang durchgeführt werden sollte, nahmen die zu untersuchenden Phänomene rapide an Häufigkeit und Bedeutung ab, und die Möglichkeiten für Untersuchungen nahmen rapide ab wird durch die Gleichgültigkeit oder den Widerwillen der Medien, ihre Behauptungen einer Untersuchung zu unterziehen, noch weiter eingeschränkt."

Es scheint also, dass es schwierig, ja sogar unmöglich geworden ist, das Okkulte zu kultivieren, seit die Menschheit oder ein kleiner Teil davon die Präzision, Strenge und Skrupel der Naturwissenschaften erlangt hat. Dennoch würden die meisten von uns M. Bergson darin zustimmen, dass die Wissenschaft, wenn man davon ausgeht, dass der Menschheit eine solche Alternative offensteht, wie er annimmt, den besseren Teil gewählt hat, indem sie zuerst die Eroberung der physischen Welt in Angriff nimmt.

Die religiöse Bedeutung von Bergsons Evolutionstheorie wird aus den zitierten Zitaten deutlich. Als ich sein späteres Werk las, fiel mir auf, dass an manchen Stellen das Wort „Glaube" durch „Philosophie" und „ *elohim* " durch „ *élan vital* " ersetzt werden könnte, ohne den Sinn wesentlich zu verändern. Dann stellt seine Betonung der Zeit auch eine Vorstellung wieder her, die schon immer ein wesentlicher Faktor im religiösen Glauben war, die sich aber weder in der wissenschaftlichen Vorstellung von der Welt als einer umkehrbaren Reaktion noch in der metaphysischen Vorstellung von der Welt als einer Illusion eines Wesens findet unveränderlich Absolut. Die Gegenwart unterscheidet sich von allen anderen, und die Zukunft hängt davon ab. Wir können uns weder trösten noch entschuldigen, indem wir sagen: „In hundert Jahren wird alles noch so sein." Jetzt ist die akzeptierte Zeit, der Tag der Entscheidung, die einzigartige Gelegenheit, und die Wahl kann unwiderruflich sein, ein Wendepunkt in der Geschichte der Schöpfung. Die Atome haben ihre Chance verloren. Die Tiere werden hoffnungslos abgelenkt. Von uns hängt die Zukunft, die Rettung der Welt.

Wir dürfen nicht länger vom Leben im Allgemeinen sprechen, als wäre es eine Abstraktion oder eine bloße Rubrik, unter der alle Lebewesen eingeordnet werden. Zu einer bestimmten Zeit entstand an bestimmten Punkten im Raum eine deutlich sichtbare Strömung. Dieser Lebensstrom, der die von ihm sukzessive organisierten Körper durchquert und von Generation zu Generation weitergeht, hat sich unter Arten aufgeteilt und unter Individuen verteilt, ohne etwas von seiner Kraft zu verlieren. – „ Schöpferische Evolution"?

Bergsons Philosophie würde offenbar zu einer eher arministischen als calvinistischen Gottesauffassung führen, wenn es zulässig wäre, die alten theologischen Kategorien anzuwenden; ein Gott, vielleicht bewusst, persönlich und anthropomorph, aber nicht allmächtig und unveränderlich. Tatsächlich weist es eine verblüffende Ähnlichkeit mit der Vorstellung der alexandrinischen Gnostiker auf, einer schöpferischen Kraft, die gegen die Widerspenstigkeit der trägen Materie ankämpft und durch Subtilität und Beharrlichkeit triumphiert . Das Motto Ludwigs XI., *Divide et impera* , gilt hier in einem anderen Sinne:

Gott, so definiert, hat nichts von dem bereits Geschaffenen: Er ist unaufhörliches Leben, Handeln, Freiheit. So gesehen ist die Schöpfung kein Geheimnis; wir erleben es in uns selbst, wenn wir frei handeln....

Es ist, als hätte ein vages und formloses Wesen, das wir nach Belieben Mensch oder Übermensch nennen können, versucht, sich selbst zu verwirklichen, und dies nur dadurch geschafft, dass es auf dem Weg einen Teil von sich selbst aufgegeben hat. Die Verluste werden durch den Rest der Tierwelt und sogar durch die Pflanzenwelt repräsentiert. – „ Creative Evolution", S. 248, 266.

Nach dieser Sichtweise erwacht die Welt allmählich zum Leben und erlangt ein Bewusstsein. Materie ist eine Undine auf der Suche nach einer Seele. Eine Rodin-Statue mit menschlichen Formen, die aus dem unbehauenen Stein hervorragen, ist Bergsons Philosophie in Marmor. Wir sehen wieder Miltons

„gelbbraunen Löwen, der mit den Pfoten scharrt, um sein Hinterteil zu befreien". Wir hören noch einmal Fausts Übersetzung des Logos: „Am Anfang war die Tat."

Aber ich muss davon absehen, solche Analogien einem Autor aufzuzwingen, der sich Mühe gegeben hat, seine Gedanken in eine frische Sprache zu kleiden, um sich von den Konnotationen des Alten zu befreien. Lassen Sie Bergson seine Evolutionstheorie in seinen eigenen Worten zusammenfassen:

Das Leben als Ganzes wird von dem anfänglichen Impuls an, der es in die Welt stößt, als eine Welle erscheinen, die ansteigt und der die absteigende Bewegung der Materie entgegenwirkt. Auf dem größten Teil seiner Oberfläche wird die Strömung in unterschiedlichen Höhen durch Materie in einen Wirbel umgewandelt. An einem einzigen Punkt bewegt es sich frei und reißt das Hindernis mit sich, das seinen Fortschritt erschwert, ihn aber nicht aufhält. An diesem Punkt befindet sich die Menschheit; Es ist unsere privilegierte Situation. Andererseits ist diese aufsteigende Welle Bewusstsein, und wie jedes Bewusstsein umfasst sie Möglichkeiten ohne Zahl, die sich gegenseitig durchdringen und denen daher weder die Kategorie der Einheit noch die der Vielfalt angemessen ist, da sie beide für träge Materie geschaffen sind. Allein die Materie, die es mit sich trägt und in deren Zwischenräume es sich einfügt, kann es in verschiedene Individualitäten zerlegen. Weiter fließt der Strom, der sich durch menschliche Generationen zieht und sich in Individuen aufteilt. Diese Unterteilung war darin vage angedeutet, hätte aber ohne Sachverhalt nicht deutlich gemacht werden können. Es werden also fortwährend Seelen geschaffen, die jedoch in gewissem Sinne schon vorher existierten. Sie sind nichts anderes als die kleinen Bäche, in die sich der große Strom des Lebens teilt und der durch den Körper der Menschheit fließt. Die Bewegung des Baches unterscheidet sich vom Flussbett, muss jedoch dessen gewundenen Verlauf annehmen. Das Bewusstsein unterscheidet sich von dem Organismus, den es belebt, obwohl es dessen Wechselfälle durchmachen muss. Da die möglichen Handlungen, die ein Bewusstseinszustand anzeigt, in jedem Augenblick in den Nervenzentren ausgeführt werden, unterstreicht das Gehirn in jedem Augenblick die motorischen Anzeichen des Bewusstseinszustandes; aber die gegenseitige Abhängigkeit von Bewusstsein und Gehirn ist darauf beschränkt; Das Schicksal des Bewusstseins ist daher nicht mit dem Schicksal der Gehirnmaterie verknüpft. Schließlich ist das Bewusstsein im Wesentlichen frei; es ist die Freiheit selbst; aber es kann die Materie nicht durchdringen, ohne sich darauf niederzulassen, ohne sich ihr anzupassen; diese Anpassung nennen wir Intellektualität; und der Intellekt, der sich wieder dem aktiven, das heißt freien Bewusstsein zuwendet, lässt ihn auf natürliche Weise in die begrifflichen Formen eintreten, in die er gewohnt ist, die Materie einzupassen. Es wird daher die Freiheit immer als Notwendigkeit wahrnehmen; es wird immer den Teil der Neuheit oder der Schöpfung vernachlässigen, der dem freien Handeln innewohnt; Es wird die Handlung selbst immer durch eine künstliche, annähernde Nachahmung ersetzen, die man durch die Verbindung des Alten mit dem Alten und des Gleichen mit dem Gleichen erhält. So verschwinden für eine Philosophie, die versucht, den Intellekt wieder in Intuition zu integrieren, viele Schwierigkeiten oder werden leicht. Aber eine solche Lehre erleichtert nicht nur Spekulationen, sie gibt uns auch mehr Handlungs- und Lebenskraft. Denn damit fühlen wir uns nicht länger isoliert in der Menschheit, die Menschheit scheint nicht länger isoliert in der Natur, die sie beherrscht. So wie das kleinste Staubkorn mit unserem gesamten Sonnensystem verbunden ist und von ihm in der ungeteilten Bewegung des Abstiegs mitgezogen wird, die die Materialität selbst ist, so sind auch alle organisierten Wesen, vom einfachsten bis zum höchsten, von den ersten Anfängen des Lebens bis hin zu den kleinsten Staubkörnchen mit unserem gesamten Sonnensystem verbunden Die Zeit, in der wir uns befinden, und an allen Orten wie zu allen Zeiten, zeugt nur von einem einzigen Impuls, dem Gegenteil der Bewegung der Materie und in sich unteilbar. Alle Lebenden halten zusammen und alle geben dem gleichen gewaltigen Anstoß nach. Das Tier stellt sich auf die Pflanze, der Mensch überwindet das Tier, und die gesamte Menschheit ist im Raum und in der Zeit eine riesige Armee, die neben und vor und hinter jedem von uns in einem überwältigenden Angriff galoppiert, der in der Lage ist, jeden Widerstand niederzuschlagen und zu besiegen die größten Hindernisse, vielleicht sogar den Tod. – „Kreative Evolution", S. 269.

WIE MAN BERGSON LEST

Lesen Sie zuerst das Letzte. Beginnen Sie mit „Creative Evolution", denn dies ist die umfassendste Darstellung seiner Philosophie und in einem weniger technischen Stil geschrieben als seine früheren Werke. Aber der Leser muss bedenken, dass eine Kenntnis davon vorausgesetzt wird, und Bergson hat hier das als selbstverständlich angesehen, was er in zwei anderen großen Bänden bewiesen hat; nämlich, dass die Zeit nicht angemessen in den Formen des Raumes dargestellt werden kann und dass der Geist nicht starr an die Materie gebunden ist. Bergson wird von keinem modernen Philosophen außer William James übertroffen, was die Brillanz des Stils und die Originalität der Illustration angeht. „Creative Evolution" behandelt eine solche Vielfalt biologischer, psychologischer und metaphysischer Fragen, dass jeder intelligente Leser darin etwas finden wird, das neue Gedankengänge anregt. Und wenn der intelligente Leser Passagen findet, die er nicht versteht, kann er sich mit dem Gedanken trösten, dass es andere gibt, die ebenfalls verwirrt sind. Graf Keyserling, der den Verstand eines deutschen Metaphysikers hat, sagt über Bergson, dass „seine Philosophie vielleicht die originellste Errungenschaft seit den Tagen Immanuel Kants ist", fügt aber hinzu: „Viele Gedanken, auf die Bergson offenbar großen Wert legt, regen ihn an." Ich habe nicht den Hauch einer Idee. Aber er führt Bergsons Unklarheit auf die Tatsache zurück, dass „er nicht von abstrakten Prinzipien ausgeht; er beginnt im direkten Bewusstsein, im konkreten Leben", so dass der normale Leser in dieser Hinsicht vielleicht einen Vorteil gegenüber einem Kantian-Studenten wie Graf Keyserling haben könnte.

Der Student der Philosophie zieht es vielleicht vor, die Entwicklung von Bergsons Gedanken in seiner logischen und chronologischen Reihenfolge zu verfolgen. Er wird dann mit dem „ Essai sur les donnés " beginnen immédiates de la conscience" (1889), weiter zu „Matière et Mémoire " (1896) und enden mit „Evolution créatrice " (1907). Diese werden von Félix Alcan, Paris, in seiner „ Bibliothèque de Philosophie contemporaine " veröffentlicht. Der „Essay on the Immediate Data of Consciousness" erscheint unter dem weniger umständlichen Titel „Time and Free Will" in der Übersetzung von FL Pogson (Macmillan). „Matter and Memory" wurde von Nancy Margaret Paul und W. Scott Palmer übersetzt (Macmillan). Es ist vielleicht nicht unangemessen zu bemerken, dass die britische Ausgabe des Essays fast viermal so viel kostet wie die französische und doppelt so schwer ist. „Creative Evolution", übersetzt von Arthur Mitchell, wird in diesem Land von Henry Holt gedruckt & Company. Bergsons Vortrag über Träume, übersetzt von EE Slosson , wird in Buchform von BW Huebsch , New York, veröffentlicht.

Wer Französisch liest, aber nicht eines der größeren Werke angreifen möchte, wird die Zusammenfassung seiner Philosophie mit illustrativen Auszügen, die von einem seiner ehemaligen Schüler, René Gillouin, zusammengestellt und in „Les Grands Philosophes" von Louis Michaud, Paris, veröffentlicht wurde, bequem finden . Der deutsche Leser findet in A. Steenbergens „ Bergsons Intuitive Philosophie", Jena, einen Inbegriff und eine Kritik.

„Time and Free Will" enthält eine bewundernswerte Bibliographie, einschließlich der wichtigsten Diskussionen über Bergsons Philosophie, die bis 1911 in acht Sprachen erschienen sind. Die interessanteste Einführung zu Bergson ist der von Professor James im Hibbert Journal, April 1909, *veröffentlichte* Artikel , und in seinem *Pluralistic Universe abgedruckt* . Dies hat den Vorteil von M. Bergsons Zustimmung, denn als Professor Pitkin von Columbia versuchte zu zeigen, dass James Unrecht hatte, als er Bergson als Verbündeten behauptete („James und Bergson, oder Wer ist gegen die Intelligenz?" im Journal of Philosophy, Psychology and *Scientific Method* , 28. April 1910), antwortete Bergson, dass James ihn nicht falsch interpretiert hatte, sondern in besseren Worten als er gesagt hatte, was er meinte (gleiches *Journal*, 7. Juli 1910). Weitere kurze Darstellungen von Bergsons Philosophie sind die Artikel von H. Wildon Carr in *Proc. Aristotelian Society* , 1909 und 1910, und *Hibbert Journal* , Juli 1910; von J. Solomon in *Mind,* Januar 1911 (beide jetzt auch in Buchform); von Arthur Balfour über „Creative Evolution and Philosophic Doubt" in der zehnjährigen Ausgabe des *Hibbert Journal* ; „Bergson's Philosophy and the Idea of God" von HC Corrance und „Syndicalism in its Relation to Bergson" von T. Rhondda Williams, beide im *Hibbert Journal* vom Januar 1914. Professor Arthur O. Lovejoy von Johns Hopkins kritisiert „The Practical Tendencies of Bergsonianism " im *International Journal of Ethics* , April und Juli 1913. Bergsons Londoner Vorlesungen über die Seele sind in der *Educational Review* vom Januar 1912 zusammengefasst. Santayanas „Winds of Doctrine" (Scribner) enthält ein interessantes Kapitel über Bergsons Philosophie.

Von der umfangreichen kontroversen Literatur in Frankreich können nur einige neuere Titel erwähnt werden: R. Gillouin , „La Philosophie de Bergson" (Grasset); J. Segond , „ L'Intuition Bergsonienne " (Alcan); J. Desaymard , „La Pensée d'Henri Bergson" (Mercure de France). Die auffälligsten Gegner Bergsons sind: René Berthelot in „Un Romanticisme" . utilitaire ", Band II, „Le Pragmatisme chez Bergson" (Alcan); und Julien Benda in „Le Bergsonisme ". du une Philosophie de la Mobilité " und „ Réponse aux Défenseurs du Bergsonisme " (Mercure de France).

„Bergson for Beginners" von Darcy B. Kitchin (Macmillan) gibt eine Zusammenfassung seiner Werke und fügt einige interessante Beobachtungen zur Beziehung Bergsons zu den englischen Philosophen James Ward und Herbert Spencer hinzu. Weitere aktuelle Darstellungen und Kritiken sind „The Philosophy of Bergson" von AD Lindsay; „Eine kritische Untersuchung von Bergsons Philosophie", von J. McKellar Stewart; „Eine Untersuchung der Philosophie von Professor Bergson", von David Balsillie; „Bergson and the Modern Spirit", von GR Dodgson (American Unitarian Assoc., Boston). Aber der beste Band, der als Einführung in Bergson dient, ist der bereits erwähnte „The New Philosophy of Henri Bergson" von Edouard Le Roy (Holt).

Anlässlich von Bergsons Besuch veröffentlichte die Columbia University Press eine Liste der wichtigsten Bücher und Artikel zu diesem Thema in allen Sprachen bis 1913 mit mehr als fünfhundert Titeln: „A Contribution to a Bibliography of Henri Bergson". "

[1] Bericht im *Bulletin de la Société française de Philosophie* , 1908.

[2] Zu seinen Ansichten über die Möglichkeit einer wissenschaftlichen Metaphysik siehe *Le Parallélisme psycho-physique et la métaphysique positive* in

Bulletin de la Société française de Philosophie , Juni 1901; und *Einführung à la métaphysique* in *Revue de Métaphysique et de Morale* , Januar 1903.

[3] Veröffentlicht in der *Revue scientifique* vom 8. Juni 1901 und auf Englisch in *The Independent* vom 23. bis 30. Oktober 1913 sowie in Buchform 1914.

[4] Artikel über den pragmatischen Katholizismus finden sich in fast jedem Band der *Revue Philosophique* und der *Revue de Métaphysique et de Morale* in den ersten zwölf Jahren des 20. Jahrhunderts. Sehen Sie sich insbesondere die von Edouard Le Roy an, einem Schüler von James und Bergson. Ein kurzer Bericht über die Bewegung ist in Lalandes „Philosophy in France, 1907“, *Philosophical Review* , Mai 1908, enthalten.

[5] Als Vertreter der pragmatischen Syndikalisten seien George Sorel und Edouard Berth genannt. Für einen Bericht über die philosophische Seite der Bewegung siehe *Syndicalistes et Bergsoniens* von C. Bougie in *Revuedu Mois* , April 1909.

KAPITEL III

HENRI POINCARÉ

Der Wissenschaftler studiert die Natur nicht, weil sie nützlich ist; er studiert es, weil es ihm Freude bereitet, und er hat Freude daran, weil es schön ist. Wenn die Natur nicht schön wäre, wäre sie nicht wissenswert, und wenn die Natur nicht wissenswert wäre, wäre das Leben nicht lebenswert. Natürlich spreche ich hier nicht von der Schönheit, die die Sinne berührt, der Schönheit der Eigenschaften und des Aussehens; Nicht, dass ich diese Schönheit unterschätze, ganz im Gegenteil, aber sie hat nichts mit Wissenschaft zu tun; Ich meine die tiefere Schönheit, die aus der harmonischen Ordnung der Teile entsteht und die eine reine Intelligenz erfassen kann. Dies ist es, was den schillernden Erscheinungen, die unseren Sinnen schmeicheln, Körper, sozusagen eine Struktur verleiht, und ohne diese Unterstützung wäre die Schönheit dieser flüchtigen Träume nur unvollkommen, weil sie vage und immer flüchtig wäre. Im Gegenteil, intellektuelle Schönheit genügt sich selbst, und ihr zuliebe, vielleicht mehr vielleicht als für das künftige Wohl der Menschheit, widmet sich der Wissenschaftler langen und schwierigen Arbeiten.

Es ist daher die Suche nach dieser besonderen Schönheit, dem Sinn für die Harmonie des Kosmos, die uns dazu bringt, die Fakten auszuwählen, die am besten zu dieser Harmonie beitragen, so wie ein Künstler aus den Merkmalen seines Modells diejenigen auswählt, die ihn vervollkommnen das Bild und verleihen ihm Charakter und Leben. Und wir müssen nicht befürchten, dass diese instinktive und uneingestandene Voreingenommenheit den Wissenschaftler von der Suche nach dem Wahren abhält. Man träumt vielleicht von einer harmonischen Welt, aber wie weit wird die reale Welt davon abweichen! Die größten Künstler, die je gelebt haben, die Griechen, haben ihren Himmel geschaffen; Wie schäbig es neben unserem wahren Himmel ist ! – Poincarés „Der Wert der Wissenschaft", S. 8.

Eine solche Sprache ist für diejenigen, die die populäre Vorstellung von Wissenschaft und Wissenschaftlern vertreten, äußerst beunruhigend; die Wissenschaft als eine vage bevorstehende Masse fester Tatsachen betrachten, unveränderlich, unaufhaltsam, die das Aussterben aller Dinge wie Kunst, Gefühl, Poesie und Religion bedroht, nur um durch die Entschlossenheit, darüber nichts zu wissen, abgelenkt zu werden; Sie betrachteten Männer der Wissenschaft als bloße Rechenmaschinen, die mechanisch logisches Material für nützliche Zwecke ausmahlten. Die mathematische Astronomie ist sicherlich eine der Wissenschaften, die starrste, entlegenste und undurchsichtigste aller Wissenschaften. Doch hier spricht der führende mathematische Astronom seiner Zeit darüber, als wäre es eine der schönen Künste, ein Ding von Schönheit, das der Künstler aus eigener Freude an der Herstellung erschafft und nach seinen eigenen Vorstellungen davon formt ist harmonisch.

von Herrn Poincaré nicht mit der Begründung außer Acht lassen , dass er nicht wusste, wovon er sprach. Ein Mann, der so viel Wissenschaft gemacht hat wie er, sollte wissen, wie Wissenschaft gemacht wird und wofür. Für die meisten von uns hat die Natur – oder um unsere eigenen Gefühle nicht zu verletzen, sagen wir besser: die Gelegenheit – das Privileg verweigert, dies aus Erfahrung zu wissen. Folglich ist M. Poincaré ein besonders interessanter Mann, den es zu studieren gilt, denn er war bereit, uns nicht nur zu erzählen, was ein Mann der Wissenschaft ist, sondern auch, wie es sich anfühlt, einer zu sein. Kein anderer Zeitgenosse von gleicher Bedeutung war so offenherzig und entgegenkommend in der Selbstoffenbarung seiner Methoden oder so bereit, sich selbst als Gegenstand der Beobachtung zu unterwerfen. Wir werden in das Labor eines Mathematikers eingelassen und können den Mechanismus des wissenschaftlichen Denkens in Aktion beobachten.

Was ihn betrifft, hat er die Idee, dass die Wissenschaft rein utilitaristisch sei, in der nachdrücklichsten Sprache zurückgewiesen. August Comte sagte, dass es müßig wäre, die Zusammensetzung der Sonne herauszufinden, da dieses Wissen für die Soziologie keinen Nutzen hätte. Gegen einen solchen Vorwurf der Nutzlosigkeit verteidigte Poincaré seine Wissenschaft eloquent, indem er den praktischen Wert der Astronomie selbst aus Comtes Sicht aufzeigte, brachte aber abschließend seine eigene Meinung sehr deutlich zum Ausdruck:

Habe ich zu Unrecht gesagt, dass es die Astronomie ist, die uns zu einer Seele gemacht hat, die in der Lage ist, die Natur zu verstehen? dass unter einem immer bedeckten und sternenlosen Himmel die Erde selbst für uns auf ewig unverständlich gewesen wäre; dass wir dort nur Launen und Unordnung gesehen hätten; und dass wir, da wir die Welt nicht kannten, niemals in der Lage gewesen wären, sie zu unterwerfen? Welche Wissenschaft hätte nützlicher sein können? Und wenn ich so spreche, versetze ich mich in die Sichtweise derjenigen, die nur Wert auf praktische Anwendungen legen. Sicherlich ist dieser Standpunkt nicht meiner; Was mich hingegen betrifft, wenn ich die Errungenschaften der Industrie bewundere, dann vor allem deshalb, weil sie uns von materiellen Sorgen befreien und eines Tages allen die Muße geben werden, die Natur zu betrachten. Ich sage nicht: Wissenschaft ist nützlich, weil sie uns lehrt, Maschinen zu konstruieren. Ich sage: Maschinen sind nützlich, denn wenn sie für uns arbeiten, werden sie uns eines Tages mehr Zeit für die Wissenschaft lassen. Aber schließlich ist es erwähnenswert, dass es zwischen den beiden Standpunkten keinen

Gegensatz gibt und dass der Mensch, der ein uneigennütziges Ziel verfolgt hat, alles andere zu ihm hinzugefügt hat . – „Value of Science", S. 88.

Es ist dieses Beharren auf dem ästhetischen Wert der Wissenschaft, das dazu führte, dass er davor zurückschreckte, als „Pragmatiker" bezeichnet zu werden, obwohl diejenigen, die diesen Namen akzeptieren, immer ungewöhnlich viel Wert auf den ästhetischen Faktor im Denken gelegt haben. Aber in seiner Erkenntnistheorie ist Poincaré entschieden pragmatisch, und niemand hat die praktische Denkweise, mit der die Naturwissenschaften Fortschritte gemacht haben und die jetzt auf die Bereiche der Metaphysik und der Religion ausgeweitet wird, klar dargelegt oder stärker zum Ausdruck gebracht , Ethik und Soziologie. Poincarés Lieblingswort ist „bequem" (*commode*). Theorien sind streng genommen nicht als wahr oder falsch einzustufen. Sie sind lediglich mehr oder weniger praktisch. Zum Beispiel:

Massen sind Koeffizienten, die bequem in Berechnungen einbezogen werden können. Wir könnten die gesamte Mechanik rekonstruieren, indem wir allen Massen unterschiedliche Werte zuschreiben. Diese neue Mechanik stünde weder im Widerspruch zur Erfahrung noch zu den allgemeinen Prinzipien der Dynamik. Nur die Gleichungen dieser neuen Mechanik wären *weniger einfach* . – „Wissenschaft und Hypothese", S. 76.

Wir haben weder eine direkte Intuition der Gleichzeitigkeit noch der Gleichheit zweier Dauern. Wenn wir glauben, diese Intuition zu haben, ist das eine Illusion. Wir ersetzen es mit Hilfe bestimmter Regeln, die wir fast immer anwenden, ohne sie zu berücksichtigen. Doch welcher Natur sind diese Regeln? Keine allgemeine Regel, keine strenge Regel; eine Vielzahl kleiner Regeln, die auf den jeweiligen Einzelfall anwendbar sind. Diese Regeln werden uns nicht aufgezwungen, und wir könnten uns damit amüsieren, andere zu erfinden; aber sie konnten nicht beiseite geschoben werden, ohne die Gesetze der Physik, Mathematik und Astronomie erheblich zu verkomplizieren. Wir wählen diese Regeln daher nicht, weil sie wahr sind, sondern weil sie am bequemsten sind, und wir können sie wie folgt zusammenfassen: „Die Gleichzeitigkeit zweier Ereignisse oder die Reihenfolge ihrer Abfolge, die Gleichheit zweier Dauern müssen so sein." definierte, dass die Formulierung der Naturgesetze so einfach wie möglich sein sollte; mit anderen Worten, alle diese Regeln, alle diese Definitionen sind nur die Frucht eines unbewussten Opportunismus." – „Value of Science", S. 35.

Die Zeit sollte so definiert werden, dass die Gleichungen der Mechanik so einfach wie möglich sind. Mit anderen Worten: Es gibt keine Methode, die Zeit genauer zu messen als eine andere. Was allgemein angenommen wird, ist nur *bequemer* . Von zwei Uhren haben wir kein Recht zu sagen, dass die eine wahr ist, die andere falsch: Wir können nur sagen, dass es vorteilhaft ist, sich an die Hinweise der ersten zu halten. – „ Value of Science", S. 30.

Schauen Sie sich also die Regel an, der wir folgen und die einzige, der wir folgen können: Wenn uns ein Phänomen als Ursache eines anderen erscheint, betrachten wir es als früher. Daher definieren wir Zeit durch Ursache . – „Value of Science", S. 32.

Die Erfahrung beweist uns nicht, dass der Raum drei Dimensionen hat. Es beweist uns nur, dass es zweckmäßig ist, ihm drei Dimensionen zuzuschreiben. – „Value of Science", S. 69.

Es wurde oft beobachtet, dass wir keine Möglichkeit hätten, dies wahrzunehmen, wenn sich alle Körper im Universum gleichzeitig und im gleichen Verhältnis ausdehnen würden, da alle unsere Messinstrumente gleichzeitig mit den Objekten selbst wachsen würden, deren Messung sie dienen . Die Welt würde nach dieser Erweiterung ihren Lauf fortsetzen, ohne dass uns irgendetwas über ein so bedeutsames Ereignis informiert. — „Wert der Wissenschaft", S. 39.

Aber Poincaré geht noch weiter und zeigt nicht nur, dass zwei solcher Welten unterschiedlicher Größe absolut ununterscheidbar wären, sondern dass sie auch dann ununterscheidbar wären, wenn sie in irgendeiner Weise verzerrt würden, solange sie Punkt für Punkt miteinander korrespondierten. Man mag meinen, dass diese Vorstellung von der Relativität des Raums etwas schwer zu verstehen ist, aber Herr Poincaré ist so freundlich, einen Weg vorzuschlagen, wie jeder es selbst sehen kann, wenn er zehn Cent hat, um ihn in einen dieser urkomischen Ferienorte einzulassen wo lebensgroße konkave und konvexe Spiegel zu sehen sind. [1] Sie halten sich vielleicht für einen Gentleman mit ordentlicher Figur, das heißt etwas beleibt, und Sie betrachten die große, schlanke Gestalt, die Ihnen im zylindrischen Spiegel gegenübersteht, als absurd missgestaltet. Aber es würde Ihnen schwer fallen, ihn von seiner Missbildung zu überzeugen. Seine und Ihre Beine erfüllen die Anforderung, die Lincoln an die richtige Länge gestellt hat; das heißt, sie reichen vom Körper bis zum Boden. Wenn du mit dem Daumen dein Kinn und mit dem Zeigefinger deine Stirn berührst, berührt er das auch. Es fällt Ihnen ein, dass hier ein Fall vorliegt, in dem sich Ihre Kenntnisse der Geometrie, wenn überhaupt, als nützlich erweisen würden, aber wenn Sie darauf zurückgreifen, werden Sie feststellen, dass die Geometrie seiner seltsam aussehenden Welt genauso gut ist wie Ihre; Tatsächlich ist es genau das Gleiche. Sie erhalten einen Zollstock und messen sich; 70 Zoll hoch, 14 Zoll Durchmesser am Äquator, Verhältnis 5:2. Aber inzwischen misst sich auch der Spiegelmann selbst, und seine Maße sind genau die gleichen wie deine, 70 und 14 und 5:2, denn wenn er das Lineal senkrecht hält, verlängert es sich, und wenn es horizontal ist, schrumpft es. Linien, die in deiner Welt gerade sind, sind in seiner gekrümmt, aber du kannst es ihm nicht beweisen, denn wenn er sein Lineal an seine Kurven legt, siehe, es biegt sich sofort entsprechend. Inzwischen fällt es Ihnen so schwer, dem Spiegelmann zu beweisen, dass Sie Recht haben und er Unrecht, und es kommt Ihnen in den Sinn, dass er das vielleicht nicht hat, dass er genauso viele Gründe wie Sie haben könnte, zu glauben, dass er der Richtige ist normale, wohlproportionierte Welt und Ihr eigenes das verzerrte Bild davon. Da Sie dann keine Möglichkeit haben, die absolute Länge, Richtung oder Krümmung einer Linie wahrzunehmen, kann Ihr Raum so unregelmäßig gekrümmt und verdreht sein, wie es im lustigsten Spiegel aussieht, ohne dass Sie es bemerken würden. Nun ist der Grundsatz des Pragmatikers, dass alles, was für nichts anderes keinen Unterschied macht, nicht real ist. Der Grund dafür, dass wir für sich genommen keine Unterschiede zwischen dem Spiegelraum und unserem Raum entdecken konnten, liegt darin, dass es keinen gibt. Oder um auf die Sprache von Poincaré zurückzukommen : „Der Raum ist in Wirklichkeit amorph und die Dinge, die sich in ihm befinden, geben ihm allein eine Form." Warum sagen wir, dass der Raum drei Dimensionen hat statt zwei, vier oder mehr? Warum bleiben wir bei einem alten Nebel wie Euklid, wenn Riemann und Lobatschewski uns neue und gleichermaßen in sich konsistente Systeme der Geometrie anbieten, in denen Parallelen sich treffen oder trennen können? Weil:

Durch natürliche Auslese hat sich unser Geist an die Bedingungen der Außenwelt *angepasst* . Es hat die Geometrie übernommen, die für die Art *am vorteilhaftesten* oder, mit anderen Worten, *am bequemsten ist* . Geometrie ist nicht wahr, sie ist vorteilhaft.

Eine solche Sprache kann in den Universitätssälen unbemerkt bleiben, denn alle Wissenschaftler sind sich der vorläufigen und praktischen Natur der von ihnen verwendeten Hypothesen und Konventionen mehr oder weniger bewusst. Aber für die Außenwelt klingt es erschreckend. Manchen schien es, als würden die Grundlagen des Universums untergraben. Andere sahen darin ein Eingeständnis dessen, was Brunetière den „Bankrott der Wissenschaft" genannt hatte, und freuten sich offen über das Unbehagen des Kirchenfeindes. Nun hatte Poincaré bei der Erörterung der Relativität der Bewegung zufällig die folgende Illustration verwendet:

Der absolute Raum, das heißt die Markierung, auf die man die Erde beziehen müsste, um zu wissen, ob sie sich wirklich bewegt, hat keine objektive Existenz. Daher hat diese Behauptung „die Erde dreht sich um" keine Bedeutung, da sie durch kein Experiment bestätigt werden kann; denn ein solches Experiment konnte nicht nur vom kühnsten Jules Verne weder realisiert noch geträumt werden, sondern ist auch nicht ohne Widerspruch vorstellbar. Oder besser gesagt, diese beiden Sätze: „Die Erde dreht sich um" und „es ist bequemer anzunehmen, dass sich die Erde umdreht" haben dieselbe Bedeutung; es gibt nichts mehr im einen als im anderen . – „Wissenschaft und Hypothese", S. 85.

Diese Bemerkung wurde sofort von den katholischen Apologeten aufgegriffen, und der Galilei-Fall, nachdem er von der Stimme Roms abgeschlossen worden war, wurde für die Zulassung dieser neuen Beweise wieder aufgerollt. Wenn die ptolemäische und die kopernikanische Theorie gleichermaßen wahr sind und die Wahl zwischen ihnen lediglich eine Frage der Zweckmäßigkeit ist, war die Heilige Inquisition dann nicht berechtigt, die etablierte Theorie im Interesse von Religion und Moral aufrechtzuerhalten? Monsignore Bolo, ein bedeutender und kluger Theologe, verkündete in *Le Matin* vom 20. Februar 1908, dass M. Poincaré , der größte Mathematiker des Jahrhunderts, sagt, dass Galilei mit seiner Hartnäckigkeit Unrecht hatte. Darauf antwortete Poincaré mit den geflüsterten Worten Galileis:

„E pur si muove , Monseigneur?

In einer späteren Diskussion dieses Punktes erklärt er, dass das, was er über die Rotation der Erde gesagt hat, ebenso gut auf jede andere akzeptierte Hypothese angewendet werden könnte, sogar auf die bloße Existenz einer Außenwelt, denn „diese beiden Sätze sind ‚die Außenwelt'." „existiert" oder „es ist bequemer anzunehmen, dass es existiert" haben ein und dieselbe Bedeutung." Die kopernikanische Theorie ist vorzuziehen, weil sie einen reichhaltigeren und tiefgründigeren Inhalt hat, denn wenn wir davon ausgehen, dass die Erde stationär ist , müssen wir andere Erklärungen für die Abflachung an den Polen, die Drehung des Foucaultschen Pendels, die Passatwinde usw. finden. während die Hypothese einer sich drehenden Erde all dies als Wirkungen einer einzigen Ursache zusammenfasst.

M. Le Roy, ein katholischer Pragmatiker und Schüler Bergsons, geht in Bezug auf das menschliche Element in der Wissenschaft viel weiter als Poincaré und vertritt die Auffassung, dass die Wissenschaft lediglich eine Handlungsregel ist und uns nichts über die Wahrheit lehren kann, denn ihre Gesetze sind es nur Künstliche Konventionen. Poincaré hielt diese Ansicht für gefährlich nah am absoluten Nominalismus und Skeptizismus, und in seiner Kontroverse mit Le Roy [2] zeigte er, dass der Wissenschaftler nicht „Fakten schafft, wie Le Roy sagte, sondern lediglich die Sprache, in der er sie ausspricht". Von der Kontingenz, auf der Le Roy und Boutroux beharren, würde Poincaré nur zugeben, dass wissenschaftliche Gesetze niemals mehr als annähernd und wahrscheinlich sein können. Selbst in der Astronomie, wo es um das einzige und einfache Gesetz der Gravitation geht, kann weder absolute Gewissheit noch absolute Genauigkeit erreicht werden. Daher können wir nicht mit Sicherheit sagen, dass Saturn zu einem bestimmten Zeitpunkt an einem bestimmten Punkt am Himmel sein wird. Wir müssen uns auf die Vorhersage beschränken, dass „Saturn *wahrscheinlich in der Nähe*" eines solchen Punktes sein wird.

In einer Ansprache vor dem Internationalen Philosophischen Kongress in Bologna im April 1910 erörterte Professor Poincaré erneut die Frage, ob sich die Naturgesetze nicht ändern dürfen. Er räumte ein, dass es kein einziges Gesetz gibt, das wir mit der Gewissheit aussprechen können, dass es in der Vergangenheit immer wahr war. Dennoch, so kam er zu dem Schluss, hindere nichts den Wissenschaftler daran, an das Prinzip der Unveränderlichkeit zu glauben, da kein Gesetz auf die Ebene eines sekundären und begrenzten Gesetzes herabsteigen könne, ohne durch ein anderes, allgemeineres und umfassenderes Gesetz ersetzt zu werden. Er erwog insbesondere die Möglichkeit, dass in der fernen Vergangenheit die Grundgesetze der Mechanik nicht gelten würden, denn da die Energie der Welt kontinuierlich in Form von Wärme verloren ging, muss es eine Zeit gegeben haben, in der sich Körper schneller bewegten als heute . Aber nach den neueren Materietheorien kann sich kein Körper schneller als Licht fortbewegen, und bei Geschwindigkeiten, die der des Lichts nahe kommen, ist seine Masse nicht mehr konstant, sondern nimmt mit seiner Geschwindigkeit zu. Dies würde natürlich alle Newtonschen Gesetze zerstören, deren Geltungsbereich wir dann als auf solche gewöhnlichen Bedingungen und mäßige Bewegung beschränkt betrachten müssten, wie wir sie jetzt um uns herum sehen.

Aber selbst jetzt können wir sie kaum mit der gleichen impliziten Zuversicht betrachten wie früher. Nehmen Sie zum Beispiel das Newtonsche Gesetz, dass Aktion und Reaktion gleich und entgegengesetzt sind. Wenn eine Kugel aus einer Kanone abgefeuert wird, schlägt die Kanone gleichzeitig und mit demselben Schwung zurück, mit dem die Kugel nach vorne fliegt. Aber nehmen wir an, wir hätten statt einer Kanone eine Lampe mit einem Reflektor, die einen Lichtstrahl in den Weltraum sendet. Es wurde mathematisch abgeleitet und experimentell bewiesen, dass Licht einen winzigen, aber messbaren Druck auf ein Objekt ausübt, auf das es trifft. Der Reflektor stößt daher wie eine Kanone zurück, aber wo ist die Kugel, wenn Licht eine immaterielle Wellenbewegung ist? Wenn der Lichtstrahl allerdings auf einen Planeten im Weltall trifft, würde er ihm einen Impuls geben, der dem ursprünglich auf den Reflektor auf unserer Erde übertragenen Impuls gleich und entgegengesetzt ist. Aber was ist, wenn das Licht durch den leeren Raum geht und überhaupt nichts trifft? Ein Gesetz, das möglicherweise mehrere tausend Jahre auf seine Gültigkeit warten muss und möglicherweise sogar ganz scheitert, ist nicht das, was der Laie im Sinn hat, wenn er an unveränderliche und unzerbrechliche Gesetze denkt, die das Universum regieren.

Aber gerade jetzt ist es ziemlich wichtig, dass der Laie versteht, was der Wissenschaftler meint, wenn er von Gesetzen, Theorien und Hypothesen spricht. Denn wir befinden uns mitten in einer gewaltigen Revolution in der Wissenschaft. Unser wohlgeordneter Kosmos des 19. Jahrhunderts scheint sich wieder im Chaos aufzulösen. Wir haben gesehen, wie die Elemente unter glühender Hitze schmelzen, und wir können uns nicht mehr auf die Gleichmäßigkeit der Atomgewichte verlassen. Die Gesetze zur Erhaltung von Materie und Energie, die bis zur letzten Generation die Leitsterne der Forschung waren, verlieren an Bedeutung. Der altmodische Äther, zu seiner Zeit eine nützliche, aber nie ganz zufriedenstellende Erfindung, da er immer wieder mit verschiedenen neuen Eigenschaften geflickt werden musste, um ihn in die Lage zu versetzen, die verschiedenen ihm auferlegten Aufgaben zu erfüllen, scheint nicht mehr in der Lage zu sein, der Belastung standzuhalten kann jeden Moment auf den wissenschaftlichen Schrotthaufen geschickt werden müssen. Wir hören vermeintlich vernünftige Physiker behaupten, dass sich alle Körper in der Richtung ihrer Bewegung zusammenziehen und dass ihr Gewicht mit ihrer Geschwindigkeit und der Richtung, in die sie sich bewegen, variiert. Wir lesen von „Lichtatomen" und von

Elektrizitätskörperchen, die, obwohl sie nur ein Tausendstel des Wasserstoffatoms sind, eingefangen, gezählt und einzeln gewogen werden.

Was den Laien nun verwirrt, ist die Ruhe, mit der die Wissenschaftler diesen Zusammenbruch der Welten und den Schock der Systeme beobachten. Sie haben nicht die Miene entlarvter Betrüger. Sie können sich nicht wie die Auguren im dekadenten Rom treffen, ohne einander ins Gesicht zu lachen. Sie nehmen den Sturz ihrer früheren Idole nicht übel. Sie haben keine Angst vor Ketzern und daher auch keinen Hass auf sie. Sie betrachten all diesen Bildersturm mit einer leichten Neugier, ganz im Gegensatz zu ihrem intensiven und persönlichen Interesse an der Wissenschaft im Allgemeinen. Es ist schwer, in der Association for the Advancement of Science ein Quorum für eine Diskussion über das Relativitätsprinzip mit all seinen revolutionären Konsequenzen zu erreichen.

Vergleichen Sie diese scheinbare Gleichgültigkeit gegenüber dem Schicksal grundlegender Prinzipien in wissenschaftlichen Kreisen mit dem, was in einer presbyterianischen Versammlung passieren würde, wenn vorgeschlagen würde, die Prädestination aus dem Westminster-Bekenntnis zu streichen, oder mit dem, was in einer bischöflichen Versammlung passieren würde, wenn die Jungfrauengeburt geleugnet würde; mit dem, was in einer Aktionärsversammlung passieren würde, wenn Zweifel an den Rechten des Kapitals geäußert würden, oder in einem sozialistischen Parteitag, wenn der Klassenkonflikt in Frage gestellt würde. Nun hat die Existenz des Äthers für das wissenschaftliche Denken die gleiche Bedeutung wie die Prädestination für das theologische oder der Kapitalismus für das wirtschaftliche Denken. Seine Widerlegung oder Änderung würde den Glauben und die Praxis ebenso erschüttern. Doch Wissenschaftler sind Männer; Sie haben rotes Blut in ihren Adern, und es zeigt sich nicht selten auf ihren Wangen, wenn sie über etwas diskutieren, das ihnen der Mühe wert erscheint. Reine Theorie erscheint ihnen selten lohnenswert, weil sie als reine Konventionalität und Zweckmäßigkeit anerkannt wird.

Der Wissenschaftler, insbesondere der wissenschaftliche Forscher, hält seine Theorien mit lockerer Hand, behält aber seine Fakten fest im Griff. Das ist genau das Gegenteil der Laienhaltung gegenüber der Wissenschaft. Wenn der Laie daran interessiert ist, die Lichtgeschwindigkeit zu kennen, dann deshalb, weil er glaubt, daraus zu lernen, dass der gesamte Raum mit einem starren, elastischen Festkörper gefüllt ist, worüber er nur staunen kann. Der Wissenschaftler interessiert sich für den Äther, weil er ihm bei der Berechnung der Lichtgeschwindigkeit hilft.

Ein Dozent für drahtlose Telegraphie wird im Laufe der Stunde zwei oder drei mehr oder weniger widersprüchliche Vorstellungen von Elektrizität verwenden. Wenn Sie ihn anschließend auf die Inkonsistenz aufmerksam machen und ihn fragen, was richtig und was falsch ist, werden Sie keine sehr zufriedenstellende Antwort erhalten. Er weiß es nicht und es ist ihm offensichtlich egal. Sie bestehen darauf, dass er Ihnen sagt, an welche Theorie er persönlich glaubt. Er hatte wirklich nicht daran gedacht, an irgendeine von ihnen zu „glauben". Wenn er auf der Tafel weiße Kreide statt roter Kreide verwendet, liegt das nicht daran, dass er die Existenz roter Kreide und deren gelegentlichen Nutzen leugnet. Auch der Astronom wird vom Aufgang der Sonne und im nächsten Atemzug von der Drehung der Erde zur Sonne sprechen, ohne sich seiner Widersprüchlichkeit schuldig zu machen. Der Botaniker bezeichnet eine bestimmte Blume als Mohn und wiederum als Eschscholtzia . Er meint dasselbe, verwendet aber verschiedene Sprachen; im ersten Fall Englisch, im zweiten Fall weiß ich nicht was.

Es ist überaus wünschenswert, dass die Menschen Vertrauen in die Wissenschaft haben, aber um dies zu erreichen, müssen sie das gleiche Vertrauen in sie haben wie der Wissenschaftler. Sonst werden sie es für eine Menge genialer Fantasien halten, die sich von jeder nachfolgenden Generation als falsch erweisen. Die Wissenschaft mausert gerade und sieht seltsam aus. Die Öffentlichkeit sollte klar verstehen, dass der Prozess Wachstum und keine Krankheit bedeutet. Es gibt noch einen weiteren Grund für die Popularisierung der wissenschaftlichen Denkweise. Es beginnt dort Anwendung zu finden, wo bisher völlig andere Vorstellungen vorherrschten: in der Kunst, Ethik, Religion, Soziologie und dergleichen. Dies löst bereits große Aufregung aus und wird noch mehr Aufsehen erregen, bevor der Prozess abgeschlossen ist. Es wird zum Beispiel darum gehen, die Geschichte neu zu schreiben und weitgehend neu zu untersuchen. Poincaré hat dies in einer Passage angedeutet, die mir von großer Bedeutung erscheint:

Carlyle hat irgendwo so etwas gesagt: „Nichts als Fakten sind von Bedeutung. John Lackland ist hier vorbeigekommen. Hier ist etwas Bewundernswertes. Hier ist eine Realität, für die ich alle Theorien der Welt aufgeben würde." Carlyle war ein Landsmann von Bacon, aber Bacon hätte das nicht gesagt. Das ist die Sprache des Historikers. Der Physiker würde eher sagen: „John Lackland ist hier vorbeigekommen. Das macht für mich keinen Unterschied, denn er wird diesen Weg nie wieder passieren." – „Science and Hypothesis", S. 102.

Das Ziel der Wissenschaft ist die Voraussicht, und ich glaube, dass dies irgendwann als das wahre Ziel allen Wissens anerkannt wird. Der Historiker, oder besser gesagt der Antiquar, denn der Historiker mag das wissenschaftliche Temperament haben, schätzt Fakten wegen ihrer Seltenheit. Der Wissenschaftler schätzt Fakten wegen ihrer Gemeinsamkeit. Eine einzigartige Tatsache, wenn es sie gäbe, hätte für ihn möglicherweise kein Interesse. Der Antiquar macht sich auf die Suche nach Dingen, Fakten oder Möbeln, die in der Vergangenheit von Bedeutung waren. Der Wissenschaftler sucht nur nach Dingen, die in der Zukunft von Bedeutung sein werden.

Laut Poincaré ist die richtige Wahl der Fakten die erste Pflicht des Wissenschaftlers. Er muss in der Lage sein, das Wesentliche herauszugreifen und alles andere abzulehnen. „Erfindung besteht darin, die Konstruktion nutzloser Kombinationen zu vermeiden und nützliche Kombinationen zu konstruieren, die in der unendlichen Minderheit vorkommen. Erfinden heißt unterscheiden, wählen." Am wünschenswertesten ist es, weit voneinander entfernte Elemente zusammenzuführen. Solche Verbindungen sind meist unfruchtbar, aber wenn das nicht der Fall ist, sind sie die fruchtbarsten von allen. Der erfolgreiche Wissenschaftler schaut sich nicht wie ein Käufer eine nach der anderen alle verfügbaren Proben an und wählt das aus, was er möchte. Das Leben ist zu kurz. Die unpassenden Ideen kommen ihm gar nicht in den Sinn. Es ist, als wäre er ein Prüfer zweiter Instanz, der sich nur um die Kandidaten kümmert, die die erste Prüfung bestanden haben. Dieser vorläufige Sichtungs- und Sortierprozess wird größtenteils vom Unbewussten durchgeführt, wie Poincaré zeigt, indem er erzählt, wie er zu seinen ersten mathematischen Entdeckungen kam:

Vierzehn Tage lang arbeitete ich daran zu zeigen, dass es keine Funktion geben konnte, die denjenigen analog war, die ich seitdem die Fuchsfunktionen nannte . [3] Ich war damals sehr unwissend. Jeden Tag setzte ich mich an meinen Arbeitstisch und verbrachte dort ein oder zwei Stunden und probierte viele Kombinationen aus, kam aber zu keinem Ergebnis. Eines Nachts, als ich entgegen meiner Gewohnheit schwarzen Kaffee getrunken hatte und nicht schlafen konnte, schossen die Ideen in Scharen. Ich spürte, wie sie gegeneinander schlugen, bis zwei von ihnen sozusagen zusammenklebten und eine stabile Verbindung bildeten. Am Morgen hatte ich die Existenz einer Klasse fuchsianischer Funktionen nachgewiesen, die aus der hypergeometrischen Reihe abgeleitet sind. Ich musste lediglich die Ergebnisse in Form bringen, was nur wenige Stunden dauerte. – „Science et Méthode ", S. 52.

Nachdem er die Schlussfolgerungen aus dieser Entdeckung ausgearbeitet hatte, unternahm er eine geologische Exkursion durch die School of Mines. Die Ablenkungen des Reisens lenkten ihn von seiner mathematischen Arbeit ab. Aber in Constance, gerade als er für einen Ausflug in einen Omnibus stieg, kam ihm, ohne irgendeine Verbindung zu seinen früheren Gedanken, die Idee, dass seine fuchsischen Funktionen in ihren Transformationen mit denen der nichteuklidischen Geometrie identisch seien. Er nahm im Omnibus Platz und setzte sein Gespräch fort, wobei er sich seiner Entdeckung absolut sicher war, die er nach seiner Rückkehr in sein Haus in Caen in aller Ruhe ausarbeitete.

Anschließend widmete er sich dem Studium arithmetischer Fragen, ohne zu nennenswerten Ergebnissen zu gelangen und ohne zu ahnen, dass dieses Thema auch nur den geringsten Zusammenhang mit seinen früheren Forschungen haben könnte. Verärgert über seinen mangelnden Erfolg verbrachte er einige Tage an der Küste, wo er mit anderen Dingen beschäftigt war. Eines Tages, als er die Klippe entlangging, kam ihm, kurz, plötzlich und sicher wie immer, der Gedanke, dass er bei seinen arithmetischen und geometrischen Arbeiten dieselben Transformationen angewendet hatte.

Daraufhin kehrte er nach Caen zurück und begann mit der systematischen Anwendung seiner Theorie. Doch ein unüberwindbares Hindernis hinderte ihn daran, und in dieser Verwirrung wurde er zu seinem Militärdienst nach Mont- Valérien abberufen , wo er keine Zeit für Mathematik hatte. Als er eines Tages auf der Straße spazieren ging, erschien ihm blitzartig die Lösung des Problems. Er versuchte damals nicht, darüber nachzudenken, aber nach seiner Entlassung aus der Armee vollendete er seine Memoiren ohne Probleme.

Diese faszinierenden Einblicke in die Seele eines Mathematikers werden den Leser an viele andere dokumentierte Beispiele einer solchen unbewussten Unterstützung und zweifellos auch an persönliche Erfahrungen erinnern. Wir denken an Alfred Russel Wallace in Ternate, dessen Gehirn vom Tropenfieber entzündet war und der plötzlich von der Theorie der natürlichen Selektion inspiriert wurde, dem Schlüssel zu den biologischen Problemen, die ihn so viele Monate lang verwirrt hatten. Welch ein Glück, dass seine klerikalen Gegner davon nichts wussten und die Evolution daher nicht als Traum einer kranken Fantasie abtun konnten. Aber wie James in seinen „Varieties of Religious Experience" sagt, haben wir kein Recht , unwillkommene Theorien als fieberhafte Fantasien abzutun, da $102°$ nach allem, was wir wissen, eine günstigere Temperatur für das Keimen und Sprießen der Wahrheit sein kann als die gewöhnliche Bluthitze $98°$.

Kekulé aus Bonn erinnert, der über die Zusammensetzung von Benzol rätselte und vergeblich versuchte, sechs Kohlenstoffatome mit sechs Wasserstoffatomen zu vereinen, obwohl er vierzehn brauchte. Als er abends am Feuer saß, weigerte sich sein müdes Gehirn, sich auszuruhen, und es schien ihm, als würde er die vierhändigen Kobolde aus Kohlenstoff mit ihren einarmigen Wasserstoffpartnern auf dem Boden tanzen sehen. Plötzlich schlossen sich sechs von ihnen zu einem Ring zusammen und das Problem war gelöst. Seitdem tanzt das Benzol-Sextett durch Hunderte von Bänden und trägt jährlich Millionen zum Reichtum Deutschlands bei . Professor Hilprecht von der University of Pennsylvania hat erzählt, wie ihm ein chaldäischer Priester, Verwalter der „Temple Library", im Traum erschien und ihm zeigte, wie er die Fragmente einer Keilinschrift zusammensetzen konnte, an denen er schon lange gearbeitet hatte vergeblich zu übersetzen.

Dann war da noch Stevenson in Samoa, der für sein Leben schrieb, es aber nicht versäumte, seinen „Brownies" Anerkennung dafür zu zollen, dass sie einen großen Teil seiner Arbeit für ihn erledigten. Aber die Brownies funktionieren nicht ungefragt, und ohne Stroh werden sie keine Ziegel herstellen. Poincaré besteht auf der Notwendigkeit einer vorbereitenden Phase bewusster Anstrengung, ohne die diese unterschwelligen Inspirationen niemals entstehen, und der darauffolgenden Phase der Überprüfung, Entwicklung und Anwendung, ohne die sie fruchtlos sind. Solche Ideen kamen ihm am häufigsten abends oder morgens, wenn er im Bett lag und halb wach war. Er betrachtete die Vorgänge seines Unterbewusstseins nicht als bloß mechanisch. Im Gegenteil, es zeichnet sich durch die Macht der Wahl aus, indem es nur die Kombinationen auswählt und dem bewussten Ego präsentiert, die gewinnbringend und wichtig erscheinen. Diese Wahl wird nach Poincarés Meinung vom künstlerischen Instinkt geleitet.

Die üblichen Kombinationen sind gerade die schönsten; Ich meine diejenigen, die jene besondere Sensibilität am besten ansprechen können, die alle Mathematiker kennen, über die die Profanen jedoch gerne lächeln. Unter den zahlreichen Kombinationen, die das unterschwellige Selbst blind gebildet hat, sind fast alle ohne Interesse und ohne Nutzen. Aus diesem Grund haben sie keine Wirkung auf die ästhetische Sensibilität und gelangen nie ins Bewusstsein. Nur diejenigen, die harmonisch und daher sowohl nützlich als auch schön sind, sind in der Lage, jene besondere Sensibilität des Geometrikers zu bewegen, von der ich sprach, und die, wenn sie einmal erregt ist, unsere Aufmerksamkeit auf sie lenkt und ihnen so die Möglichkeit gibt, bewusst zu werden. – „Wissenschaft . " et Méthode ", S. 58.

Poincaré war , wenn wir seiner Aussage in diesem Punkt Glauben schenken dürfen, ein schlechter Schachspieler und absolut unfähig, eine Zahlenkolonne richtig zu addieren. Aber der Leser sollte sich vor dem weit verbreiteten Trugschluss hüten, einen Satz dieser Art umzukehren und anzunehmen, dass er, wenn auch er noch Fehler macht, den Verstand eines großen Mathematikers hat. Poincarés Gedächtnis war jedoch außergewöhnlich gut, insbesondere für Zahlen und Formeln. Als er von einem Spaziergang zurückkehrte , konnte er sich an die Nummern der Wagen erinnern, denen er begegnet war. Als er an der Polytechnischen Schule war , besuchte er die Vorlesungen in Mathematik, ohne sich Notizen zu machen und ohne einen Blick auf den Lehrplan des Professors zu werfen. Er war ein schneller Kopfrechner, der eher auditive als visuelle Bilder verwendete. Er verband Farben mit dem Klang von Worten. [4]

In diesem Zusammenhang sei eine Anekdote zitiert, die M. Jules Sageret erzählt hat : [5] Bei einer *Konferenz* in der Höheren Schule für Telegraphie forderte ihn der Direktor auf, ein sehr schwieriges Problem bei der Ausbreitung des elektrischen Stroms zu besprechen. Poincaré kam der

Aufforderung nach und löste das Problem, ohne sich Zeit für die Vorbereitung zu nehmen. Nach der *Konferenz* gratulierte ihm der Direktor zu der Lösung. „Ja", sagte Poincaré , „ich habe den Wert von *x gefunden* , aber ist er in Kilogramm oder Kilometern?"

Für Poincaré lohnte es sich nicht, mehr als zwei Stunden am Stück zu arbeiten. Es war seine Gewohnheit, von zehn Uhr bis Mittag und von fünf bis sieben Uhr nachmittags an seinem Schreibtisch zu bleiben und abends nach dem Abendessen nie zu arbeiten. Zu den Mahlzeiten trank er Wein, rauchte aber nie. Er ging um zehn zu Bett und stand um sieben auf, schlief aber nicht tief und fest.

Er war blond, 1,75 Meter groß und wog 70 Kilogramm. Sein Kopf war ungewöhnlich groß, vor allem in der Breite. Seine Augen waren kurzsichtig und unsicher. Er stand gebückt da, die runzlige Stirn nach oben gerichtet. Er sprach etwas langsam und mit verstörter Miene, als würde er an etwas anderes denken, auch wenn er zu diesem Zeitpunkt vielleicht interessiert und aufmerksam war. Er sprach problemlos Englisch und Deutsch und las Latein und Italienisch. Er liebte Musik, insbesondere Wagner.

Von der Zerstreutheit, die ihn seit seiner Jugend kennzeichnete, werden viele Geschichten erzählt. Wie die meisten Mathematiker liebte er es, während des Denkens zu gehen und seine Finger in einer unbewussten Geste zu öffnen und zu schließen. Eines Tages, als er von einem Spaziergang zurückkam, stellte er überrascht fest, dass er einen Weidenkäfig bei sich trug, neu und glücklich leer. Er konnte sich nicht vorstellen, wie er es bekommen hatte, aber als er seine Schritte zurückging, fand er auf dem Bürgersteig den Bestand des Korbmachers, den er unschuldig geplündert hatte.

Als er als Ingenieursstudent eine Reise nach Österreich unternahm, hatte seine Mutter Angst, dass er seine Mappe irgendwann unbemerkt fallen lassen würde. Als sie zweifellos erkannte, dass sein Gedächtnis auditiv war, nähte sie kleine Glöckchen daran. Der Plan war erfolgreich. Bei seiner Rückkehr stellte seine Mutter fest, dass er in seinem Koffer nicht nur die Mappe, sondern auch ein ordentlich gefaltetes österreichisches Bettlaken mitgebracht hatte, das er eines Morgens fälschlicherweise für seine Nachtkleidung gehalten hatte.

Diese und ähnliche Anekdoten wurden von M. Frédéric erzählt. Masson, als er M. Poincaré am 28. Januar 1909 in der Académie Française willkommen hieß, [6] und es muss für das neue Mitglied ein wenig peinlich gewesen sein, einer so detaillierten Analyse seines Lebens und Charakters zuzuhören, die im zweiten an ihn gerichtet wurde Person. Wie geschickt der Direktor der Akademie Lobrede und Spott vermischte, lässt sich an einem Zitat erkennen:

„Du hast nicht gezögert, deine Berufung zu offenbaren, und man wird zu Recht als das frühreifste aller Wunderkinder bezeichnet. Du warst neun Monate alt, als deine Augen zum ersten Mal, als die Nacht hereinbrach, zum Himmel gerichtet waren. Du sahst dort einen Stern aufleuchten. Du hast deine Mutter, die auch deine Krankenschwester war, beharrlich darauf hingewiesen. Dann hast du mit einiger Verwunderung eine andere entdeckt, und deine Vernunft hat gerufen: „ *Enco lo la bas* !" Ein dritter, ein vierter, noch mehr Freudenschreie und die gleiche Begeisterung. Du musstest ins Bett gebracht werden, weil du so aufgeregt warst, Sterne zu entdecken. An diesem Abend war dein erster Kontakt mit dem Unendlichen, und du hattest als Jüngster deine Kurse in Astronomie eröffnet Professor bekannt."

Henri Poincaré wurde am 29. April 1854 in Nancy geboren, wo seine Vorfahren seit langem ansässig waren. Sein Großvater war Apotheker und sein Vater ein Arzt mit überdurchschnittlicher Gelehrsamkeit. Der Name, sagte er, sei ursprünglich Pontcaré gewesen , denn man könne sich eine quadratische Brücke vorstellen, aber keine quadratische Spitze. Doch die Philologen, die sich mit der Frage befassten, entdeckten im Register der Universität einen Studenten namens „Petrus Pugniquadrati " aus dem Jahr 1403 und „ Jehan ". Poing-quarré " im Jahr 1418, daher bedeutete der Name Poincaré „geballte Faust". Sein Cousin, Raymond Poincaré , Sohn eines angesehenen Ingenieurs, war lange Zeit eine der prominentesten Persönlichkeiten der politischen Welt, Mitglied der Akademie, Senator, Minister und jetzt Präsident der Französischen Republik.

Im *Lycée von Nancy* leitete er alle seine Klassen und zeigte eine besondere Begabung für Geschichte und Literatur. Im Alter von dreizehn Jahren komponierte er eine fünfaktige Tragödie in Versform, und da er Lothringer war, war die Heldin natürlich Jeanne d'Arc . Doch sobald er eine Geometrie erblickte, wurde ihm seine wahre Berufung klar. Sein Lehrer lief zu ihm nach Hause und verkündete seiner Mutter: „Madame, Ihr Sohn wird Mathematiker."

Nach seinem Abschluss an der Polytechnischen Schule trat er in die National School of Mines ein und arbeitete nach seinem Abschluss einige Jahre lang als Ingenieur in den staatlichen Abteilungen für Bergbau und Eisenbahnwesen. Im Alter von siebenundzwanzig Jahren wurde er auf einen Lehrstuhl für Mathematik an der Universität Paris berufen, wo er blieb und auch die Positionen eines Professors für Astronomie an der Polytechnischen Schule und eines Professors für Theoretische Elektrizität an der Berufsschule für Post und Telegraphen innehatte . Er wurde bereits im Alter von 32 Jahren in die Akademie der Wissenschaften aufgenommen und war zum Zeitpunkt seiner Wahl in die Französische Akademie bereits von 35 ausländischen Akademien als Mitglied geehrt worden. Er nahm seinen Platz in der Académie française sehr passend als Nachfolger von Sully-Prudhomme ein, der ebenfalls von Beruf Ingenieur und vom Temperament her Philosoph war. Sowohl für Poincaré als auch für Sully-Prudhomme appellierte die Wissenschaft an den ästhetischen Sinn als etwas Schönes und als Inspiration für die Vorstellungskraft.

Er heiratete im Alter von siebenundzwanzig Jahren und hatte vier Kinder, drei Töchter und einen Sohn. Seine jüngere Schwester ist die Frau des Philosophen Émile Boutroux , der hierzulande durch seine Vorlesungen in Harvard und Princeton bekannt ist.

Poincaré war maßgeblich an der Einführung verbesserter Methoden im Mathematikunterricht beteiligt und förderte die Verwendung natürlicher und dynamischer Methoden anstelle der abstrakten und statischen Methoden von Euklid und Legendre. Er war skeptisch gegenüber der Religion und gleichgültig gegenüber der Politik. Als er gebeten wurde, zu einem Symposium über die alte Frage des Politikwissenschaftlers beizutragen, [7] antwortete er, dass Gelehrte wie alle Bürger sich für die Angelegenheiten des Landes interessieren sollten. Aber Politik ist zu einem Beruf geworden, und ein Gelehrter, der diesen Beruf erlernt, müsste die Hälfte seiner Zeit den öffentlichen Angelegenheiten widmen, wenn er nützlich sein wollte, und die andere Hälfte seinen Wählern widmen, wenn er seinen Sitz behalten wollte, sodass er keine Zeit hätte für die Wissenschaft.

Auf die Frage nach seiner Meinung zum Frauenwahlrecht [8] antwortete er wie folgt:

Ich sehe keinen theoretischen Grund dafür, Frauen, ob verheiratet oder nicht, das politische Wahlrecht zu verweigern. Sie zahlen die gleichen Steuern wie Männer und zahlen ihre Söhne, so dass es für sie noch schwerer ist als für Männer. Vielleicht ist das Frauenwahlrecht das einzige Mittel zur Bekämpfung des Alkoholismus. Ich fürchte nur den Einfluss des Klerus auf Frauen.

Poincaré seinen weltweiten Ruhm verschafft haben, bin ich nicht in der Lage, zu sprechen. Leser, die die Bedeutung und den Wert seiner Arbeit über fuchsische , hyperfuchsische , theta- fuchsische , abelsche und elliptische Funktionen kennen, müssen sich weiter informieren. Ich kann nur die Meinungen derjenigen zitieren, die am kompetentesten sind, eine Meinung zu seinen Beiträgen zur Wissenschaft zu äußern. 1905 erhielt er den Bolyai - Preis in Höhe von zehntausend Kronen, der alle fünf Jahre von der Ungarischen Akademie der Wissenschaften für die beste in diesem Zeitraum geleistete Arbeit in Mathematik verliehen wird. Der offizielle Bericht von Gustave Rados beginnt wie folgt:

„Henri Poincaré ist unbestreitbar der erste und einflussreichste Forscher der Gegenwart auf dem Gebiet der Mathematik und der mathematischen Physik.

Seine stark ausgeprägte Individualität lässt uns in ihm einen mit Intuition ausgestatteten Gelehrten erkennen, der es versteht, aus dem unerschöpflichen Quell der Mathematik zu schöpfen Geometrische und mechanische Intuitionen sind die Elemente und Ursprünge seiner tiefgründigen und tiefgreifenden Forschungen, wobei er bei der Ausarbeitung seiner Vorstellungen darüber hinaus die bewundernswerteste logische Kraft einsetzt. Zusätzlich zu seinem brillanten Erfindergeist müssen wir in ihm eine Fähigkeit zum Feinsten und Fruchtbarsten erkennen Verallgemeinerungen mathematischer Beziehungen, die es ihm oft ermöglichten, die Grenzen unseres Wissens in verschiedenen Zweigen der reinen und angewandten Mathematik weit über den Punkt hinaus zu verschieben, an dem andere bisher aufgehalten wurden. Dies zeigte sich bereits in seiner ersten Arbeit über automorphe Funktionen mit dem er die Reihe seiner brillanten Veröffentlichungen begann, die zu den größten mathematischen Entdeckungen aller Zeiten gezählt werden müssen."

In diesem Land wurde Poincaré vor allem durch die Bemühungen von Professor George Bruce Halsted von der State Normal School of Greeley, Colorado, bekannt, der seine philosophischen Werke übersetzte und sich viele Jahre lang unermüdlich für die Verbreitung des neuen Evangeliums der nichteuklidischen Geometrie einsetzte . Professor Halsted hat auf meine Bitte freundlicherweise den folgenden Bericht über einen von Poincarés astronomischen Triumphen und über den Besuch, den Professor Sylvester von Johns Hopkins Poincaré vor vielen Jahren abstattete, beigesteuert:

„Der Kern von Poincarés Macht liegt in einem Orakel, das Sylvester oft aus Hesiod zitiert: Nur das Genie weiß, wie viel mehr der Teil als das Ganze ist. Er durchdringt sofort die göttliche Einfachheit des vollkommen allgemeinen Falles und steigt von dort herab, wie vom Olymp." , zu den besonderen konkreten irdischen Besonderheiten. So kamen seine Memoiren von 1885, die laut Sir George Darwin wie eine Offenbarung über eine rotierende flüssige Masse zu ihm kamen, und sein Buch „Les Méthodes nouvelles de la Mécanique „ Céleste ", 1892–1899, waren mit der Vorahnung bereit, als sich der schockierende Sonderfall von Phoebe ereignete, dem neunten Saturnsatelliten, der 1900 entdeckt wurde und später, so unglaublich es schien, festgestellt wurde, dass er sich in die entgegengesetzte Richtung zu allen anderen drehte . Daraus folgt, dass Saturn selbst ursprünglich in die entgegengesetzte Richtung rotierte. Am 29. Februar 1908 wurde erneut ein achter Jupitertrabant, Jviii , gefunden, der Jupiter in der schockierenden retrograden Phoebe-Richtung umkreiste. Zeus muss sich umgedreht haben. Alle Planeten haben sich umgedreht, und einige machen jetzt einen weiteren Salto. Darüber hinaus dreht sich Jviii nicht einmal in einer geschlossenen Umlaufbahn; Sein Weg ist ein offener Wirbel aus unwiederkehrenden Wendungen.

„Für Poincaré war die unerschöpfliche Quelle, die Lampe Aladdins, schon immer die nichteuklidische Geometrie. In ihm blüht der Bolyai - Lobachevski-Riemann-Keim.

„ Persönlich Poincaré ist der liebenswerteste aller Menschen. Schon bei unserem ersten Treffen wurde mir klar, dass ich in der Person von Sylvester bereits seit zwei Jahren eng mit ihm verbunden war. Ich erzählte ihm die Geschichte von Sylvesters Entdeckung, und er zeigte mir, wie lebhaft und zärtlich erforschend er dem großen alten Meister gegenüber war.

„Mittsommer, und ein riesiger Gnom müht sich eine stickige Pariser Treppe hinauf, mit Bart auf riesiger Brust, glücklicherweise ohne Hals, denn kein Hals könnte einen so monströsen Kopf tragen, kahl, wenn nicht der umgekehrte Haarkranz an der Verbindungsstelle mit den breiten Schultern wäre; klein ineffiziente Hände halten einen großen Hut und ein feuchtes Taschentuch; der Atem geht vor Hitze und Anstrengung. Es ist Sylvester, der aus sich selbst getrieben ist, nach der Quelle neuer Schöpfungen zu suchen, die seinen eigenen seltsam ähnlich sind. An der gesuchten, offenen Tür hält er inne, ergriffen Zweifel, der Mensch in ihm ist so jung, so schmächtig, so benommen. Kann dies die neue Inkarnation des ewigen Weltgenies der Geometrie sein? Aber die distanzierte Sensibilität des Gesichts, die breite Kugelform des Kopfes beruhigen ihn. Das ist Henri Poincaré ... Und so findet der alte König den wahren Prinzen, der seinerseits endlich wirklich verstanden, für die Nachfolge gesalbt und mit großem Herzen zur Errichtung seiner Herrschaft ausgestattet wird.“

Der plötzliche Tod von Henri Poincaré am 18. Juli 1912 im Alter von achtundfünfzig Jahren schockierte die wissenschaftliche Welt. Diese wunderbare Denkmaschine wurde gestoppt, dieser Aufbewahrungsort der exakten Wissenschaften ging für die Welt verloren, durch den unbedeutenden Zufall, dass sich ein Blutgerinnsel in einer der Herzklappen festsetzte. Er war für eine kleinere Operation ins Krankenhaus gegangen, die offenbar erfolgreich verlaufen war. Zehn Tage später wurde festgestellt, dass es ihm gut genug ging, um zu gehen, und er war gerade dabei, sich anzuziehen, als er niedergeschlagen wurde.

An der Trauerfeier in der Kirche Saint-Jacques-du-Haut-Pas nahm eine bemerkenswerte Schar von Wissenschaftlern und Literaten, Regierungsbeamten und Vertretern ausländischer Länder teil. Auf dem Montparnasse-Friedhof hielten M. Guist'hau , Minister für öffentliche Bildung, Jules Claretie von der Académie française, M. Appell , Dekan der Fakultät für Naturwissenschaften, M. Bigourdan von der Sternwarte, Paul Painlevé von der Akademie von Reden Wissenschaften, und General Cornille , Kommandant der École polytechnique . M. Painlevé sagte über ihn:

„Das Leben von Henri Poincaré war eine einzige intensive und ununterbrochene Meditation, diese despotische und erbarmungslose Meditation, die die Schultern beugt und den Kopf neigt, die den lebenswichtigen Zustrom des eigenen Wesens aufnimmt und den Körper, den sie besitzt, nur allzu schnell verbraucht."

„Henri Poincaré war nicht nur ein großer Schöpfer der positiven Wissenschaften, er war auch ein großer Philosoph und ein großer Schriftsteller. Einige seiner Aphorismen erinnern an Pascal: „Der Gedanke ist nur ein Blitz zwischen zwei langen Nächten, aber dieser Blitz ist alles." ' Sein Stil folgte der Bewegung seines Denkens: kurze und fesselnde Formeln, oft paradox, wenn sie isoliert waren, verbunden mit voreiligen Erklärungen, die die einfachen Details außer Acht ließen und nur das Wesentliche sagten. Aus diesem Grund haben ihm oberflächliche Kritiker vorgeworfen, er sei „inkohärent", also die Wahrheit Ohne eine gewisse wissenschaftliche Vorbildung ist es schwierig, einer solchen logischen Bewegung zu folgen. Mäuse können nicht mit einem Löwen mithalten.

„Es ist auch ein Mangel an Verständnis seiner Philosophie als Ganzes, der einige Kommentatoren zu der Annahme veranlasst hat, dass sie in seinen kritischen Studien der Prinzipien der Wissenschaft einen transzendentalen Skeptizismus entdeckten. Musste nicht derjenige, der „Die Suche" geschrieben hat, an die Wissenschaft geglaubt haben? denn die Wahrheit sollte das Ziel unserer Tätigkeit sein; sie ist das einzige Ziel, das ihrer würdig ist." Seine Philosophie der rationalen Wissenschaft wird so lange leben wie seine eigenen Entdeckungen. Die Gesamtheit der mathematischen Wissenschaften erschien ihm wie ein riesiges Messinstrument , harmonisch angepasst und gut geeignet für die Beurteilung der Phänomene des Universums. Es bleibt ein Charakterzug seines Charakters, den ich nicht schweigend übergehen kann, nämlich seine bewundernswerte intellektuelle Aufrichtigkeit. Er gab sich selbst, er gab allen soweit Worte erlauben, sein gesamtes Denken und sogar den Mechanismus seines Denkens. In seiner letzten Veröffentlichung, die nur wenige Tage vor seinem Tod erschien und sich mit dem Problem der Stabilität unseres Universums befasste, entschuldigte er sich für die Veröffentlichung solch unvollständiger Ergebnisse :

„Unter diesen Umständen scheint es mir, als ob ich von jeder Veröffentlichung Abstand nehmen sollte, bis ich das Problem gelöst habe, aber nach den erfolglosen Bemühungen, die ich monatelang unternommen habe, erschien es mir am klügsten, das Problem reifen zu lassen, während ich es einige Zeit in Ruhe ließ." Jahre. Das wäre sehr gut gewesen, wenn ich sicher gewesen wäre, es eines Tages wieder aufzunehmen , *aber in meinem Alter konnte ich mir dessen nicht sicher sein* . Außerdem ist die Bedeutung des Themas zu groß und die bereits erzielten Ergebnisse im Großen und Ganzen zu bedeutend, als dass ich mich damit begnügen könnte, sie völlig nutzlos zu lassen. Ich hoffe, dass die Geometer, die sich für dieses Problem interessieren und zweifellos mehr Glück haben werden als ich, daraus etwas herausholen und es nutzen können, um den Weg zu finden, den sie verfolgen sollten.

„Welche Worte können diesem so einfachen und so edlen wissenschaftlichen Zeugnis eines Lebens hinzugefügt werden, das völlig der Suche nach der Wahrheit gewidmet ist, ohne bis zur letzten Stunde zu zögern? Zum ersten Mal seit einem halben Jahrhundert hat dieses beispiellose Gehirn gefunden Ruhe."

Poincaré war sich, wie wir gesehen haben, den umfassenderen Aspekten der Wissenschaft bewusst. Er interessierte sich für ihre Auswirkungen auf das menschliche Leben und Verhalten, obwohl er selbst sich mit einem der entlegensten und abstraktesten Zweige beschäftigte. Kurz vor seinem Tod diskutierte er eine Frage, die heutzutage großes Interesse erregt: die Frage, welche Auswirkungen der Fortschritt und die Popularisierung der Wissenschaft auf die Ethik haben werden. Wird die Wissenschaft durch die Zerstörung des Aberglaubens und durch die völlige Veränderung der traditionellen Sicht auf das Universum und den Menschen die Moral untergraben, die die Grundlage unserer Zivilisation bildet? Diese Frage verneint Poincaré . Er glaubt, dass unsere moralischen Instinkte zu tief greifen, um von einer solchen Revolution im Denken berührt zu werden, aber andererseits glaubt er nicht, wie manche es tun, dass die Wissenschaft jemals in der Lage sein wird, den moralischen Imperativ selbst zu liefern. Einige Absätze aus diesem Aufsatz, der posthum in „Last Thoughts" veröffentlicht wurde, könnten durchaus als Abschluss dieser Skizze seiner Philosophie dienen:

Es kann keine wissenschaftliche Moral geben; aber es kann keine unmoralische Wissenschaft mehr geben. Und der Grund ist einfach; Es ist ein Grund – wie soll ich es sagen? – rein grammatikalischer Natur.

Wenn die Prämissen eines Syllogismus beide im Indikativ stehen, steht auch die Konklusion im Indikativ. Damit die Konklusion in den Imperativ gestellt werden kann, müsste mindestens eine der Prämissen selbst im Imperativ stehen. Nun sind und können die Prinzipien der Wissenschaft, die Postulate der Geometrie nur im Indikativ sein; Noch immer sind die experimentellen Wahrheiten in derselben Stimmung, und auf der Grundlage der Wissenschaften gibt es nichts anderes und kann es auch nicht geben. Daher kann der subtilste Dialektiker nach Belieben mit diesen Prinzipien jonglieren, sie kombinieren, sie aufeinander aufbauen; alles, was er von ihnen bekommen wird, wird im Indikativ sein. Er wird niemals einen Vorschlag erhalten, der besagt: Tue dies oder tue jenes nicht; das heißt, ein Satz, der die Moral bestätigt oder ihr widerspricht ...

Manche glauben daher, dass die Wissenschaft destruktiv sein wird; Sie fürchten den Ruin, den es anrichten wird, und fürchten, dass die Gesellschaft dort, wo es vorbei sein wird, nicht mehr überleben kann.

Liegt in diesen Ängsten nicht eine Art innerer Widerspruch? Wenn wissenschaftlich bewiesen ist, dass dieser oder jener Brauch, der für die Existenz der menschlichen Gesellschaft als unverzichtbar angesehen wird, in Wirklichkeit nicht die ihm zugeschriebene Bedeutung hatte und uns nur durch sein ehrwürdiges Alter täuschte, wenn das bewiesen werden könnte, dann wäre dieser Beweis zulässig möglich sein, wird das moralische Leben der Menschheit erschüttert? Eines von zwei Dingen: Entweder ist dieser Brauch nützlich, und dann kann eine vernünftige Wissenschaft nicht beweisen, dass dies nicht der Fall ist. Sonst ist es nutzlos und wir sollten es nicht bereuen. Von dem Moment an, in dem wir unseren Syllogismen eine dieser großzügigen Emotionen zugrunde legen, die Moral erzeugen, ist es immer noch dieses Gefühl, und folglich ist es immer noch die Moral, die wir am Ende unserer gesamten Argumentationskette finden müssen, wenn dies der Fall ist nach den Regeln der Logik durchgeführt wurde. Was vom Untergang bedroht ist, ist das Unwesentliche, das, was lediglich ein Zufall in unserem moralischen Leben war; Das einzig Wichtige kann nicht umhin, in den Schlussfolgerungen zu finden, da es in den Räumlichkeiten liegt ...

Wissenschaft, ob richtig oder falsch, ist deterministisch; Wo immer es eindringt, führt es den Determinismus ein. Solange es sich nur um eine Frage der Physik oder gar der Biologie handelt, ist das unwichtig. Der Bereich des Gewissens bleibt unantastbar. Was wird passieren, wenn die Moral wiederum zum Gegenstand der Wissenschaft wird?

Ist das alles Verzweiflung, oder könnte sich die Moral, wenn sie sich eines Tages an den Determinismus anpassen sollte, anpassen, ohne an den Auswirkungen zu sterben? Eine so tiefgreifende metaphysische Revolution hätte zweifellos viel weniger Einfluss auf die Moral, als wir denken. Es versteht sich natürlich, dass strafrechtliche Repression nicht in Frage kommt. Was Verbrechen oder Bestrafung genannt wird, würde man Krankheit oder Prophylaxe nennen, aber die Gesellschaft würde ihr Recht behalten, das nicht darin besteht, zu bestrafen, sondern einfach das Recht auf Selbstverteidigung. Noch schwerwiegender ist, dass die Vorstellung von Verdienst oder Fehler verschwinden oder verändert werden müsste. Aber wir sollten den guten Mann weiterhin lieben, so wie wir alles Schöne lieben; wir hätten nicht länger das Recht, den bösartigen Mann zu hassen, der dann nur Ekel hervorrufen würde; aber ist Hass notwendig? Genug, damit wir nicht aufhören, Laster zu hassen.

Ansonsten würde alles so weitergehen wie bisher. Der Instinkt ist stärker als alle Metaphysik, und selbst wenn man ihn offengelegt hätte, selbst wenn man das Geheimnis seiner Kraft verstanden hätte, würde seine Kraft dadurch nicht geschwächt. Ist die Gravitation seit Newton weniger unwiderstehlich? Die moralischen Kräfte, die uns leiten, würden uns weiterhin leiten. [9]

WIE MAN POINCARÉ LEST

Eine vollständige analytische Bibliographie von Poincarés Schriften bis 1909 findet sich in Ernest Lebons „Henri Poincaré " (Paris: Gaultier-Villars), das die biografische Ansprache von M. Frédéric Masson anlässlich seiner Aufnahme in die Französische Akademie und andere Lobreden enthält. Die Liste umfasst 436 Artikel und Bücher, die wie folgt klassifiziert sind: Mathematische Analyse, 146; Analytische und Himmelsmechanik, 85; mathematische Physik, 78; Wissenschaftsphilosophie, 51; Nekrologie, 17; Verschiedenes, 59; eine erstaunliche Leistung für dreißig Jahre Arbeit, wenn man den Umfang und die Schwierigkeit der Arbeit bedenkt, die mit einigen Beiträgen verbunden ist.

Die mathematischen Werke von Poincaré sind für den Laien und in der Tat für viele professionelle Mathematiker zu schwierig. Aber es gibt fünf Bände von allgemeinem Interesse, die von Flammarion, Paris, veröffentlicht wurden: „La Science et l'Hypothèse ", „La Valeur de la Science", „Science et Méthode ", „Savants et Ecrivains " und „ Dernières Pensées". Das erste davon erfreute sich großer Beliebtheit und wurde ins Englische, Deutsche, Spanische, Ungarische und Japanische übersetzt. Die englische Übersetzung von „Science and Hypothesis" von Professor George Bruce Halsted (New York: Science Press), die 1905 erschien, wird durch eine interessante Kritik an Poincarés Philosophie von Professor Josiah Royce aus Harvard eingeleitet. Zwei Jahre später erschien hierzulande „The Value of Science" (Science Press). Obwohl „Science et Méthode " einige Themen von allgemeinerem Interesse als die anderen enthält, insbesondere seine Darstellung der Rolle des Unterbewusstseins bei mathematischen Erfindungen und seine Erklärung der neueren Konzepte der Physik, ist es noch nicht auf Englisch erschienen. Der vierte Band, „Savants et Ecrivains ", ist eher ein Beweis für Poincarés guten Willen als für sein literarisches Talent, da er aus oberflächlichen Ansprachen über verstorbene Akademiker besteht, wobei die ausführlichste die über Sully-Prudhomme ist, dessen Lehrstuhl er innehat. Der fünfte, nach seinem Tod veröffentlichte, enthält den Aufsatz über „Wissenschaft und Moral", aus dem ich zitiert habe, sowie interessante Diskussionen über neuere Wissenschaft und Philosophie. Der Band mit dem Titel „Foundations of Science" (herausgegeben von Science

Press, New York) enthält „Science and Hypothesis", „Value of Science" und „Science and Method" mit der Einleitung von Professor Royce.

In einem der beiden Bände „Wissenschaft und Hypothese" oder „Der Wert der Wissenschaft" kann man sich einen Eindruck von Poincarés Philosophie verschaffen, die wichtig ist, weil sie nicht nur die Philosophie eines Einzelnen, sondern der Standpunkt der meisten ist Männer der Wissenschaft heutzutage, wenn auch selten so deutlich erkannt oder deutlich zum Ausdruck gebracht. Beide Bücher bestehen aus einer recht heterogenen Sammlung von Studien über die Methoden und Logik der mathematischen und physikalischen Wissenschaften und enthalten vieles, das der allgemeine Leser wegen der Verwendung unbekannter Begriffe überspringen muss, für ihn aber nicht sicher ist, es zu überspringen Er liest keine ganzen Seiten, ohne sie sorgfältig durchzusehen, denn er wird wahrscheinlich brillante und suggestive Sätze finden, eingebettet in das vielversprechendste Material.

Einzelne Artikel von Poincaré , die Kapitel aus den oben genannten Bänden bilden, sind in amerikanischen Zeitschriften zugänglich. „Die Zukunft der Mathematik" in *Monist* , Bd. XX, S. 76-92; auch im Smithsonian Report von 1909, der in jeder öffentlichen Bibliothek liegt. „Die Wahl der Fakten" in *Monist* , Bd. XIX, S. 231–239. „Die Prinzipien der Mathematischen Physik" im Bericht des St. Louis Congress of Arts and Sciences, Bd. I, S. 604–624, und in *Monist*, Bd. XV, S. 1-24. „Der Bolyai- Preis" (Bericht über die Arbeit von Hilbert) in *Science* , 19. und 26. Mai 1911. „Mathematical Creations" in *Monist* , Bd. XX, S. 321–335. „The Value of Science" wurde erstmals im September 1906 und später vollständig im *Popular Science Monthly veröffentlicht;* „Relativität des Raumes", „Die neue Logik" und „Zufall" im *Monisten* , 1913.

Zu biografischen Einzelheiten siehe neben den bereits in den Fußnoten angegebenen Referenzen Nordmanns Artikel über Poincaré im Smithsonian Report, 1912; Darbous Laudatio in *Le Temps* , 15. Dezember 1913; und Artikel in *Revue du Mois* , 10. Februar 1913; *La Revue de Paris* , 15. Februar 1913; *Die Nation*, 12. September 1912.

[1] „Science et Méthode ", S. 101.

[2] Teil III von „Der Wert der Wissenschaft".

[3] Als M. Poincaré diese Erfahrungen aus psychologischen Gründen erzählte, war er so freundlich zu sagen, dass der nicht-mathematische Leser sich vor diesen barbarischen Namen nicht fürchten muss, da es für ihn überhaupt nicht notwendig ist, zu wissen, was sie bedeuten .

[4] Dr. Toulouse hat einen Band seiner Reihe medizinisch-psychologischer Studien über geniale Männer den Beobachtungen zum Gedächtnis, zur

Reaktionszeit, zur Denkweise, zu den Gewohnheiten und zur physiologischen Konstitution von Henri Poincaré gewidmet (Paris: Flammarion) .

[5] *Revue des Idées* , 1909, S. 488.

[6] Massons Adresse kann in der Bibliographie von Le Bon gefunden werden; auch im *Popular Science Monthly* . Ein unterhaltsamer Bericht über Poincarés Aufnahme in die Akademie wurde von André Beaunier für *Le Figaro geschrieben* und für das Boston *Transcript übersetzt* .

[7] *Revue bleue* , 4. Juni 1907, S. 1. 708.

[8] *La Revue* , 1910.

[9] Übersetzt von Professor Halsted aus „Science and Morals" in *Dernières Pensées* .

KAPITEL IV

ÉLIE METCNIKOFF

Seit versucht wird, eine rationale Grundlage der Moral zu finden, wird die menschliche Natur, die grundsätzlich als gut angesehen wird, als Grundlage genommen. Religionen und Philosophiesysteme hingegen, die versuchten, eine andere Grundlage für die Moral zu finden, betrachteten die menschliche Natur als von Grund auf bösartig. Die Wissenschaft konnte uns sagen, dass der Mensch, ein Nachkomme der Tiere, gute und böse Eigenschaften in seiner Natur hat und dass sein Leben durch die bösen Eigenschaften unglücklich wird. Aber die Konstitution des Menschen ist nicht unveränderlich und kann vielleicht zum Besseren verändert werden.

Die Moral sollte nicht auf der menschlichen Natur in ihrem gegenwärtigen fehlerhaften Zustand basieren, sondern auf der idealen menschlichen Natur, wie sie auch in der Zukunft sein mag. Vor allem muss versucht werden, die Entwicklung des menschlichen Lebens zu ändern, das heißt, seine Disharmonien in Harmonien umzuwandeln (Orthobiose). Diese Aufgabe kann nur die Wissenschaft übernehmen, und der Wissenschaft muss die Möglichkeit gegeben werden, sie zu erfüllen . – Metchnikoffs „Die Natur des Menschen", S. 288.

Wenn Carlyle jetzt seine „Heroes and Hero-Worship" schreiben würde, müsste er – so sehr er es auch gewollt hätte – ein Kapitel über „The Hero as Scientist" hinzufügen. Denn das populäre Ideal der Größe hat sich im letzten halben Jahrhundert entscheidend verändert und neue Maßstäbe für Heldentum gesetzt. Das kreative Genie fängt an, über das destruktive zu stehen, und die Menschen beginnen zu erkennen, dass der Heldenmut derer, die Leben retten, genauso groß und sicherlich bewundernswerter sein kann als der Heldenmut, der an einem Denkmal aus Totenköpfen gemessen wird. Ein eindrucksvoller Beweis für diese Verschiebung der öffentlichen Wertschätzung ist das Referendum , das vor einigen Jahren vom *Petit Parisien* durchgeführt wurde, um festzustellen, wer für die Franzosen die größten Namen waren, die ihr Land im 19. Jahrhundert hervorgebracht hatte. Es wurden 15 Millionen Antworten eingesandt, so dass man davon ausgehen kann, dass das Ergebnis den Meinungskonsens in größerem Maße widerspiegelt, als dies bei *Volksabstimmungen in Zeitungen* im Allgemeinen der Fall ist. Es war zu erwarten, dass der Name Napoleon an der Spitze einer solchen Liste stehen würde. Das wäre in fast jedem anderen Land außer Frankreich der Fall gewesen. Aber Frankreich, das immer dem *Gloire*- Kult ergeben war und bisher vor allem von dessen kriegerischer Form fasziniert war; Frankreich, wo jeder Mann in der Armee ausgebildet und in Schulen unterrichtet wird, die mit dem erklärten Ziel gegründet wurden, die militärische Stärke der Nation zu erhöhen; Frankreich rangiert Napoleon auf Platz vier der Liste bedeutender Männer und stellt an die Spitze den Namen eines bescheidenen Chemikers und Physiologen, Louis Pasteur. [1] Es ist eine allgemeine Beobachtung, dass sich neue Ideen und soziale Tendenzen in Frankreich früher als anderswo manifestieren. Die französische Uhr scheint schnell zu sein und der durchschnittlichen europäischen Zeit immer etwas voraus zu sein. Wenn dem so ist, können wir damit rechnen, dass schon bald andere Länder den Wissenschaftlern, Erfindern und Autoren, die ihrem Land Ruhm verleihen, indem sie der ganzen Welt zugute kommen, die gebührende Ehre erweisen und, was noch wichtiger ist, die gebührende Gelegenheit und Ermutigung geben.

Der würdige Nachfolger Pasteurs als Direktor des von ihm gegründeten Instituts ist das Thema dieser Skizze: Élie Metchnikoff. Als führender französischer Mediziner wurde er weder als Franzose geboren noch als Arzt ausgebildet. Wie Pasteur betrat er das Reich der Medizin, indem er die Grenze einer anderen Wissenschaft überschritt. Jeder Mensch, der einem geraden Gedankengang folgt, wird feststellen, dass ihn dieser über viele der imaginären Grenzen führt, die zwischen den Wissenschaften gezogen wurden, so wie ein Flieger, der Europa auf einer Luftlinie überquert, den künstlichen und historischen Grenzen, die ihn trennen, keine Beachtung schenkt Staat aus Staat. Pasteur war Chemiker, noch dazu ein anorganischer Chemiker, und er beschäftigte sich mit der Ursache der Asymmetrie in Kristallen, als er sich auf dem Gebiet der Biologie befand. Er war damit beschäftigt, die nach links geneigten Kristalle der Weinsäure von denen zu trennen, die nach rechts geneigt waren, indem er sie von Hand aus der Mischung heraussuchte, aber er entdeckte, dass er die Last der Selektion auf eine Agentur abwälzen konnte, deren Zeit weniger wertvoll war , nämlich die Hefepflanze, die Appetit auf die eine Art von Kristallen hat, die andere jedoch verachtet. Dies führte ihn zur Keimtheorie des Lebens und der Krankheit und ermöglichte es ihm, jährlich Millionen für Landwirte und Viehzüchter sowie unzählige Menschenleben zu retten.

Metchnikoffs Erfahrung war ähnlich. Als Zoologe interessierte er sich weniger für den Menschen als vielmehr für die Wirbellosen und widmete seine Zeit dem Studium der kleinsten Lebensformen in den kargen Steppen Russlands und in den Gewässern des Mittelmeers. Im Jahr 1882 machte er in Messina in Italien die Entdeckung, die ihn als einen der Wohltäter der Menschheit berühmt machte. Wenn nun ein Mann sich bewusst auf ein solches Ziel einlassen würde, wenn ihn der Egoismus dazu anspornen würde, berühmt zu werden, oder wenn er vom Altruismus inspiriert wäre, das Leid der Menschheit zu lindern, wäre das Letzte, was er versuchen würde, sich in einen zu setzen Den ganzen Tag lang arbeitete er im Labor, sein Auge klebte an einem Mikroskop und er beobachtete, wie die Blutkörperchen einander durch die Adern eines kleinen Seesterns jagten. Aber da Metchnikoff weniger von den beiden genannten Motiven beeinflusst war als von dem Wunsch nach Wahrheit um ihrer selbst willen und ohne Rücksicht auf Konsequenzen, sind ihm all diese Dinge hinzugefügt worden. Wenn es nach den Anti-Vivisektionisten ginge, wären Tierversuche, wenn überhaupt erlaubt, auf Ärzte und auf den spezifischen Zweck der Heilung von Krankheiten beschränkt. Dies wäre jedoch eine der sichersten Möglichkeiten, den medizinischen Fortschritt zu kontrollieren, denn der Fortschritt einer Wissenschaft ist normalerweise nur denjenigen zu verdanken, die sich beruflich mit ihr beschäftigen oder ihre Augen auf ein praktisches Ergebnis ihrer Untersuchungen gerichtet haben. Zumindest könnte sich die Welt darüber freuen, dass die Arbeit dieser beiden Männer durch die Liberalität des französischen Rechts nie behindert wurde – Pasteur, der die Ursache von Krankheiten entdeckte, und Metchnikoff, der die Ursache der Immunität entdeckte . Dies sind zwei Eckpfeiler des Fundaments, auf dem jetzt die Struktur eines rationalen Hygienesystems errichtet wird, dessen Zweck darin besteht, das menschliche Leben durch die Beseitigung von Krankheiten und nicht durch deren Heilung zu verlängern. Der Wandel, der in der Medizin stattfindet, ist analog zu dem, der in der Philanthropie stattfindet. Der moderne Philanthrop wirkt kaltherzig, denn statt einem Bettler eine Münze in den Hut zu werfen, wie es die Wohltätigkeitsorganisationen früher taten, widmet er sich einer systematischen Erforschung der Ursachen der Armut. Der moderne Mediziner wird ebenfalls missverstanden, wenn ihm das Leid um ihn herum gleichgültig gegenübersteht und er in die Untersuchung entfernter biologischer Probleme vertieft ist, die keinen erkennbaren Bezug zu menschlichen Bedürfnissen haben. Aber die positiven Ergebnisse der wissenschaftlichen Methode sowohl in der Philanthropie als auch in der Medizin sind bereits so offensichtlich, dass wir erkennen können, dass sie für die Menschheit viel mehr bewirken wird als die freundliche, aber blinde Wohltätigkeit der Vergangenheit.

Der Ruhm Frankreichs in Kunst, Literatur und Wissenschaft ist zu einem großen Teil der Lohn für seine Gastfreundschaft, die es den Menschen anderer Länder ermöglicht, die Freiheit und Ermutigung zu genießen, die sie zu Hause nicht finden konnten. Ein Beispiel ist Maeterlinck. Ein anderer ist Metchnikoff. Er verließ sein Heimatland hauptsächlich aufgrund einer Meinungsverschiedenheit in politischen Fragen zwischen ihm und dem Zaren. Nicht, dass er jemals ein Revolutionär gewesen wäre, aber als Jude seiner Rasse nach, Atheist in der Religion und Liberaler in der Politik, war er den Mächtigen gleich dreifach widerwärtig, und nach der Ermordung Alexanders II. im Jahr 1881 waren es auch die Studenten zu sehr von der Politik begeistert, um sich um ihr Studium zu kümmern. Deshalb gab er seine Professur an der Universität Odessa auf und ging ins Ausland, um sich der biologischen Forschung zu widmen.

Er wurde am 15. Mai 1845 in der Provinz Charkow, Kleinrussland, geboren. Sein Vater war Gardeoffizier und später General. Seine Mutter war eine Jüdin, und von ihr erbte er die Liebe zur Wissenschaft, die sich schon früh manifestierte. Er gewann eine Goldmedaille am Gymnasium von Charkow und absolvierte die Universität dieser Stadt in zwei statt wie üblich vier Jahren. Dann ging er nach Deutschland und studierte in Gießen, Göttingen und München. Nach seiner Rückkehr in sein Heimatland lehrte er an der Universität St. Petersburg und ging 1870 nach Odessa, um an der dortigen Universität den Lehrstuhl für Zoologie zu übernehmen.

Die Jahre, die er mit privaten Studien verbrachte, hauptsächlich in Messina, der Erdbebenstadt Siziliens, waren äußerst fruchtbar, denn seine Untersuchung der interzellulären Verdauung bei winzigen wirbellosen Meerestieren gab ihm Aufschluss über die schützende Wirkung des Blutes bei höheren Tieren und beim Menschen 1884 stellte er seine Entzündungstheorie vor, die kurz gesagt besagte, dass der Blutstau in einer Wunde auf die Bemühungen der Leukozyten oder weißen Blutkörperchen zurückzuführen sei, die eindringenden Mikroben zu besiegen. Der Wert dieser Entdeckung wurde sofort von den beiden führenden Autoritäten der Biologie erkannt: Virchow, dem Deutschen, der die Leukozyten entdeckt hatte, und Pasteur, dem Franzosen, der die Mikroben entdeckt hatte. Metchnikoff hatte nun das fehlende Glied gefunden, das diese beiden Entdeckungen zusammenführte und ihre Bedeutung zeigte.

1888 wurde Metchnikoff an das Pasteur-Institut berufen und 1895 dessen Direktor. Hier fand er eine außergewöhnliche Gelegenheit, seine Talente der Linderung der leidenden Menschheit zu widmen. Solche Institutionen zur Weiterentwicklung der medizinischen Wissenschaft wurden inzwischen anderswo gegründet: zum Beispiel am Institute for Experimental Therapeutics in Frankfurt am Main, im Cancer Research Laboratory in London, am Rockefeller Institute in New York; Aber das französische Volk war das erste, das auf die Not des Mannes reagierte, den es zu ehren pflegte, indem es 1886 eine Institution stiftete, die seine Arbeit fortsetzen und seinen Namen verewigen sollte. Der Nobelpreis für die wichtigste Entdeckung in der Medizin wurde 1908 zwischen Metchnikoff vom Pasteur-Institut und Professor Paul Ehrlich vom Frankfurter Institut aufgeteilt, der in diesen letzten Tagen stattdessen „606" zum Zeichen des Tieres machte 666, wie in der Offenbarung prophezeit. Der Nobelpreisträger von 1912, Doktor Alexis Carrel, obwohl gebürtiger Franzose, fand im Rockefeller-Institut die Gelegenheit, seine bemerkenswerten Untersuchungen zur Konservierung und Transplantation lebenden Gewebes fortzusetzen.

Der künstlerische Rahmen, der dieser Heimat der Wissenschaft gegeben wurde, ist typisch französisch. Der Besucher nähert sich ihm passenderweise über den langen und hübschen Boulevard Pasteur, biegt dann in eine Seitenstraße ein und findet zu seiner Linken das Pasteur-Institut und zu seiner Rechten die imposanteren Gebäude des Instituts für Infektionskrankheiten und des Labors für biologische Chemie, die kürzlich errichtet wurden für die Durchführung der Behandlung, die die experimentelle Arbeit auf der anderen Straßenseite nahegelegt hat. Für die Erforschung tropischer Krankheiten wie der Schlafkrankheit, die einen großen Teil der Nyanza-Region entvölkert hat, wurde eine neue Abteilung hinzugefügt. Möglich wurde diese Erweiterung des Werks durch den Erhalt des Vermächtnisses von acht Millionen Dollar im Jahr 1909 durch den geizigen und exzentrischen jüdischen Bankier, der sich Osiris nannte.

Als der Besucher den Hof des Instituts betritt, sind ihm die Nerven bereits durch den Gedanken an Mikroben und verrückte Hunde zittert, und er erschrickt fast, als er halb versteckt zwischen den Bäumen einen Mann sieht, der einen Todeskampf mit einem Wolf führt. Dabei handelt es sich um eine Bronzestatue von Jupile , einem Hirten, der, von einem wütenden Wolf gebissen, einer der ersten Patienten war, die die Pasteur-Behandlung gegen Tollwut erhielten. In einer Krypta aus Marmor und Mosaik unter dem Gebäude befindet sich das Grab von Pasteur, ebenso beeindruckend, wenn auch weniger imposant, als das Grab Napoleons unter der Kuppel des Invalidendoms nicht weit entfernt. Der Empfangsraum des Instituts ist mit großen Gemälden geschmückt, die die modernen Wunder der Heilung zeigen und besser authentisch sind als die von Puvis de Chavannes an den Wänden des Panthéons dargestellten Gemälde der Heiligen Geneviève.

Normalerweise ist Professor Metchnikoff für Besucher, insbesondere für Interviewer, nicht zugänglich, aber da ich mit einem Empfehlungsschreiben von Professor Jacques Loeb vom Rockefeller-Institut ausgestattet war, den er für den führenden amerikanischen Wissenschaftler hält, hatte ich das Glück, ihn anzutreffen .

Er hat eine eher kleine Figur und einen großen Kopf, mit einem buschigen grauen Bart, aber noch dunklen Haaren. Seine Brille reicht nicht aus, um seinen milden blauen Augen Strenge zu verleihen. Seine Stimme ist leise und angenehm, und er spricht, während er sich bewegt, ohne Eile oder Zögern. Er ist ein Arbeiter unter Arbeitern und inspiriert mit seinem unermüdlichen Eifer die jungen Männer, die aus Europa, Amerika und Asien zu ihm kommen, um ihre Forschungen in der Bakteriologie fortzusetzen.

Ein Spaziergang durch das Pasteur-Institut ist wie ein Besuch in einem zoologischen Garten, denn die Erforschung jeder einzelnen menschlichen Krankheit erfordert die Entdeckung einiger Arten, die ebenfalls dafür anfällig sind. Hier gibt es nicht nur die Hunde, Meerschweinchen und Ratten, die in jedem bakteriologischen Labor vorkommen, sondern auch viele andere, die eng mit Metchnikoffs besonderen Interessen verbunden sind; Papageien und Gänse zum Beispiel, die sich durch ihre Langlebigkeit auszeichnen; Fledermäuse, die verdorbene Nahrung fressen und dennoch einen aseptischen Darmtrakt aufrechterhalten; und Schimpansen, die als buchstäbliche Blutsverwandte des Menschen in der Lage sind, die schlimmsten seiner Krankheiten zu teilen.

Wie Agassiz hat auch Metchnikoff „keine Zeit, reich zu werden". In seinem Haus in einem Vorort von Paris gibt er ein Beispiel für das einfache Leben, das er befürwortet, und ergänzt das magere Gehalt, das er am Institut erhält, durch die Einkünfte eines kleinen Anwesens in Russland. Die zwanzigtausend Dollar, die er von der Nobelstiftung erhielt, widmete er ausschließlich der Förderung seiner Forschungen zur Langlebigkeit.

M. Metchnikoff hat den bestmöglichen Beweis dafür geliefert, dass er keine persönliche Abneigung gegen Frauen hegt, die in seinen Beruf eintreten, denn er heiratete 1875 als seine zweite Frau einen angesehenen russischen Bakteriologen. Er widmete ihr seinen ersten Band von „Optimistic Studies" und zitiert darin ihre Experimente zum Wachstum mikrobenfreier Kaulquappen. Sie ist sowohl Künstlerin als auch Wissenschaftlerin, und auch hier teilt M. Metchnikoff ihren Geschmack, denn er liebt Malerei und Musik. Sie haben keine Kinder, aber er hat ein Patenkind, dem er ergeben ist.

Seine hohe Wertschätzung für die Individualität veranlasst ihn, den Eintritt von Frauen in die Universitäten und in die Berufe mit Wohlwollen zu sehen. Er hat keine Angst davor, dass dadurch eine Klasse von Zölibatären entsteht, die den geschlechtslosen Arbeitern des Bienenstocks entspricht. Im Gegenteil, seine Beobachtung der feministischen Bewegung seit mehr als vierzig Jahren hat ihm gezeigt, dass es gelehrten Damen keineswegs an den ihrem Geschlecht gemeinsamen und charakteristischen ehelichen und mütterlichen Instinkten mangelt. Von tausend Frauen an der St. Petersburger Medizinischen Fakultät waren zehn Prozent schon einmal verheiratet, und 44 Prozent heirateten während ihres Studiums. Ein herausragender Fall weiblichen wissenschaftlichen Genies ist Sonya Kovalevsky, die die höchste Bedeutung auf einem Gebiet erlangte, das früher nach allgemeiner Zustimmung der Männer für Frauen als unerreichbar galt; das heißt, reine Mathematik. Doch an dem Tag, als sie den doppelten Preis der Französischen Akademie der Wissenschaften erhielt, schrieb sie einer Freundin, dass sie sich noch nie so unglücklich gefühlt hatte, und der Grund für ihr Unglück, wie aus ihren Briefen und Liebesromanen hervorgeht, sei, dass sie nicht so geliebt werde andere Frauen waren es.

Obwohl Metchnikoff den Frauen jede Gelegenheit zur Entfaltung ihrer Talente gewähren würde und der Meinung ist, dass sie sich besser mit der Wissenschaft als mit der Mode befassen sollten, glaubt er, dass Genies von hoher Qualität bei ihnen viel seltener sind als bei Männern. Als er von den Ärztinnen und Wissenschaftlerinnen auf dem Naturforscherkongress in St. Petersburg um seine Meinung zur feministischen Bewegung gebeten wurde, löste er bei ihnen mit der folgenden offenen Sprache erhebliche Bestürzung aus:

So wie ich es verstehe, beklagen Sie sich darüber, dass der Mann die Frau auf unnatürliche Weise von allen höheren intellektuellen Beschäftigungen ausgeschlossen hat, so dass ihr Geist verkümmert, ihre Fähigkeiten abgestumpft und ihre Talente stagniert sind. Sie würden all dem Abhilfe schaffen, indem Sie den Menschen in der Politik gleichgestellt würden. Sie würden dann, sagen Sie, Ihre schlummernden Fähigkeiten entwickeln, Ihren uralten Sklaven – den Menschen – überholen und möglicherweise übertreffen.

Aber braucht man diese politische Gleichheit wirklich, um diese Vormachtstellung zu erlangen? Hatten die Unterdrückten unter den Menschen es jemals nötig? Seine politische Gleichberechtigung war eine Folge und nicht die Ursache seiner intellektuellen Entwicklung. Der Geist, der in der künstlerischen und wissenschaftlichen Welt dominiert, erlangt letztlich die politische Vormachtstellung.

Aber welche Kunst oder Wissenschaft hat der Mensch für Sie verschlossen? Sie sind hier; Aber wirklich, meine Damen, ich habe unter Ihnen keinen Bichat, keinen Louis, keinen Jenner oder keinen Pasteur entdeckt. Wurden Sie persönlich in Ihrer Karriere stärker behindert als bestimmte Männer? Nehmen wir nun die Künste. Gibt es einen so unnatürlichen Herrenherrn, der seiner Sklavin jemals verbot, sich in der Musik auszudrücken? Aber wo sind Ihre Beethovens , Ihre Wagners , Ihre Verdis , Ihre Brahms? Ich bitte Sie, liebe Damen, wenn Sie sich an eines erinnern, sagen Sie es mir.

Welcher brutale Sklavenhalter hat Frauen jemals verboten, Leinwand mit befriedigenden Farbtönen und Linien zu verschönern, die das Leben oder die Natur darstellen? Wie in der Musik hat der Mann Frauen dazu ermutigt, diese Dinge zu tun, doch wo sind Ihre Raphaels , Ihre Leonardos , Ihre Rubenses ? Ist es Frauen verboten zu formen, zu schnitzen oder zu zeichnen? Doch wo ist Ihr Phidias, Ihr Michelangelo, Ihr Cellini? Haben Sie jemals von einer Architektin gehört?

Da es Heimat und Mutterschaft gibt, werden die Radikalsten unter euch natürlich nicht sagen, dass der Mensch versucht hat, euch zurückzuhalten – dort hattet ihr seit jeher, zu allen Zeiten, an allen Orten, unter allen Umständen absolute und vollständige Freiheit. Doch ist es nicht der Mensch, der Sklavenhalter, der Ihnen die heimische Wirtschaft beibringt? Haben Sie nicht vom Menschen gelernt, wie Sie sich bei Krankheit um Ihren Nachwuchs kümmern und ihn bei Gesundheit amüsieren können? Wer hat die Gesetze der häuslichen Hygiene entdeckt? War es eine Frau?

Nun, meine lieben Damen, hat der Mensch Sie jemals aus der Küche ausgeschlossen? Nein, sagen Sie, Sie wurden dort versklavt. „Koch! Füttere das Biest!" klingelt ewig in deinen Ohren. Es erscheint vernünftig, dass die Frau zumindest in diesem Bereich einen hohen Standard an Perfektion erreicht haben sollte. Und das tatsächliche Ergebnis? Ah, liebe Damen, ich muss gestehen. Wenn ich ein wirklich gutes Abendessen möchte , muss ich auf einen Koch zurückgreifen.

Und jetzt, meine Damen, bitte ich um Verzeihung, Sie haben alle Physiologie und Psychologie studiert und wissen, wohin mich solche Überlegungen führen würden. Aber noch ein Wort: Verlieren Sie nicht die Bedeutung Ihrer Anfrage aus den Augen: „Herr Professor, was halten Sie von der feministischen Bewegung?" denn das macht Ihren Fall perfekt – um Ihre Sache zu vertreten, würden Sie die Hilfe von Menschen in Anspruch nehmen.

Metchnikoff mag die politischen Methoden, die in unseren Republiken in Mode sind, kaum. Er hält junge Männer für zu rücksichtslos, eigensinnig und pessimistisch, als dass man ihnen im Alter von einundzwanzig Jahren den Stimmzettel anvertrauen könnte. „Es ist leicht verständlich", sagt er, „dass unter den neuen Bedingungen moderne Idole wie das allgemeine Wahlrecht, die öffentliche Meinung und das Referendum, bei dem die unwissenden Massen aufgefordert werden, über Fragen zu entscheiden, die vielfältiges und tiefgreifendes Wissen erfordern, Bestand haben werden." nicht länger als die alten Idole. Der Fortschritt des menschlichen Wissens wird dazu führen, dass solche Institutionen durch andere ersetzt werden, in denen die angewandte Moral von wirklich kompetenten Personen kontrolliert wird. Aber er informiert uns nicht darüber, wie diese „kompetenten Personen" ausgewählt und an die Macht gebracht werden sollen.

Einen Bericht über die vielfältigen Forschungen zu geben, die Metchnikoff am Pasteur-Institut durchgeführt oder geleitet hat, geht über unseren Zweck hinaus und wäre hier auf jeden Fall unmöglich, da dies die Rekapitulation eines großen Teils der Geschichte des medizinischen Fortschritts bedeuten würde für das letzte Vierteljahrhundert. In dieser Zeit wurde die Wissenschaft der Medizin völlig revolutioniert, denn der Einsatz traditioneller und empirischer Heilmittel wurde weitgehend durch eine systematische Suche nach den Ursachen von Krankheiten und die experimentelle Bestimmung von Methoden zu deren Vermeidung oder Bekämpfung ersetzt. Im Allgemeinen kann die Veränderung als Rückkehr zur Natur charakterisiert werden. In der besten Form der älteren Medizin wurde eine Dosis einer pflanzlichen oder mineralischen Substanz wie Chinin oder Quecksilber, die vergleichsweise harmlos, aber für den Körper völlig fremd war, durch den Mund verabreicht und mit der Zeit über das Verdauungssystem ins Blut gelangt und abgetötet den Krankheitserreger abgeschaltet oder gelähmt. In der besten modernen Medizin wird eine Substanz, die unter normalen Umständen bereits in ausreichender Menge im Blut vorhanden ist, um eine Infektion zu verhindern, wie etwa das Diphtherie-Antitoxin, im Notfall durch mehr von der gleichen Substanz verstärkt, die im Blut des Patienten hergestellt wird Pferd. Wenn dies nicht möglich ist, besteht die nächstbeste Möglichkeit darin, etwas Serum zu injizieren, das durch eine natürliche Reaktion den Körper dazu anregt, überschüssiges eigenes Antitoxin zu produzieren oder die Fresszellen zu größeren Anstrengungen anzuregen, um ihre Feinde zu besiegen. In jedem Fall geht es darum, eine künstliche Immunität zu induzieren, die der natürlichen Immunität des gesunden Körpers möglichst nahe kommt.

Als Phagozyten – also „fressende Zellen" – bezeichnete Metchnikoff die Leukozyten oder weißen Blutkörperchen, die er auf der Suche nach Beute im Körper umherwanderte. Sie führen eine Art halbunabhängiges Leben, wie das einfachste einzellige Tier, die Amöbe, und dringen in alle Teile des Körpers ein, sogar zwischen das zähe Gewebe von Haut und Knochen. Wenn ein Schnitt in die Haut gemacht wird, werden sie durch den Blutfluss in die Lücke getragen, wo sie sich anhäufen und gerinnen, wobei sie eine neue Haut bilden, um das rohe Fleisch zu schützen, ähnlich wie eine Lücke in einem Wall, die hastig mit Sandsäcken gefüllt wird . Und nicht nur das: Wenn sich der Feind tatsächlich Zutritt verschafft, indem er entweder eine Wunde stürmt oder sich durch eine unbewachte Öffnung einschleicht, greifen die weißen Zellen zum Angriff auf, umzingeln und zerstören die eindringenden Mikroben. Vermehren sich diese zu schnell, werden die Fresszellenreserven mobilisiert, millionenfach neue Rekruten abgerufen, bis die Körperkraft siegt oder erschöpft ist. Einen solchen Kampf nennen wir eine lokale Entzündung oder, wenn der Eingriff allgemeiner Natur ist und lange andauert, ein Fieber. Unter dem Mikroskop können wir beobachten, wie die Feinde sich im Zweikampf engagieren, wie der Phagozyt den Bazillus verschlingt, eine lebende, formlose Masse aus Protoplasma, die improvisierte Tentakel ausstreckt und den Stab, die Kugel oder die sich windende Spirale verschlingt, die wir später in ihrem Inneren langsam verdauen sehen .

Allerdings ist die Operation nicht ganz so einfach, wie Metchnikoff sie sich zunächst vorstellte. Eine Bedingung ist immer komplizierter als die Theorie, die zu ihrer Erklärung entwickelt wurde. Die Frage wurde heftig diskutiert und ist noch nicht geklärt, ob die Fresszellen uns am besten durch ihr Leben oder durch ihren Tod verteidigen. Es scheint, dass sie bei der Auflösung bestimmte Substanzen an das Blut abgeben, die die Krankheitserreger auflösen oder ihre Gifte neutralisieren, und dies kann ein wichtigeres Abwehrmittel sein als der Verschlingungs- oder Verschlingungsprozess. Außerdem scheinen diese weißen Zellen manchmal seltsam gleichgültig gegenüber der Anwesenheit ihrer liebsten Feinde oder, vielleicht sollten wir sagen, ihres Lieblingsessens. In solchen Fällen wird im Blut eine Substanz namens Opsonin benötigt, die von den Mikroben absorbiert wird und von den Fresszellen mit Gier angegriffen wird. Dieses Opsonin dient, wie ein Biologe, zweifellos ein Engländer, gesagt hat, wie Worcestershire-Sauce als Appetitanreger für die Fresszellen.

Für eine weitere Diskussion dieser Fragen muss ich den Leser jedoch an seinen Hausarzt verweisen, der diese vagen und phantasievollen

Interpretationen von mir gerne zurückweisen wird. Er wird erkennen können, ob Phagozytose oder Bakteriolyse die modische Methode zur Bekämpfung von Krankheitskeimen ist, und er wird den Leser mit Alexin, Agglutinin, Antikörpern, Seitenketten und anderen interessanten und nützlichen Neuheiten vertraut machen, die er für eine größere oder größere Zahl in sich trägt weniger Grad, hoffen wir auf einen größeren.

Aber dieselben gefräßigen weißen Blutkörperchen, die normalerweise als Verteidiger des Körpers dienen, können in der Zeit seiner Schwäche zu seinen schlimmsten Feinden werden. Dies erinnert uns an die Prätorianergarde , die in den späteren Tagen Roms dessen Niedergang beschleunigte, indem sie die Hauptstadt angriff. Die Fresszellen zeigen eine unglückliche Vorliebe für die höheren Elemente des menschlichen Organismus und laut Metchnikoff ist das quälendste Symptom des Alters, die Schwächung des Geistes, darauf zurückzuführen, dass sie die Nervenzellen verschlingen. Aber außerdem richten sie im ganzen Körper verheerende Schäden an; das Pigment des Haares wird aufgefressen und dadurch weiß; verursacht eine Degeneration der Leber und der Nieren; Es raubt dem Skelett den Kalk und lagert ihn in den Blutgefäßen ab, wodurch er doppelten Schaden anrichtet, indem er die Knochen schwächt und die Arterien verhärtet. Bei diesen Senilitätssymptomen spielen die Krankheitskeime eine wichtige Rolle, indem sie sowohl den Körper schwächen als auch den heimtückischen Aufstand der Fresszellen auslösen. Daher kommt Metchnikoff zu dem Schluss, dass „die senile Degeneration eines Organismus den durch bestimmte Krankheiten mikrobiellen Ursprungs hervorgerufenen Läsionen völlig ähnlich ist", und gelangt so zu seiner berühmten Definition: „Das Alter ist eine ansteckende chronische Krankheit, charakterisiert." durch eine Degeneration oder Schwächung der edlen Elemente und durch die übermäßige Aktivität der Phagozyten."

Wenn das Alter richtig als Krankheit charakterisiert wird und insbesondere wenn es teilweise auf eine mikrobielle Invasion zurückzuführen ist, sollte es möglich sein, es zu heilen oder hinauszuzögern. Das ist es also, was Metchnikoff in den letzten Jahren zum Hauptziel seiner Forschungen gemacht hat.

Insbesondere vermutet er, dass der Dickdarm einige der gefährlichsten mikroskopisch kleinen Feinde des Menschen beherbergt, die Ursache vieler Krankheiten, die das Fleisch mit sich bringt. Seiner Meinung nach handelt es sich um ein übermäßiges und vergleichsweise unwichtiges Organ, da es ohne schwerwiegende Folgen gekürzt oder entfernt werden kann. Eine vergleichende Untersuchung der Anatomie der Wirbeltiere zeigt, dass im Allgemeinen die Lebensdauer umso kürzer ist, je länger der Darm ist. Er befürwortet nicht seine Ausrottung durch chirurgische Eingriffe oder seine Desinfektion durch Chemikalien, aber er würde seine wilde und giftige Flora durch harmlose Kulturarten verdrängen. Unter den freundlichen Mikroben hält er die Milchsäurebakterien für diesen Zweck am nützlichsten. Diese wirken auf Milch- oder Fruchtzucker und wandeln ihn in Milchsäure um, die für die meisten anderen Mikroben, darunter auch einige der gefährlichsten, schädlich ist. Beispielsweise wurden kürzlich mysteriöse Typhusausbrüche auf „Typhusträger" zurückgeführt; Das heißt, Personen, die zwar selbst gegen die Krankheit immun sind, aber dennoch jahrelang als Überträger der Infektion dienen können. Aber eine blühende Kolonie bulgarischer Bazillen wird die Typhusbazillen vertreiben und so der Ausbreitung der Krankheit Einhalt gebieten.

Der Unterschied zwischen harmlosen und schädlichen Bakterien, auf dem die Milchsäuretheorie beruht, ist leicht zu verstehen, da er Gegenstand allgemeiner Beobachtung ist. Fleisch und Milch haben hinsichtlich ihres Eiweißgehalts weitgehend die gleiche Zusammensetzung. Aber während Fleisch schnell verdirbt, also verfault, unter Bildung ekliger und giftiger Zersetzungsprodukte, wird Milch stattdessen sauer und bleibt mehrere Tage lang gesund und für manche Geschmacksrichtungen schmackhaft. Beides ist das Ergebnis bakterieller Zersetzung, aber der Unterschied beruht auf der Tatsache, dass Milch eine Art Zucker enthält, der, wenn er mit den entsprechenden Bazillen geimpft wird, in Milchsäure umgewandelt wird und so das Wachstum der Fäulnisbakterien für einige Zeit anhält verhindert. Aber unter bestimmten Umständen kommt es vor, dass letztere den Milchsäurebildnern den Garaus machen, und dann geht die Milch dem Fleisch den Garaus, und es liegt ein Fall von „Ptomainvergiftung" vor. Kurz gesagt besteht das Ziel des Schluckens von Milchsäurebakterienkulturen im Großhandel darin, den Inhalt der entlegenen Regionen unseres Verdauungsapparats im Zustand von saurer Milch und nicht im Zustand von verfaultem Fleisch zu halten. Kürzlich wurde die gleiche Behandlung zur Erhaltung der Zähne empfohlen, da diese sanften und wohltuenden Bakterien, die in das Zahnfleisch eingerieben werden, diejenigen vertreiben, die normalerweise in unserem Mund wachsen und unsere Zähne angreifen.

Um Hilfe im Kampf gegen die Bakteriengifte zu erhalten, die Krankheiten und Alter verursachen, hat Metchnikoff auf die Steppen seiner Heimat zurückgegriffen. Die Tataren und Kalmücken Südrusslands hatten schon immer Koumiss als Lieblingsessen, das durch Gärung von Stutenmilch zubereitet wurde, und Nomaden aller Rassen verwendeten irgendeine Form von Sauermilch, vor allem wegen der Schwierigkeit, andere Tierarten haltbar zu machen Nahrung unter primitiven Bedingungen. Der Keffir des Kaukasus, der Lebkuchen in Ägypten, der Matzon aus Armenien, der Dadhi aus Indien und der Yahourth aus Bulgarien werden alle aus Milch durch die Verwendung verschiedener Arten von Milchsäurebakterien hergestellt, die mit anderen Fermentationsbakterien verbunden sind. Von diesen enthält der letzte, der bulgarische Yahourth , Joghurt oder Joghurt , die stärksten Bazillen; das heißt, diejenigen, die den größten Prozentsatz des Produkts ihrer eigenen Aktivität, Milchsäure, vertragen können, und so hat Metchnikoff sie zur Grundlage seiner Diätetik gemacht.

Überraschend viele Hundertjährige werden aus Bulgarien gemeldet, wo Joghurt verwendet wird, und Metchnikoff führt eine große Zahl von Fällen hochbetagter Männer und Frauen an, die größtenteils von Sauermilch oder Sauerkraut gelebt haben, das auch Milchsäurebazillen enthält . [2] Die meisten davon sind in den ärmeren Klassen oder vergleichsweise unzivilisierten Rassen zu finden. Sir Moses Montefiore ist einer der wenigen reichen Männer, die die Jahrhundertgrenze überschritten haben . Metchnikoff nutzt dies als Argument für das einfache Leben. Es ist jedoch fraglich, ob solche Daten, die aus gelegentlichen Berichten über Einzelfälle und allgemeinen Beobachtungen von Reisenden stammen, einen großen Beweiswert haben. Behauptungen zur Langlebigkeit unter Ungebildeten sind bekanntermaßen unzuverlässig. Es wäre sehr unsicher anzunehmen, dass die Neger länger lebten als die Weißen, weil so viele Mütter sich an Washington erinnern konnten. Als das britische Gesetz zur Altersrente verabschiedet wurde, überraschte die Zahl der armen Menschen in Irland, die Beweise vorlegten, dass sie über 65 Jahre alt waren, die Versicherungsmathematiker und brachte den Haushalt in Verlegenheit. Frauen neigen dazu, im Alter die Jahre, die sie sich in den späten Dreißigern vorenthalten hatten, um das Doppelte wiederherzustellen.

Es ist auch merkwürdig zu sehen, dass ein Skeptiker wie Metchnikoff sich ernsthaft mit den Berichten über Langlebigkeit im Pentateuch befasst, die viele orthodoxe Theologen bereitwillig als legendär einstufen. Er scheut tatsächlich Noahs neunhundertfünfzig Jahre und Methusalems neunhundertneunundsechzig Jahre zurück, akzeptiert aber Aarons einhundertdreiundzwanzig Jahre und Moses' einhundertzwanzig Jahre als wahrscheinlich und zitiert die Worte Jehovas: „Mein Geist wird es tun." Strebt nicht immer mit dem Menschen danach, dass er auch Fleisch sei; doch seine Tage werden hundertzwanzig Jahre betragen. Er erklärt dies mit ihrer gesünderen Lebensweise und ihrer Freiheit von Alkoholismus und Lasterkrankheiten, die heutzutage die Hauptursache für vorzeitiges Altern sind. Er macht auch darauf aufmerksam, dass Sauermilch unter den Patriarchen allgemein gebräuchlich war und von Abraham als Speise angesehen wurde, die den Engeln dargeboten werden konnte. Bezüglich der mosaischen Speisevorschriften sagt er:

Einige davon, etwa das Verbot von ungegartem oder teilweise gegartem Fleisch, werden zwar durch moderne Erkenntnisse bestätigt. Aber die Mehrzahl der mosaischen Regeln, wie zum Beispiel das Verbot des Verzehrs von Blut oder Fleisch von Schweinen oder Hasen usw. als Nahrungsmittel, stehen in direktem Widerspruch zu den modernen Erkenntnissen der hygienischen Ernährung.

Als Wissenschaftler nutzt Metchnikoff diese von Historikern und Reisenden gesammelten Berichte über die Langlebigkeit natürlich lediglich als Anregung für gewinnbringende Forschungsrichtungen und nicht als Beweis für irgendeine Theorie. Ein solcher Beweis kann nur durch direkte Experimente erlangt werden, und dementsprechend experimentiert er seit fünfzehn Jahren an sich selbst. Die Pasteur-Leute gehören nicht zu der Klasse von Ärzten, die sich weigern, ihre eigenen Medikamente einzunehmen. Metchnikoff hat aufgrund einer absichtlichen Impfung gegen wiederkehrendes Fieber immer noch ein schwaches Herz, und einige seiner Mitarbeiter haben sich mit den abscheulichsten Krankheiten geimpft, um ein Heilmittel dagegen zu testen. Brown- Séquard vom Collège de France versuchte im Alter von zweiundsiebzig Jahren, sich durch Injektionen tierischer Sekrete zu verjüngen, doch seine Hoffnungen erwiesen sich als unbegründet.

Aber das von Metchnikoff zur Verhinderung der Seneszenz propagierte Mittel hat, auch wenn es seine Erwartungen nie erfüllen wird, zumindest den Vorzug, harmlos zu sein, denn es handelt sich lediglich um den systematischen Einsatz eines Lebensmittels, das bereits von einem Großteil der Menschen verwendet wird die Menschheit seit frühester Zeit. Das Ziel besteht darin, die Milchsäurebazillen im unteren Teil des Verdauungstrakts zu besiedeln. Der beste Weg, dies zu erreichen, muss jedoch noch gefunden werden. Das großzügige Trinken von Buttermilch oder Sauermilch kann zwar nahrhaft oder anderweitig wohltuend sein, führt jedoch nicht unbedingt zum Ziel, da die Bazillen möglicherweise größtenteils durch die Säure abgetötet wurden oder im Magen zerstört werden. Die Einnahme einer Dosis der Bazillen in getrockneter Form, als Tablette oder Pulver, kann ihren Zweck verfehlen, da sie sich in einem inaktiven Zustand befinden und mangels geeigneter Nahrung, wie z Milch- oder Fruchtzucker. Deshalb hat Metchnikoff den Plan übernommen, Reinkulturen der bulgarischen und paralaktischen Bazillen in pasteurisierter Milch oder gesüßter Bouillon sowie in der Marmelade und in einer Art Bonbon zu verwenden, das aus gekochten Datteln hergestellt wird, die mit den Reinkulturen getränkt sind. Er verzichtet auf jegliche alkoholische Getränke und verwendet nur gekochte Speisen und abgekochtes Wasser. Darüber hinaus besteht seine tägliche Ernährung aus drei bis fünf Unzen Fleisch, Getreide, Hülsenfrüchten und Kompott. [3]

Dies steht im Widerspruch zu den Befürwortern der Rohkost, aber hier hat Metchnikoff das beste Argument. Er stellt auch die Zweckmäßigkeit des übermäßigen Kauens, wie von Herrn Fletcher befürwortet, in Frage und führt Fälle an, in denen die Gesundheit durch die Praxis geschädigt wurde und die daraus resultierende Krankheit durch schnelleres Essen geheilt wurde. [4]

Sobald Doktor Metchnikoff seine Theorie zum ersten Mal bekannt gab, verlangte die Öffentlichkeit, immer auf der Suche nach einem neuen „Elixier des Lebens", nach fermentierter Milch, und die Lieferung erfolgte sofort, wenn auch nicht immer zufriedenstellend. Viele der Kulturen, die zu diesem Zweck in Pulver- oder Tabloidform verkauft oder in Getränken an den Limonadenbrunnen ausgegeben werden, sind inaktiv und nutzlos oder enthalten andere und manchmal unerwünschte Formen von Bakterien. Ich fand es recht einfach, die fermentierte Milch im Haushalt zuzubereiten, wo es die richtigen Kulturen gibt. Alles, was nötig ist, ist, die Milch zu sterilisieren, indem man sie auf den Siedepunkt oder nahe daran erhitzt und dort zehn Minuten lang belässt; dann schnell auf 100° Fahren abkühlen . und das Ferment in Tabloiden oder Pulver oder einen Teil der vorherigen Charge hinzufügen und abgedeckt zwölf Stunden bei dieser Temperatur aufbewahren. Um die Temperatur gleichmäßig zu halten, eignet sich eine Isolierflasche oder ein feuerloser Kocher. Die richtig zubereitete fermentierte Milch ist etwas eingedickt, leicht säuerlich und auch für diejenigen schmackhaft, die gewöhnliche Buttermilch nicht mögen.

Metchnikoffs Ansichten über den Wert von Milchsäure stießen nicht nur auf berechtigte Skepsis und Kritik der Ärzteschaft, sondern auch auf den üblichen Spott der Presse. „Wer möchte schon 150 Jahre alt werden, wenn er dreimal am Tag Sauermilch trinken müsste?" wird gefragt, und er wird als „der moderne Ponce de Leon bezeichnet, der nach dem Brunnen der unsterblichen Jugend sucht und ihn in der Milchmolke findet". Natürlich sollte Metchnikoff nicht für die überzogenen Erwartungen, die auf seinen Theorien beruhen, oder für die Fälschungen, die der Öffentlichkeit in seinem Namen aufgedrängt werden, verantwortlich gemacht werden. Er ist tatsächlich ein origineller Denker und ein mutiger Experimentator, aber er ist kein Sensationsjournalist oder auf der Suche nach dem Beifall der Bevölkerung. Er hat nie gesagt, dass er damit rechnete, hundertfünfzig Jahre zu leben, oder dass irgendjemand anders es könnte, wenn er seinem Regime folgte. Aber er betrachtet diesen Zeitraum eher als die normale Länge des menschlichen Lebens als die allgemein akzeptierte Grenze von fünfundsechzig oder siebzig Jahren und als möglicherweise erreichbar durch den Fortschritt der medizinischen Wissenschaft. Obwohl er aus einer kurzlebigen Familie stammt und alle seine Brüder in einem viel jüngeren Alter starben, als er es jetzt erreicht hat, ist sein Gesundheitszustand für einen Mann von siebzig Jahren ungewöhnlich gut und er ist so fleißig und unternehmungslustig wie eh und je. Es ist nicht die bloße Verlängerung des Lebens, auf die er hinarbeitet, sondern die Verlängerung der Zeitspanne eines brauchbaren und angenehmen Lebens. Wäre er an der Universität Odessa geblieben, wäre er 1900 aus Altersgründen von seiner Professur zurückgetreten, ein Jahr bevor er sein zweites und größtes Werk veröffentlichte, das über „Immunität bei Infektionskrankheiten".

Der Titel, den er seinem populärsten Buch in der englischen Fassung gab, „The Prolongation of Life", war nicht seine Wahl und stellt sein Ziel falsch dar. Er betrachtet diesen Band wie auch seinen Vorgänger „The Nature of Man" als „Studies in Optimistic Philosophy". Sie sollen zeigen, dass die Wissenschaft nicht nur dazu dient, das Schicksal der Menschen zu erleichtern und zu verbessern, sondern dass sie auch als Leitfaden für ihr Verhalten geeignet und in der Lage ist, ihr Ideale für die Zukunft zu vermitteln. In einer Zeit, in der, wie es ihm scheint, die Religion ihre Macht verloren hat und denkende Menschen nicht mehr an die Unsterblichkeit glauben, sieht er, wie sie sich einerseits dem Mystizismus und andererseits dem Pessimismus zuwenden, und sein Ziel ist es, dies zu finden ein Ausweg, der weder das eine noch das andere beinhaltet. Als Darstellung der Religio Medici des 20. Jahrhunderts ist sein Werk von großer Bedeutung, und selbst diejenigen, die zuversichtlich auf ein zukünftiges Leben blicken, um die Disharmonien dieses Lebens zu korrigieren, können mit Interesse die Meinungen von jemandem lesen, der nicht an ihren Glauben festhält über das, was zur Vervollkommnung der Existenzbedingungen erreicht werden kann, und kann mit seinen Bemühungen um eine solche Verbesserung sympathisieren und sie unterstützen.

Im Wesentlichen scheint mir sein Ziel das gleiche zu sein wie das von Epikur: die Menschheit von ihren beiden großen Übeln zu befreien, Schmerz und Angst, der Angst vor den Göttern und der Angst vor dem Tod, die zuerst durch die Darstellung als Einbildung zerstreut werden kann und das zweite, indem man den Tod zur richtigen Zeit willkommen heißt. Wie Epikur, aber im Gegensatz zu den meisten Epikureern, predigt Metchnikoff ein einfaches Leben und die Vermeidung von Luxus und Verschwendung aller Art. „Es wäre ein echter Fortschritt", sagt er, „die moderne Küche aufzugeben und zu den einfacheren Gerichten unserer Vorfahren zurückzukehren", und er lehnt aus hygienischen Gründen moderne Kleidung, Wohngewohnheiten und soziale Bräuche ab.

In Paris wurde eine Gesellschaft namens „Die Optimisten" gegründet, um die Summe und Intensität des menschlichen Glücks zu steigern und die Grenzen des aktiven und angenehmen Lebens zu erweitern. Der Gründer ist Doktor E. Dagincourt und die Sekretärin ist Frau. Languet de Bellevue, der der Bewegung fünfzigtausend Dollar gespendet hat. Neben Professor Metchnikoff gehört Jean Finot zum Club , dessen „Wissenschaft vom Glück" und „Philosophie der Langlebigkeit" ähnliche Ideale wie Metchnikoffs „Optimistische Studien" präsentieren; Camille Flammarion, die angesehene Astronomin und Autorin; Professor Charles Richet, der 1913 den Nobelpreis für medizinische Entdeckungen erhielt; Eugene Brieux, Autor von „Damaged Goods" und anderen Reformdramen; und Edmond Perrier, Leiter des Naturhistorischen Museums.

Optimismus sieht Metchnikoff als die natürliche Philosophie des Alters an, wenn eine angemessene Wertschätzung des Lebens erreicht ist und der jugendliche Pessimismus überwunden ist.

Im normalen Lebensverlauf zeigen die Jungen jedoch kein ausgeprägtes instinktives Festhalten am Leben. Oftmals riskieren sie aus triftigen Gründen ihr Leben und begehen allerlei Indiskretionen, die ihr Leben oder ihre Gesundheit gefährden, ohne an die Folgen zu denken. Sie mögen von den höchsten Beweggründen inspiriert sein, sind aber ebenso bereit, ihre Kraft für die Befriedigung der niedrigsten Gelüste zu vergeuden. Die Jugend ist das Zeitalter des uneigennützigen Opfers, aber auch der Hingabe an alle Arten von Exzessen, sei es alkoholischer, sexueller oder anderer Art. Jugendliche scheinen zu glauben, dass sie dem Leben immer den gleichen Wert beimessen werden und dass zwischen dem Tod im Alter von dreißig Jahren und dem Tod im Alter von sechzig Jahren nur ein zeitlicher Unterschied besteht. Da ihre Liebe zum Leben gleichgültig entwickelt ist, sind junge Menschen oft äußerst anspruchsvoll, die Freude, die sie genießen, ist nur mäßig, während das Leid, das sie durch die geringste Belästigung hervorrufen, groß ist. Sie werden dadurch im tiefsten Sinne des Wortes zu Epikureern oder geben sich einem übertriebenen Pessimismus hin . – „The Nature of Man", S. 116.

Pessimismus war die militante Philosophie des 19. Jahrhunderts, und seine Auswirkungen werden zunehmend in der gegenwärtigen weltweiten Tendenz zum Selbstmord spürbar, zum individuellen Selbstmord aufgrund des Versagens des Lebensinstinkts und zum Rassenselbstmord aufgrund des Versagens bei der Fortpflanzung. Aber selbst Pessimismus, so schädlich er für die Menschheit ist, kann laut Metchnikoff seinen Nutzen haben:

Es ist der Pessimismus, der als erster eine wahre Anklage gegen die menschliche Natur verfasst hat, und wenn der Schmerz in seiner Qualität als Gefahrensignal als nützlich angesehen werden soll, sollten wir gleichermaßen anerkennen, dass die pessimistische Sicht auf das Universum einen Schritt vorwärts in der Welt darstellt Evolution der Menschheit. Ohne Pessimismus könnten wir leicht in eine Art zufriedenen Fatalismus verfallen und im Quietismus enden, wie es in vielen Religionen der Fall ist . – „Nature of Man", S. 194.

Der Unterschied zwischen dem philosophischen Pessimisten und dem wissenschaftlichen Optimisten kann durch zwei Ereignisse veranschaulicht werden. Im Jahr 1831 floh Schopenhauer trotz seiner Theorie, dass das Leben böse und schlimmer als nichts sei, beim ersten Ausbruch der Cholera von Berlin nach Frankfurt. Aber wir erinnern uns, dass Metchnikoff, bekennender Optimist und Lebensliebhaber, 1911 in die Mandschurei ins Zentrum der Beulenpest in ihrer schlimmsten Form ging, um zu lernen, wie man menschliches Leid lindern kann. Der Unterschied besteht zwischen Nörglern und Helfern.

Schopenhauer schrieb: „Eine Veränderung der Atmosphäre, die so geringfügig ist, dass sie chemisch nicht nachgewiesen werden kann, führt zu Cholera, Gelbfieber oder schwarzem Tod." Metchnikoffs trockener Kommentar dazu lautet: „Die Menschheit wird glücklich sein, wenn sich die pessimistischen Philosophen in Bezug auf ihre anderen Beschwerden als ebenso falsch erweisen, wie sie in Bezug auf Krankheit und Medizin bewiesen haben." Und er fügt hinzu, dass, wenn Koch sein Vibrio 1831 entdeckt hätte, die Philosophie einen anderen Weg eingeschlagen hätte, denn Schopenhauer hätte sich nicht aus Berlin abschrecken lassen müssen, und Hegel, der an der Cholera starb, hätte seine Entwicklung möglicherweise fortsetzen können Idealismus.

Ein weiteres Paradox erscheint in der Tatsache, dass Metchnikoff, der den Altruismus in seinem Moralsystem kaum berücksichtigt, sein Leben mühsamen und gefährlichen Forschungen zum Wohle anderer gewidmet hat und keine Hoffnung auf eine Belohnung in einem anderen Leben hat, weder im buddhistischen noch im buddhistischen Bereich Der christliche Sinn hat eifrig daran gearbeitet, die Grundlagen einer Wissenschaft zu legen, von der die Nachwelt profitieren kann. Er betrachtet Altruismus nicht als eine dauerhafte und unverzichtbare Tugend, sondern als etwas, das nach und nach beseitigt werden muss, zumindest in seinen extremen Formen von Heldentum und Selbstaufopferung. Da dies einer der auffälligsten und meiner Meinung nach originellsten Punkte seiner Philosophie ist, muss eine Passage zitiert werden:

Da es sehr wahrscheinlich ist, dass mit dem Fortschreiten der Zivilisation die größten Übel der Menschheit geringer werden oder sogar verschwinden werden, werden auch die zu erbringenden Opfer geringer. Da es nun ein Serum gibt, das vor der Pest schützt, ist kein Platz mehr für das Heldentum der Ärzte, die früher bei der Bekämpfung von Epidemien die größte Gefahr auf sich nahmen. Bis vor Kurzem riskierten Ärzte bei der Behandlung der Kehle von Diphtheriepatienten ihr Leben. Ein junger Arzt, ein Freund von mir, der über große Fähigkeiten und Hoffnungen verfügte, starb an Diphtherie, die er sich unter diesen Bedingungen zugezogen hatte. Er starb isoliert von seinen Freunden, für den Fall, dass er sie treffen könnte, mit größtem Heldenmut. Nachdem das antidiphtherische Serum entdeckt wurde, wäre ein solcher Heldentum unnötig. Der Fortschritt der Wissenschaft hat die Gelegenheit zu solchen Opfern beseitigt.

Es ist nun sehr lange her, dass der Heldenmut, der die Hand Abrahams stählte, Gelegenheit hatte, seinen einzigen Sohn seiner Religion zu opfern. Menschenopfer, die auf höchster Moral beruhen, sind immer seltener geworden und werden endgültig verschwinden. Die rationale Moral mag ein solches Verhalten zwar bewundern, hat aber keinen Nutzen dafür. So kann man auch eine Zeit vorhersehen, in der die Menschen so hoch entwickelt sein werden, dass sie die Sympathie ihrer Mitmenschen nicht gern ausnutzen, sondern völlig ablehnen. Weder die Kantsche Idee der Tugend, Gutes als reine Pflicht zu tun, noch die von Herbert Spencer, wonach Menschen ein instinktives Bedürfnis haben, ihren Mitmenschen zu helfen, werden sich in Zukunft nicht verwirklichen. Das Ideal wird eher das von Männern sein, die sich selbst genügen und nicht länger zulassen, dass andere ihnen Gutes tun . – „Verlängerung des Lebens", S. 323.

So wie er Bedingungen ablehnt, die von einer Person Mitgefühl und Selbstaufopferung für eine andere verlangen, so wendet er sich auch gegen jeden Zustand der Gesellschaft, der die Opferung oder Unterordnung des Einzelnen zugunsten der Gemeinschaft als Ganzes beinhaltet.

Höchstwahrscheinlich wird keine Nuance des Sozialismus in der Lage sein, das Problem des gesellschaftlichen Lebens mit ausreichendem Respekt vor der Wahrung der individuellen Freiheit zu lösen. Nichtsdestotrotz wird der Fortschritt des menschlichen Wissens unweigerlich zu einer großen Nivellierung der menschlichen Schicksale führen. Die intellektuelle Kultur wird dazu führen, dass die Menschen auf viele Dinge verzichten, die überflüssig oder sogar schädlich sind und von den meisten Menschen immer noch als unverzichtbar erachtet werden. Die Vorstellung, dass das größte Glück in der vollständigen Entwicklung des normalen menschlichen Lebenszyklus liegt und dass dieses Ziel am einfachsten durch schlichte und nüchterne Gewohnheiten erreicht werden kann, wird die Menschen von der Torheit eines Großteils des Luxus überzeugen, der heute die menschliche Existenz verkürzt. Während die Reichen eine einfachere Lebensweise wählen und die Armen besser leben können, kann das erworbene oder geerbte Privateigentum dennoch erhalten bleiben. Die Entwicklung muss schrittweise erfolgen und erfordert viel Aufwand und neues Wissen. Die Soziologie, eine neugeborene Wissenschaft, muss von der Biologie, ihrer älteren Schwester, lernen. Die Biologie lehrt uns, dass sich das Bewusstsein der Individualität in dem Maße entwickelt, in dem die Organisation komplexer wird, bis ein Punkt erreicht ist, an dem die Individualität nicht mehr der Gemeinschaft geopfert werden kann. Bei niederen Lebewesen wie Myxomycetes und Siphonophora verschwinden die Individuen ganz oder fast ganz in der Gemeinschaft; aber das Opfer ist gering, da bei diesen Geschöpfen das Bewusstsein der Individualität nicht zum Vorschein gekommen ist. Soziale Insekten befinden sich in einem Zwischenstadium zwischen dem der niederen Tiere und dem Menschen. Nur im Menschen hat das Individuum definitiv Bewusstsein erlangt, und aus diesem Grund kann eine zufriedenstellende soziale Organisation es nicht unter dem Vorwand des

Gemeinwohls opfern. Zu dieser Schlussfolgerung führt mich das Studium der sozialen Entwicklung von Lebewesen. Es ist klar, dass das Studium der menschlichen Individualität ein notwendiger Schritt in der Organisation des sozialen Lebens der Menschen ist. – „Verlängerung des Lebens", S. 231.

Bei der Lektüre von „Die Natur des Menschen" könnte man denken, dass Metchnikoff den Grundstein für ein pessimistisches statt eines optimistischen Philosophiesystems legte. Er beginnt, wie Schopenhauer oder Von Hartmann es getan hätten, damit, zu zeigen, wie schlecht die Affenabtreibung, die wir Mensch nennen, an seine Umgebung angepasst ist. Zu den Beispielen wunderbar perfekter Anpassung von Struktur oder Instinkt in der Natur zählen Darwins Orchideen und Fabres Wespen. M. Fabre scheint für französische Philosophen unverzichtbar zu sein. Wir haben gesehen, dass Maeterlinck und Bergson einige ihrer schönsten Illustrationen aus diesem „Homer der Insekten" erhalten haben. Aber der Mensch ist von der Natur nicht so begünstigt wie die Orchideen oder Wespen:

Es besteht kein Zweifel daran, dass die menschliche Konstitution, obwohl sie in vielerlei Hinsicht perfekt und erhaben ist, zahlreiche und schwerwiegende Disharmonien aufweist, die die Ursache all unserer Probleme sind. Da die Menschheit nicht so gut an die Lebensbedingungen angepasst ist wie beispielsweise Orchideen, was ihre Befruchtung durch Insekten oder die zum Schutz ihrer Jungen wühlenden Wespen betrifft, ähnelt sie eher jenen Insekten, deren Instinkt sie leitet sie der Flamme entgegen, die ihre Flügel verbrennt.

In der ersten Hälfte des neunzehnten Jahrhunderts wurden zum Preis von fünftausend Dollar pro Stück acht Bände veröffentlicht, die als „Bridgewater Treatises" über „Die Macht, Weisheit und Güte Gottes, wie sie sich in der Schöpfung manifestieren" bekannt waren und deren Struktur als Illustrationen dienten Andererseits, die Instinkte der Tiere, die Chemie der Verdauung und andere unbearbeitete Quellen der natürlichen Theologie. Die Wissenschaft war für ihre Zeit weder schlecht, noch war das Argument völlig falsch. Aber die Autoren übersahen eines, nämlich, dass Bridgewater ein Spiel ist, das zu zweit gespielt werden kann, und dass es genauso möglich wäre, acht weitere Bände zu füllen, indem man eine andere, fast ebenso beeindruckende Reihe von Fakten herausgreift, um etwas ganz anderes zu beweisen. entweder, dass es keinen Gott gibt oder dass es einen Teufel gibt, entweder Atheismus oder Manichäismus. Metchnikoffs „Nature of Man" liefert einen Großteil des Materials, das ein Devil's Advokat damals möglicherweise in seinen Anti-Bridgewater-Abhandlungen verwendet hätte.

Aber Metchnikoff, der im 20. Jahrhundert schrieb, macht davon einen ganz anderen Gebrauch. Er hat zweifellos nie die Bridgewater-Abhandlungen gelesen, und viele von uns auch nicht. Dafür gibt es jetzt keinen Grund. Sie sind zu Altpapier geworden, nicht weil sie falsch waren, sondern weil die gesamte Masse der Argumente gegen sie verschwunden ist, das halb anerkannte und unbewusste Argument gegen den Theismus, das sich aus der unbestreitbaren Existenz von Disharmonien und Unvollkommenheiten im Universum ableiten lässt. Dieses Schlachtfeld ist verlassen; Obwohl derselbe Kampf weitergeht, findet er auf einer höheren Ebene statt. Diese Veränderung wurde durch die Einführung des Evolutionsgedankens herbeigeführt. Wir erkennen jetzt, dass wir nicht in einem statischen Universum leben. Der auf Evolution basierende Theismus kann die Zwistigkeiten und Misserfolge, die für den Theismus der Bridgewater-Ära fatal wären, gelassen anerkennen. Und Metchnikoff ist als Atheist ebenso unbesorgt von der Existenz irreführender Instinkte und nutzloser, krankheitserzeugender Organe. Indem er sie im Lichte der Evolution interpretiert, entkommt er dem Sumpf des Pessimismus des 19. Jahrhunderts und erreicht triumphierend das Ziel des Optimismus .

Zumindest sagt er, dass er es tut. Ich kann mir nicht vorstellen, dass sein Argument zu Optimismus im engeren Sinne des Wortes führt, obwohl es ihn sicherlich zu einem sehr vernünftigen und hoffnungsvollen Meliorismus führt. Der schwächste Punkt seiner Lehre von der Orthobiose scheint mir seine Theorie der Euthanasie zu sein, die besagt, dass am Ende des „normalen Lebenszyklus" – was auch immer das sein mag – der Wunsch nach Leben durch einen Instinkt nach Tod ersetzt wird. Die Beweise, die er hierfür anführt, sind sehr spärlich und fragwürdig. Es ist merkwürdig, dass es die Erfahrungen von Metschnikows Bruder waren, die Tolstoi den Stoff für das erschütterndste Bild der Angst vor dem Tod in der gesamten Literatur lieferten: „Der Tod von Iwan Iljitsch " ?

In „Die Verlängerung des Lebens" widmet Metchnikoff der Analyse des ersten und zweiten Teils von „Faust" und dem Leben Goethes viel Raum, den er offensichtlich als hervorragendes Beispiel für ein vollständiges und geordnetes Leben ansieht. Der Leser wird feststellen, dass er zwar Goethes Trinkgewohnheiten verurteilt, weil sie seine Konstitution untergruben, er aber aus der Sicht eines Naturforschers kein Wort der Schuld für seine promiskuitiven Liebesaffären findet, da diese zur Entwicklung seines Genies beitrugen. Dies ist gelinde gesagt eine sehr einseitige Sichtweise.

In diesem Band geht es jedoch eher um die Darstellung als um die Kritik der besprochenen Autoren, weshalb ich das Kapitel mit einem Zitat abschließen werde, das seine Philosophie zusammenfasst und seine Ideale darlegt:

Auf dem Weg zum Ziel muss die Natur ständig konsultiert werden. Im Fall der Ephemeriden hat die Natur bereits einen vollständigen Zyklus normalen Lebens hervorgebracht, der mit dem natürlichen Tod endet. Im Problem seines eigenen Schicksals darf sich der Mensch nicht mit den Geschenken der Natur zufrieden geben; er muss sie aus eigener Kraft leiten. So wie es ihm gelungen ist, die Natur von Tieren und Pflanzen zu verändern, muss der Mensch versuchen, seine eigene Konstitution zu verändern, um deren Disharmonien auszugleichen.

Züchter bilden sich eine Vorstellung vom idealen Ergebnis, wenn sie versuchen, eine neue Sorte zu produzieren, die ästhetisch ansprechend und für den Menschen nützlich sein soll. Als nächstes untersuchen sie die vorhandenen individuellen Variationen bei Tieren und Pflanzen, an denen sie arbeiten möchten und aus denen sie mit größter Sorgfalt auswählen. Das ideale Ergebnis muss in irgendeiner Beziehung zur Konstitution des ausgewählten Organismus stehen. Um die menschliche Konstitution zu verändern, wird es zunächst notwendig sein, das Ideal zu formulieren und dann mit allen Mitteln der Wissenschaft an die Arbeit zu gehen.

Wenn ein Ideal geschaffen werden kann, das die Menschen in einer Art Religion der Zukunft vereinen kann, muss dieses Ideal auf wissenschaftlichen Prinzipien beruhen. Und wenn es wahr ist, wie so oft behauptet wurde, dass der Mensch allein durch den Glauben leben kann, muss der Glaube in der Kraft der Wissenschaft liegen . – „Die Natur des Menschen", S. 302.

WIE MAN METCHNIKOFF LEST

Die Philosophie von Metchnikoff wird in zwei in diesem Land von Putnams veröffentlichten Bänden dargelegt : „The Nature of Man" und „The Prolongation of Life". Der zweite und spätere Band wird vielleicht den Zweck des allgemeinen Lesers besser erfüllen, aber beide werden die Hauptumrisse seiner Theorien geben. Beide Bände richten sich eher an Medizinstudenten als an die Öffentlichkeit und behandeln einige unangenehme Themen, jedoch nicht in einer anstößigen Weise. Die englische Übersetzung ist, zumindest in den ersten Ausgaben, unbeholfen und nachlässig. Diese Werke tragen im Original die Titel „ Essais sur la nature humaine ", Paris, 1903, und „ Essais optimistes ", Paris, 1907. Die deutsche Fassung: „ Studien „Über die Natur des Menschen", Leipzig, 1904, mit einem Vorwort von Ostwald. „The New Hygiene", Three Lectures on the Prevention of Infectious Diseases, mit einem Vorwort von Lankester, wird von WT Keever & Co., Chicago veröffentlicht .

Leicht zugängliche Artikel von Metchnikoff sind: „Studies in Natural Death", in *Harper's Magazine* , Bd. CXIV, S. 272; „The Utility of Lactic Microbes", in *Century* , Bd. LXXIX, S. 53; „Alter", im Smithsonian Report, 1904.

Eine Kritik an Metchnikoffs Individualismus aus sozialistischer Sicht ist „The Optimism of Metchnikoff" von F. Carrel, in *Fortnightly Review* , Bd. LXXXIX, S. 51. Eine Kritik, auf die Metchnikoff in seinem zweiten Band geantwortet hat, ist „Morale et Biologie " von D. Parodi , in *Revue philosophique* , Bd. LVIII, S. 113. „Metchnikoff, philosophe" (Bibliothèque des Entretiens Idéalistes , Paris, 1911) ist eine Broschüre des jungen Katholiken Fernand Divoire im Stil hektischer Denunziation.

Eine interessante Charakterskizze von A. McFarlane ist in *McClure's Magazine* , Band 1, zu finden. XXV, S. 541. Zwei Interviews mit Metchnikoff von Herman Bernstein sind in *With Master Minds (Universal Series Publishing Company New York)* enthalten . Sir Ray Lankester hat in seinem Werk „Science from an Easy Chair" ein Kapitel über „Metchnikoff und Tolstoi".

Gute Artikel über die von Metchnikoff und anderen entwickelte Theorie der Immunität sind: „The War Against Disease", in *Edinburgh Review* , Oktober 1910; „Paul Ehrlich: The Man and His Work", von Marguerite Marks, in *McClure's Magazine* , 1911, S. 184; „Natural Resistance to Disease", von Dr. Simon Flexner vom Rockefeller Institute, in *Popular Science Monthly* , Juli 1909, und im Smithsonian Report, 1909; „The Struggle for Immunity", von HS Williams, in *Harper's Magazine* , Dezember 1911. Rundschreiben Nr. 171 des Bureau of American Industry des US-Landwirtschaftsministeriums enthält eine Beschreibung *fermentierter Milch* von FA Rogers.

---

[1] Die Liste ist aufschlussreich, weil sie deutlich zeigt, dass die Namen, die in den Herzen ihrer Landsleute an erster Stelle stehen, diejenigen sind, die sich in Wissenschaft und Literatur einen Namen gemacht haben oder sich um die Sache der Republik verdient gemacht haben. Die führenden Namen sind wie folgt: 1, Pasteur (erhielt 1.338.425 Stimmen); 2, Victor Hugo (1.227.103); 3, Gambetta (1.155.672); 4, Napoleon Bonaparte (1.118.034); 5, Thiers (1.039.453); 6, Lazare Carnot, Organisator der republikanischen Armee der Revolution; 7, Pierre Curie, Entdecker des Radiums; 8, Alexandre Dumas, *Vater*; 9, Dr. Roux, Erfinder des Diphtherie-Serums; 10, Parmentier , Einführer der Kartoffel in Frankreich; 11, Ampère, Vater der dynamischen Elektrizität; 12, Brazza, der Frankreich die Region Kongo sicherte; 13, Zola, Schriftstellerin und Verteidigerin von Dreyfus; 14, Lamartine, republikanischer Dichter; 15, Arago , Astronom und Physiker; 16, Sarah Bernhardt, Schauspielerin; 17, Premier Waldeck-Rousseau; 18, Marschall MacMahon ; 19, Präsident Carnot; 20, Chevreul , Chemiker; 21, Chateaubriand; 22, Ferdinand de Lesseps, Erbauer des Suezkanals und Projektor der Panama; 23, Michelet; 24, Jacquard, Erfinder des Musterwebstuhls; 25, Jules Verne; 26, Präsident Loubet ; 27, Deufert-Rochereau , Verteidiger von Belfort.

[2] Er könnte zu seinen bemerkenswerten Beispielen von Personen, die süchtig nach Sauermilch sind, den Fall von Tze-Hsi , der Kaiserinwitwe von China, hinzufügen, die im Alter von vierundsiebzig Jahren genug Energie hatte, ihre eigene Meinung zu ändern und zu revolutionieren die Regierung von vierhundert Millionen Menschen.

[3] Siehe „Les Microbes Lactiques et Leur ". utilité pour la santé " in *La Revue*, 1901, S. 145. Eine ausführliche Diskussion des Themas fermentierter Milch mit Methoden zu ihrer Zubereitung im Haushalt findet sich in einem Band von LM Douglas, der kürzlich unter dem sensationellen Titel „ Der Bazillus des langen Lebens" (Putnams).

[4] „Die Verlängerung des Lebens", S. 159.

KAPITEL V

WILHELM OSTWALD

Maeterlinck drückt seine Vorstellung von Glück durch das Symbol des Blauen Vogels aus. Ostwald drückt seine Meinung aus

$$G = E^2 - W^2$$

Sowohl Dichter als auch Wissenschaftler sind notwendigerweise Symbolisten. Der scheinbare Konflikt zwischen ihnen ist hauptsächlich ein Geschmacksunterschied bei der Wahl der Symbole, denn beide stehen gemeinsam im Gegensatz zur großen Masse der kurzsichtigen Menschheit, derer, die nur im Konkreten leben und zu sehr in die Betrachtung von Einzelheiten vertieft sind Entdecken Sie für sich das Eine im Vielen. Der auffälligste Unterschied zwischen der Symbolik der Poesie und der der Wissenschaft besteht darin, dass erstere alt und letztere neu ist. Der Dichter greift für die Symbolik lieber auf die Antike zurück und bringt vom Dachboden ein metaphorisches Erbstück ins Wohnzimmer, bereichert durch die Assoziationen von Generationen und trägt einen Halbschatten undefinierbarer Andeutungen mit sich, die es scheinbar mehr bedeuten, als es tatsächlich ist . Deshalb wählt Maeterlinck für sein Märchenstück „Der blaue Vogel", der seit unzähligen Jahrhunderten in der Volkssage lebt. Doch lieber erfindet der Wissenschaftler zu diesem Anlass ein neues Symbol, um etwas zu erhalten, das weder mehr noch weniger Bedeutung vermittelt als das, was er selbst damals hineinlegt. Dichtern und Künstlern aller Art wird eine größere Scharfsinnigkeit und prophetische Kraft zugeschrieben, als sie verdienen, weil spätere Generationen in ihre Aussprüche viel mehr Bedeutung hineininterpretiert haben, als jemals im Kopf des Autors war. Dieser unverdiente Zuwachs an Reputation, der sich jedes Jahr erhöht, ist alles, was einige antike Autoren heute am Leben hält. Aber der Mann der Wissenschaft verachtet solche Unterstützung und legt Wert darauf, seine Begriffe so zu definieren, dass die Nachwelt ihm nicht mehr Anerkennung zollt, als er glaubt, durch seine eigenen Anstrengungen verdient zu haben.

Die wissenschaftliche Symbolik ist nicht nur genauer als die poetische, sondern auch praktischer. Zweifellos haben „Der blaue Vogel" von Maurice Maeterlinck und „Die blaue Blume" von Henry Van Dyke sowohl zum Glück beigetragen als auch dafür gestanden, aber sie helfen nicht besonders dabei, zu zeigen, welcher der beiden Wege in einem Dilemma dorthin führt . Der unpoetische Leser könnte annehmen, blau zu sein bedeute glücklich zu sein. Ostwald besteht jedoch darauf, dass seine Formel kein bloßer mathematischer Scherz ist, sondern auf praktische Angelegenheiten anwendbar ist, und wie ein echter Arzt hat er sie an sich selbst ausprobiert und weiß, dass sie funktioniert. Er erzählt uns, dass er mit ihrer Hilfe eines der schwierigsten Probleme seines Lebens gelöst habe, beispielsweise als sich im Alter von 53 Jahren die Frage stellte, ob er Professor für Chemie an der Universität Leipzig bleiben oder in sein Land zurücktreten sollte Gibt es in Groß- Bothen die Möglichkeit , den neuen Beruf des „praktischen Idealisten" anzunehmen?

Eine Interpretation von Ostwalds Glücksformel,

$$G = E^2 - W^2$$

wird es dem Leser ermöglichen, es selbst auszuprobieren. G steht für *Glück* . Nach der Theorie der Energetik hängt dies von der Menge der verbrauchten Energie ab und könnte tatsächlich anhand der Menge an Kohlendioxid gemessen werden, die durch bewusste Aktivität erzeugt wird, wenn wir diese von den unbewussten physiologischen Prozessen des Körpers trennen könnten. Ein Teil dieser Energie wird auf angenehme Weise aufgewendet; das soll durch E *dargestellt werden* . Aber es gibt immer einen anderen Teil der bewussten Aktivität, der unangenehm ist, wie zum Beispiel schmerzhafte Gefühle, unangenehme Gedanken, unwillige Pflichten; das kann durch W (*widerwillig*) dargestellt werden.

Der zweite Term (E^2-W^2) der Gleichung kann in die beiden Faktoren $E +$ W und $E - W$ *aufgelöst werden* , und eine Erhöhung beider führt tendenziell zu einer Steigerung des Glücks. Der Weg des anstrengenden Lebens besteht darin, den ersten ($E + W$), den gesamten Energieaufwand, zu erhöhen; das heißt, sich bis zum Äußersten in die gewünschten Richtungen zu begeben, auch wenn der Widerstand und die Ängste ebenfalls zunehmen; die Gesundheit auf den höchsten Stand zu bringen, damit die Versorgung mit chemischer Energie nicht ausfällt; den Schlaf so weit wie möglich einzuschränken, denn das ist die Zeit, in der sowohl E als auch W auf Null sinken. Dies nennt Ostwald *Heldenglück* .

Aber Menschen mit schüchternerem Temperament ziehen es vor, ihre Aufmerksamkeit dem anderen Faktor ($E - W$) zu widmen, weil darin nicht nur die Gefahr besteht, dass es kein Glück gibt (wenn $G = 0$), sondern auch Unglück, denn G wird zu einer Minusgröße, wenn W ist größer als E. *Sie streben eher danach*, W , den unangenehmen Teil des Lebens, zu reduzieren , als E , das Angenehme, zu erhöhen. Risiken vermeiden, Ehrgeiz zügeln, Wünsche begrenzen, Ausgaben begrenzen, Zufriedenheit statt Freude suchen – das ist der Weg des einfachen Lebens und führt zum *Hüttenglück* . Dies kann tatsächlich zum gleichen Ergebnis führen und einen gleichen Wert für G ergeben, aber das so erreichte Glück ist seiner Art nach ganz anders, wenn auch vom Grad her gleichwertig mit dem, nach dem Männer vom Schlage Napoleons, Edisons und Roosevelts streben. Die Suche nach Glück durch Begrenzung statt durch Erweiterung führt im Extremfall zum Stoizismus, zur Askese, zum Nirvana, zum Geisteszustand von Diogenes, der sein einziges Utensil, den Kelch, wegwarf, als er einen Mann aus seiner Hand trinken sah .

Viele Moralisten vor Ostwald haben versucht, diese Idee in eine halbmathematische Form zu bringen, im Allgemeinen mit dem Ziel, dem Glückssuchenden zu raten, den niedrigeren und glatteren Weg einzuschlagen. Carlyle sagt in „Sartor Resartus ":

„Der Bruchteil des Lebens kann im Wert erhöht werden, nicht so sehr durch Erhöhen Ihres Zählers, sondern durch Verringern Ihres Nenners. Nein, wenn meine Algebra mich nicht täuscht, ergibt die Einheit selbst geteilt durch Null Unendlichkeit. Machen Sie dann Ihren Lohnanspruch zu Null."
; Du hast die Welt zu deinen Füßen. Nun haben die Weisesten unserer Zeit geschrieben: „Nur mit der Entsagung kann man sagen, dass das Leben im eigentlichen Sinne beginnt." James drückt es in seinen „Grundsätzen der Psychologie" so aus: folgt:

Erfolg
$$\text{Selbstwertgefühl} = \frac{\text{Erfolg}}{}\text{Ansprüche.}$$

Das heißt, unser Selbstwertgefühl wird durch das Verhältnis unserer Realität zu unseren vermeintlichen Möglichkeiten bestimmt. Und er schlägt vor, dass einige Bostoner „heute glücklichere Männer und Frauen wären, wenn sie ein für alle Mal die Vorstellung aufgeben könnten, ein musikalisches Selbst zu bewahren, und ohne Scham zulassen könnten, dass die Leute hören, wie sie eine Symphonie als lästig bezeichnen"?

William Winter fasst den Gedanken in Reimen zusammen:

„Ich habe mein Herz auf nichts gesetzt, siehst du?
Und so geht es mir gut."

Man ist unwiderstehlich gezwungen, Johnsons Bemerkung zu zitieren:

„Mein Herr, dass alle, die glücklich sind, gleichermaßen glücklich sind, ist nicht wahr. Ein Bauer und ein Philosoph können gleichermaßen *zufrieden sein* , aber nicht gleichermaßen *glücklich* . Glück besteht in der Vielfalt des angenehmen Bewusstseins. Ein Bauer hat nicht die Fähigkeit, gleichermaßen glücklich zu sein mit einem Philosophen.

Boswell ergänzt dies in seinem üblichen Stil mit der Bemerkung, dass genau diese Frage von Reverend Mr. Robert Brown in Utrecht „sehr glücklich illustriert" wurde, der sagte, dass „ein kleines und ein sehr großes Trinkglas gleich voll sein können, aber das Der Große fasst mehr als der Kleine.

Ostwald wendet seine Formel auf James' „Varieties of Religious Experience" an und zeigt, dass der Konvertit die Trauerbank in dem Moment verlässt, in dem der Faktor $(E - W)$ sein Vorzeichen von Minus nach Plus wechselt. (Hier steht W offenbar für den Teufel.) Die Gleichung dient ihm auch als Argument gegen den Konsum von Alkohol und anderen Betäubungsmitteln, die, obwohl sie W *vorübergehend reduzieren* , indem sie alle Unannehmlichkeiten unter die Bewusstseinsschwelle senken, das Glück wahrscheinlich zu einem machen Minusmenge. Reichtum ist die kompakteste und bequemste Energieform und kann dazu dienen, *E zu erhöhen* oder *W zu verringern*, jedoch nicht im Verhältnis zu seiner Menge. Dramatische Kritik kann sogar mathematisch gemacht werden. Jaques hat ein großes *W*; Rosalind hat ein großes *E*; Füge sie zusammen und du hast „Wie es dir gefällt".

Aber ich sollte einer rein extremen und, wie manche sagen würden, extravaganten Anwendung von Ostwalds Philosophie nicht so viel Raum einräumen. [1] Es ist jedoch ein charakteristisches Beispiel seiner Denkweise und kann wie jedes andere dazu dienen, den Leser in seine grundlegende Theorie der Energetik einzuführen, die das Leitprinzip seiner chemischen Arbeit bildete und die er jetzt besitzt in die Bereiche Philosophie und Soziologie übertragen.

Es ist nicht notwendig, die moderne Energieauffassung zu erklären, da wir sie alle in unserer Schulzeit kennengelernt haben, und hier brauchen wir nur ihre beiden Grundgesetze im Auge zu behalten. Das erste ist das von Mayer entdeckte Energieerhaltungsgesetz, das besagt, dass die Energiemenge unabhängig von ihren Umwandlungen unverändert bleibt. Um ein bekanntes Beispiel zu nennen: Wenn wir Kohle kaufen, kaufen wir in Wirklichkeit chemische Energie, nicht Kohlenstoff. Wenn wir es verbrennen, lassen wir den Kohlenstoff durch den Schornstein entweichen, aber die Wärmeenergie behalten wir so vollständig wie möglich und wandeln sie mithilfe eines Kessels in die Expansionsenergie des Dampfes um, die in die Bewegungsenergie des Kolbens umgewandelt wird Stange und Rad, und wenn sie mit einem Dynamo verbunden werden, können sie in elektrische Energie umgewandelt werden. Die elektrische Energie können wir über ein Kabel in unsere Häuser leiten und dort in die Lichtenergie einer Glühbirne, die Wärmeenergie einer elektrischen Grillplatte oder die Bewegungsenergie eines Ventilators oder einer Teppichkehrmaschine umwandeln. Das heißt, wann immer irgendeine Art von Energie verschwindet, taucht irgendwo eine andere Art von Energie in genau gleicher Menge auf. In jedem Experiment, in dem sie gemessen werden können, wird festgestellt, dass die Einnahmen und Ausgaben der Energie genau im Gleichgewicht sind, genau wie im Hauptbuch eines Buchhalters.

Aber hier ist noch etwas anderes zu beachten. Die Tatsache, dass eine Probebilanz vorliegt, beweist nicht einmal, dass es sich bei dem Unternehmen nicht um Verluste handelt, und das Gleiche sehen wir auch im Energiegeschäft. In der Reihe der Transformationen, die wir oben verfolgt haben, von der Kohle des Kraftwerks bis zu den Utensilien des Haushalts, gibt es entlang der gesamten Leitung Leckagen, ein wenig Verlust durch Reibung und Strahlungswärme in jeder der Maschinen und eine große Verschwendung, etwa fünfundachtzig Prozent, in der Dampfmaschine. Ostwald bedient sich der genialen Illustration eines Reisenden, der durch

Europa reist und an jeder Grenze sein Geld wechselt und durch den Wechslerrabatt jedes Mal etwas verliert. Ein guter Geldwechsler ist jemand, der mit einer moderaten Provision zufrieden ist. Eine gute Maschine gibt uns fast so viel zurück, wie wir ihr geben. Aber es gibt keines, das perfekt ist, nein, nicht eines.

Dies ist das zweite Grundgesetz der Thermodynamik, [2] das Gesetz des Energieabbaus. Denn Energie hat eine Art eigene Gravitation. Es will immer bergab laufen . Wärme sucht ihr Niveau ebenso wie Wasser. Wenn wir eine heiße Platte mit einer Temperatur von beispielsweise 100 °C auf oder unter eine Platte mit Nulltemperatur legen, breitet sich die Wärme auf die kalte Platte aus, bis beide 50 °C haben, Strahlungsverluste bleiben dabei unberücksichtigt. Und wenn sie die gleiche Temperatur erreicht haben, ist eine weitere Wärmebewegung aus ihnen heraus nicht mehr möglich. „Mit dem Wasser, das vorbei ist, kann man die Mühle nicht mehr betreiben." Um jede Art von Wärmekraftmaschine betreiben zu können, muss die Temperatur sinken. Jede Maschine, jeder chemische und physikalische Prozess, jedes Lebewesen gibt ständig Energie ab, das heißt, sie wandelt sie in nicht verfügbare Formen um. So verdienen wir unseren Lebensunterhalt. Die Sonne gibt ihre Wärmeenergie mit großer Geschwindigkeit im Weltraum ab. Unseren Verbündeten, den Pflanzen, gelingt es, einen winzigen Teil davon einzufangen und in Stärke und Öl zu speichern, wir hingegen essen diese und schicken die Energie als Wärme wieder auf die Reise. Das gesamte Universum, das als große Maschine betrachtet wird, läuft wie eine Uhr ab und muss, so scheint es, letztendlich zum Stillstand kommen, es sei denn, irgendwo darin oder von jemandem außerhalb ist tatsächlich ein Automatikantrieb versteckt Alles, um es gelegentlich zu beenden.

Dies ist jedoch eine jener Fragen, die Ostwald „Pseudoprobleme" nennt und von denen er uns durch die Anwendung der energetischen Philosophie befreien würde. Sein Test lautet wie folgt: „Angenommen, das Problem ist gelöst und wir gehen davon aus, dass eine der möglichen Antworten richtig ist. Dann können wir untersuchen, welche Auswirkungen dies auf unser Verhalten haben würde. Wenn es keine Auswirkungen hat, wird das Problem dadurch als a angezeigt." Pseudoproblem. Er nimmt zum Beispiel Folgendes:

Hatte die Welt einen Anfang in der Zeit oder existierte sie schon seit Ewigkeiten? Experimentell gehen wir davon aus, dass es seit Ewigkeiten existiert, und fragen uns, was sich durch dieses Wissen an unserem Verhalten ändern würde . Ich finde, zumindest für mich selbst, dass sich durch dieses Wissen nichts ändern würde, und ebenso wenig, wenn wir davon ausgehen, dass es einen Anfang in der Zeit gab. Daher muss ich sagen, dass es mir vollkommen gleichgültig wäre, selbst wenn ich auf irgendeine Weise positiv erfahre, welche der beiden Möglichkeiten richtig ist, und wenn dies der Fall ist, haben wir es hier mit einem Pseudoproblem zu tun. Die Bedeutung dieses

Verfahrens wird aus der Antwort auf die Frage deutlich, was wir „richtig"
oder „wahr" nennen. Die Antwort war die, die es uns ermöglicht, genaue
Vorhersagen zu treffen. Etwas, das es uns nicht erlaubt, irgendwelche
Vorhersagen zu treffen, die uns im Grunde in keiner Weise interessieren und
über die wir uns keine Sorgen machen müssen. – „Die moderne Theorie der
Energetik" (*Monist* , 1907).

Dies ist natürlich die pragmatische Methode, und Ostwald erkennt den
Zusammenhang an, indem er bemerkt: „Die Energetik fällt mit jener
Bewegung zusammen, die auf philosophischem Boden entstanden ist und
unter dem Namen Pragmatismus oder Humanismus ganz ähnliche Ziele
verfolgt." Die pragmatische Denkweise ist unter Wissenschaftlern praktisch
universell, Ostwald ist jedoch ein extremer Pragmatiker. Seiner Meinung
nach ist Prophezeiung das einzige Ziel der Wissenschaft, und er leugnet
praktisch die Möglichkeit, die Begriffe Wahrheit und Falschheit im engeren
Sinne auf die Aussagen der Geschichte anzuwenden. [3]

Das Ziel des menschlichen Strebens, das Maß der Zivilisation, ist es, diesen
Energiestrom so weit wie möglich einzufangen und bestmöglich zu nutzen.
Dies ist die Funktion des Willens im Einzelnen und die Pflicht der Führer
der Menschen. Reichtum besteht in allen Zeitaltern im Wesentlichen aus der
Beherrschung der Energie, sei es in Sklavenleistung, Pferdestärke oder
Kilowattstunden. Um zu zeigen, wie Ostwalds Soziologie aus seiner Physik
erwächst, möchte ich die abschließenden Absätze seines kleinen Buches über
„Naturphilosophie" zitieren:

Das objektive Merkmal des Fortschritts besteht in verbesserten Methoden
zur Nutzung und Nutzung der rohen Energien der Natur für menschliche
Zwecke. Somit war es ein kultureller Akt, als ein primitiver Mensch
entdeckte, dass er den Radius seiner Muskelenergie erweitern konnte, indem
er eine Stange in die Hand nahm, und es war ein weiterer kultureller Akt, als
ein primitiver Mensch entdeckte, dass er seine Muskeln durch das Werfen
eines Steins bewegen konnte Energie eine Distanz von vielen Metern zum
gewünschten Punkt zurücklegen. Die Wirkung des Messers, des Speers, des
Pfeils und aller anderen primitiven Werkzeuge kann in jedem Fall als gezielte
Energieumwandlung bezeichnet werden. Und am anderen Ende der
Zivilisationsskala bedeutet die abstrakteste wissenschaftliche Entdeckung
aufgrund ihrer Verallgemeinerung und Vereinfachung eine entsprechende
Energieeinsparung für alle kommenden Generationen, die möglicherweise
etwas mit der Materie zu tun haben. Tatsächlich umfasst der Begriff des
Fortschritts, wie er hier definiert wird, das gesamte Spektrum des
menschlichen Strebens nach Perfektion bzw. den gesamten Bereich der
Kultur und zeigt gleichzeitig den großen wissenschaftlichen Wert des
Energiebegriffs.

Wenn wir weiter bedenken, dass nach dem zweiten Grundprinzip die uns zugängliche freie Energie nur abnehmen, aber nicht zunehmen kann, während die Zahl der Menschen, deren Existenz direkt vom Verbrauch einer angemessenen Menge freier Energie abhängt, ständig zunimmt zunehmen, dann erkennen wir sofort die objektive Notwendigkeit der Entwicklung der Zivilisation in diesem Sinne. Sein Weitblick versetzt den Menschen in die Lage, kulturell zu handeln. Aber wenn wir unsere gegenwärtige Gesellschaftsordnung aus diesem Blickwinkel betrachten, stellen wir mit Schrecken fest, wie barbarisch sie immer noch ist. Nicht nur, dass Mord und Krieg kulturelle Werte zerstören, ohne sie durch andere zu ersetzen, nicht nur die unzähligen Konflikte, die zwischen den verschiedenen Nationen und politischen Organisationen stattfinden, wirken antikulturell, sondern auch die Konflikte zwischen den verschiedenen sozialen Klassen einer Nation. denn sie vernichten Mengen freier Energie, die so der Gesamtheit der realen Kulturwerte entzogen werden. Gegenwärtig befindet sich die Menschheit in einem Entwicklungsstadium, in dem der Fortschritt viel weniger von der Führung einiger weniger angesehener Einzelpersonen als vielmehr von der kollektiven Arbeit aller Arbeiter abhängt. Ein Beweis dafür ist die Tatsache, dass große wissenschaftliche Entdeckungen immer mehr gleichzeitig von mehreren unabhängigen Forschern gemacht werden – ein Hinweis darauf, dass die Gesellschaft an mehreren Stellen die individuellen Bedingungen schafft, die für solche Entdeckungen erforderlich sind. Wir leben also in einer Zeit, in der sich die Menschen in ihrem Wesen allmählich immer mehr annähern und in der die gesellschaftliche Organisation daher eine möglichst weitgehende Gleichstellung der Existenzbedingungen aller Menschen fordert und anstrebt.

Aus der gleichen Grundvorstellung leitet Ostwald sein System der Ethik ab, das er im „energetischen Imperativ" zusammenfasst: [4] *Handeln Sie also so, dass die Rohenergie mit möglichst geringem Verlust in die Höhere umgewandelt wird* . Dies bildet den Text mehrerer seiner Laienpredigten, beispielsweise der über „Effizienz". [5] Effizienz, also das Verhältnis von Arbeit zu Mitteln, von Leistung zu Gelegenheit, kann sowohl zum Maßstab eines Menschen als auch einer Maschine gemacht werden, da Ostwald alle Gedanken und Gefühle als Energieformen einbezieht. Dieses im Labor entwickelte wissenschaftliche Konzept und Effizienzideal gelangte zunächst in die Werkstatt, hat sich dann in die Unternehmensführung eingeschlichen und hat sogar in der Universitätsverwaltung unwillkommene Einsichten gefunden. Es kann nicht mehr lange vom Kapitol, der Kirche und dem Haus ferngehalten werden. Es ist in der Tat der Beitrag zu unserer Zivilisation durch den vierten und neuesten erlernten Beruf, den des Ingenieurs. Er ist es, der uns alle dazu gebracht hat, uns zu fragen, wie viel von dem, was wir täglich tun, uns in irgendeiner Münze einbringt, der uns begierig gemacht hat, einen Zusammenhang zwischen Aufwand und Ergebnis zu erkennen, der uns ungeduldig gemacht hat gegenüber unnötigen Verzögerungen, Reibungen, verlorener Bewegung und verschwendeter Arbeit , ungenutztes Material und verzögerte Belohnungen.

Um niedrige und hohe Energieformen zu unterscheiden, sollten wir laut Ostwald ihre relative Bedeutung für menschliche Zwecke berücksichtigen. Somit muss davon ausgegangen werden, dass Brot eine höhere Form chemischer Energie enthält als Holz, obwohl sie sich in der chemischen Zusammensetzung sehr ähneln und beim Verzehr etwa die gleiche Anzahl an Kalorien an Wärme erzeugen.

Kants kategorischer Imperativ „Handle so, dass dein Verhalten als allgemeines Gesetz angesehen wird" ist nach Ostwalds Meinung weder so umfassend noch so eindeutig wie sein energetischer Imperativ, der ethisches Verhalten einschließt, sich aber nicht darauf beschränkt. Wir nennen ein Auto „gut" und ein anderes „schlecht", wenn das erstere uns mit der gleichen verbrauchten Menge Benzin doppelt so weit bringt wie das letztere. Ein „guter" Freund ist jemand, der uns bei unseren Bemühungen durch vernünftige Ratschläge und ohne Ärger hilft, während ein „armer" Freund unsere Schwierigkeiten nur vervielfacht; Auch hier werden Gut und Böse durch das Verhältnis der eingesetzten Gesamtenergie zu den erzielten Ergebnissen bestimmt. Es ist dieses zweite Prinzip der Thermodynamik, das Gesetz des Abbaus und der Energieverschwendung, das uns daran hindert, die Vergangenheit ungeschehen zu machen, und das Phrasen wie „Die Zeit vergeht wie im Flug" und „Die Welt bewegt sich" ihre Bedeutung verleiht. Der kosmische Prozess ist keine reversible Reaktion. Nietzsches Albtraum von der ewigen Wiederkehr, der ihn in den Wahnsinn trieb, wäre durch Kenntnisse der Elementarphysik zerstreut worden.

Das zweite Gesetz ist daher für Philosophie und Soziologie von größerer Bedeutung als das erste, das Gesetz der Erhaltung und Umwandlung der Energie. Ostwalds Anerkennung ihrer Bedeutung verleiht seiner Philosophie einen Charakter, der sich deutlich von der im letzten Jahrhundert vorherrschenden Sichtweise, der mechanistischen Theorie des Universums, unterscheidet. Es ist merkwürdig, dass der Biologe Haeckel, indem er seine Philosophie auf dem ersten Hauptsatz aufbaute, zu extremen mechanistischen Ansichten geführt hat, während Ostwald, der physikalische Chemiker, durch die stärkere Betonung des zweiten Hauptsatzes zu viel besseren Schlussfolgerungen kommt geeignet zur Erklärung lebenswichtiger Phänomene.

Nach der alten mechanistischen Theorie ließe sich die Welt auf zwei Elemente reduzieren: Materie und Bewegung. In Wirklichkeit bestand alles aus Atomen, von denen man damals allgemein annahm, sie seien unteilbar und ewig. Jedes Atom bewegte sich zu einem bestimmten Zeitpunkt mit einer bestimmten Geschwindigkeit in eine bestimmte Richtung. Daraus folgte, wie vor vielen Jahren im *Philosophical Magazine vorgeschlagen wurde, dass, wenn jedes Atom plötzlich angehalten und mit der gleichen Geschwindigkeit auf seine Bahn zurückgeschickt würde, alle Ereignisse umgekehrt würden und die Geschichte rückwärts wiederholt würde.* Wenn wir zum Beispiel Waterloo beobachteten [6] , würden wir sehen, wie die toten Männer einer nach dem anderen aufstehen, ihre Waffen aufheben, sie auf ihre Feinde richten, die durch die Pulverexplosion erzeugten Gase in die Gewehrläufe aufnehmen und weitergehen rückwärts ab. Napoleon, der als Gefangener auf St. Helena begann, endete als Kaiser der Franzosen.

Wir alle haben diese Idee schon einmal in Filmvorführungen bildlich dargestellt bekommen, wenn der Film rückwärts durch die Laterne läuft und wir sehen, wie Äpfel vom Boden springen und sich an den Ästen des Baumes festsetzen, und Schwimmer aus der Laterne heraustauchen Wasser und Beleuchtung am Sprungbrett. Tatsächlich kann der umgekehrte Film des Kinematographen als die *reductio ad absurdum* der mechanistischen Hypothese angesehen werden. Wir könnten erwarten, dass ein Musikstück genauso gut klingen würde, wenn wir die perforierte Papierrolle mit der falschen Seite voran in das Klavier stecken – aber irgendwie ist das nicht der Fall. Wir alle haben instinktiv das Gefühl, dass diese Idee der Reversibilität, wenn man sie auf Menschen anwendet, etwas Lächerliches und Unmögliches hat. Selbst der Chemiker und der Physiker können diese Reversibilität nur in begrenztem Umfang und in besonderen Fällen erreichen , beispielsweise wenn Energie aus einer externen Quelle zugeführt wird. Zwar kann man einen Schlitten so bauen, dass er sowohl bergauf als auch bergab fährt, aber es ist harte Arbeit, ihn zu bauen. Holz lässt sich leicht verbrennen, aber noch ist kein Chemiker in der Lage, das Holz aus den Verbrennungsgasen wieder herauszubekommen. Das zweite Energiegesetz wurde uns in unserer Kindheit durch das Gleichnis von Humpty -Dumpty beigebracht.

Bergson basiert seine Theorie des Komischen [7] auf der Idee, dass es das Absurdste von allen Dingen sei, einen Menschen als Maschine zu betrachten. Dass die Welt, wie der Mensch, nicht zu Recht als Maschine angesehen werden kann, ist das Grundthema von Bergsons „Creative Evolution". Daher besteht trotz ihrer unterschiedlichen Temperamente und Stile eine bemerkenswerte Ähnlichkeit in der Sichtweise zwischen Ostwald und Bergson. Es sei daran erinnert, dass Bergson auch durch die Tür der mathematischen Physik in das Reich der Metaphysik eintrat.

Bereits 1895 verkündete Ostwald „den Sturz des wissenschaftlichen Materialismus"; [8] eine verblüffende Aussage eines der größten Chemiker zu einer Zeit, als sich die Chemie fast ausschließlich mit den Umwandlungen von Materie beschäftigte und gerade erst begann, die Bedeutung der damit einhergehenden Energieumwandlungen zu erkennen. Wenn der Chemiker die Gleichung einer Reaktion oder die Strukturformel einer Verbindung an die Tafel geschrieben hatte, war er geneigt zu glauben, er habe „die Wahrheit, die ganze Wahrheit und nichts als die Wahrheit" darüber gesagt. Gegen all diese groben Vorstellungen protestierte Ostwald energisch und predigte einen neuen Bildersturm mit den Worten des alten: „Du sollst dir kein Bild oder Abbild von irgendetwas machen, was oben im Himmel ist, noch was unten auf der Erde ist, oder was." das ist im Wasser unter der Erde; du sollst dich nicht vor ihnen niederwerfen und ihnen nicht dienen. Er forderte „eine Wissenschaft frei von Hypothesen"; Formeln, die lediglich angeben sollten, was bekanntermaßen geschieht, anstelle mechanischer Modelle und irreführender Visualisierungen. „Materie", sagte dieser Professor der materialistischsten aller Wissenschaften, „ist lediglich eine Form des Denkens", zu der gleichen Schlussfolgerung, zu der Kant hundert Jahre zuvor in Bezug auf Zeit und Raum gelangt war. Doch während Kant gesagt hatte: „Gib mir Materie, und ich werde daraus eine Welt bauen", würde Ostwald sagen: „Weg mit der Materie, ich werde eine Welt ohne sie bauen."

„Das Tatsächliche, also das, was auf uns einwirkt, ist allein die Energie", aber in diesem Sinne darf Ostwald nicht, wie er es oft tut, so verstanden werden, dass er impliziert, dass Energie die einzige Substanz ist, aus der die Welt besteht. Masse ist lediglich einer der beiden Faktoren, aus denen das Produkt Energie besteht. Was der gewöhnliche Mensch als Eigenschaften der Materie ansieht, ihre Härte, Schwere, Farbe usw., sind einfach die Auswirkungen verschiedener Energieformen auf seine Sinnesorgane.

Kohle sollte nach Kalorien verkauft werden, nicht nach Tonnen. Sogar die Gerichte, die langsamsten menschlichen Institutionen, die neue Ideen zur Kenntnis nehmen, sind zu dem Schluss gekommen, dass Energie eine Einheit ist, denn jetzt werden sie einen Mann dafür verurteilen, dass er sie von einer dritten Schiene gestohlen hat, obwohl sie den Strom vielleicht als Strom betrachten von Körperchen. Der verbindende Wert der Energiekonzeption wird deutlich, wenn wir das alte Rätsel der Beziehung zwischen Geist und Körper betrachten. Zwischen dem Gehirn, das lediglich als eine Ansammlung sich bewegender Moleküle betrachtet wird, und dem Geist, der lediglich als eine Abfolge von Bewusstseinszuständen betrachtet wird, gibt es keinen vorstellbaren Zusammenhang, und Dualismus ist unvermeidlich. Aber wenn wir beide als Energieformen betrachten, verschwindet die Schwierigkeit. Die „vorgegebene Harmonie" von Leibnitz wird dann zur etablierten Einheit von Ostwald. Die Idee der Energie hat ihren Ursprung im menschlichen Handeln und ist daher keine fremde Denkform. Es wurde ursprünglich von der Physik aus der Psychologie übernommen, und es ist nicht unangemessen, es zurückzunehmen.

Was wir in der Physik und sogar in der Psychologie als Erklärungen bezeichnet haben, waren zum größten Teil lediglich mechanische Analogien.

Wir hatten das Gefühl, dass ein Phänomen „erklärt" wurde, wenn wir ein funktionierendes Modell erstellen konnten, das wir sehen und handhaben konnten. Vor einigen Jahren erklärten Physiker die Elektrizität mit komplizierten Mechanismen von Zahnrädern und Wasserleitungen. In neueren Lehrbüchern wird dies umgekehrt und mechanische Phänomene werden durch die Verwendung von Konzepten erklärt, die in der Elektrizitätslehre entwickelt wurden, wie etwa „Potenzial", „Feld" und „Kapazität".

Die Gründung der *Annalen der Naturphilosophie* durch Wilhelm Ostwald im Jahr 1901 markierte einen Wandel in der Haltung prominenter Wissenschaftler gegenüber den Problemen der spekulativen Philosophie. Das Pendel war auf dem Rückweg von dem extremen und intoleranten Empirismus, der so lange das vorherrschende Merkmal wissenschaftlicher Mitarbeiter war.

In ihrer Abscheu vor der fantasievollen Metaphysik der Antike und der formalen Logik der Gelehrten wandte sich die moderne Wissenschaft entschieden von ehrgeizigen Versuchen ab, das Rätsel des Universums durch brillante Vermutungen zu lösen, und begann mit der geduldigen Anhäufung und Überprüfung von Fakten und deren Schlussfolgerungen ihrer einfachsten und sichersten Schlussfolgerungen. Diese Aufgabe wurde als alleiniger Bereich des wissenschaftlichen Denkens betrachtet; und es gab Männer, die mutig und dumm genug waren zu lehren, dass dies die einzige Methode zur Förderung des menschlichen Wissens sei. Zum Glück für die Zivilisation beschränkten sich die Wissenschaftler jedoch nicht auf die Methode, die Bacon und andere Literaten ihnen vorschrieben, und in den letzten Jahren wurde allgemein anerkannt, dass die größten Errungenschaften auf genau das Gegenteil erzielt wurden – nämlich indem man die Vorstellungskraft ins Unbekannte projiziert und dann daran arbeitet. Fast alle besten wissenschaftlichen Arbeiten wurden auf der Grundlage von Hypothesen geleistet; und rein zufällige Entdeckungen waren selten und normalerweise unbedeutend. Tatsächlich sollte in vielen Bereichen der Wissenschaft eher das Wort „Erfindung" als „Entdeckung" verwendet werden. Die neue Verbindung oder die neue Pflanze existiert klar vor dem geistigen Auge des Chemikers oder Gärtners, bevor er sich an die Produktion macht.

Es war nicht zu erwarten, dass Männer, die in einem Jahrhundert bereits mehr in der Wissenschaft erreicht hatten als in allen vorangegangenen Zeiten, ihre geschulte Vorstellungskraft für immer davon abhalten würden, die tiefsten Probleme des Lebens und des Schicksals in Angriff zu nehmen; und es ist kein Wunder, dass einige unserer größten Wissenschaftler ihre Aufmerksamkeit der Metaphysik und Erkenntnistheorie zuwenden. Die Versetzung von Professor Mach vom Lehrstuhl für Physik auf den Lehrstuhl für Theorie der induktiven Wissenschaften war ein Symbol für einen mentalen Wandel, der in vielen Köpfen stattfand.

Die Aufhebung des Verbots der spekulativen Philosophie birgt offensichtlich Gefahren, die jedoch geringer sind, als dieser Denkform in der Vergangenheit beigemessen wurde. Dass die Menschheit wieder zu den Sportarten ihrer Jugend zurückkehren und Seifenblasen blasen sollte, nur um darin die schillernden, aber verzerrten Ansichten der Welt zu beobachten, wäre eine traurige Katastrophe; aber es ist unwahrscheinlich, dass die Lektion aus anderthalb Jahrhunderten geduldiger Arbeit völlig verloren geht. Der Träumer der Zukunft wird sich nicht trauen, eine Luftburg zu bauen, ohne zumindest eine Option auf dem Gelände zu haben. Die Gefahr geht nicht von Männern der Wissenschaft wie Ostwald, Mach und Poincaré aus, die so gut ballastiert sind, dass sie mehr Segel tragen können als gewöhnliche Männer, sondern von denen, die weniger qualifiziert und weniger vorsichtig sind. Wir waren jedoch nie frei von den Fantasien dieser letzteren Klasse. Die Natur verabscheut ein Vakuum; Und wenn ein Feld des Intellekts von den Weisen, die aber zu vorsichtig sind, leer gelassen wird , wird es schnell von denen gefüllt, die dort, wo sie hintreten, keine Angst haben. Das Wiederaufleben veralteter Aberglauben und das Aufkommen von Freak-Religionen sind die natürliche Folge der Beschränkung des wissenschaftlichen Denkens und der Kritik auf das Materielle und Praktische. Sogar der schwerfällige Faktensammler hat seine metaphysischen Theorien, obwohl er empört abstreiten würde, dass sich etwas Derartiges über seine Person finden ließe. Die Metaphysik kann ignoriert, aber nicht entbehrlich gemacht werden. Aus Sicht des sogenannten „gesunden Menschenverstandes" werden spekulative Hypothesen nicht ausgeschlossen, sondern unbewusst und unkritisch akzeptiert.

Die Wissenschaft hat offenbar nur auf den Boden geschaut, um sich ihres Standes zu vergewissern, und nun ist sie bereit, ihr Recht geltend zu machen, selbst in die tiefste Dunkelheit zu blicken . Kein baconisches Glaubensbekenntnis wird in Zukunft die Wirkungsweisen des Intellekts einschränken. Wir haben kein Recht, ein Problem als unlösbar zu bezeichnen, nur weil es ungelöst geblieben ist. Es kann sein, dass die wissenschaftliche Methode hier mit ebenso großen Triumphen belohnt wird wie in bescheideneren Bereichen.

In der Revolution, die in den letzten zwanzig Jahren die Chemie von einer empirischen Wissenschaft, die auf materiellen Vorstellungen beruhte, zu einer mathematischen Wissenschaft, die auf energetischen Vorstellungen beruhte, verwandelte, war Ostwald führend. Qualitative und quantitative Analysen, die kaum systematischer und rationaler gewesen waren als ein Küchenrezeptbuch, wurden in seinen Händen zu einem neuen und reizvollen Studium, bei dem selbst der Anfänger sowohl seinen Verstand als auch seine Finger einsetzen konnte. Chemieprofessoren, die ihr ganzes Leben lang mit Arithmetikkenntnissen bis hin zur Prozentrechnung gut ausgekommen waren, sahen sich plötzlich in der Lage, sich mit Analysis und anderen Dingen dieser Art zu beschäftigen. Yale-Absolventen, die in den neunziger Jahren das Leipziger Labor besuchten, um ihre Chemie fortzusetzen, sollten die Werke von Willard Gibbs studieren, dessen Namen sie zwar im Katalog ihrer Alma Mater gesehen hatten, dessen Bekanntschaft sie aber wahrscheinlich nicht gemacht hatten . Was noch schlimmer war, sie mussten ihre Gibbs auf Deutsch schreiben, [9] da die Originalarbeiten in den „Transactions of the Connecticut Academy" nicht verfügbar waren, und selbst auf Englisch ist Gibbs keine leichte Lektüre. Es war Ostwald, der Gibbs als „das größte wissenschaftliche Genie, das die Vereinigten Staaten bisher hervorgebracht haben" erkannte und seine Arbeit in Europa bekannt machte, wo sie als Leitfaden und Inspiration für einige der fruchtbarsten Untersuchungen der letzten Jahre diente zwei Dekaden.

Das ist typisch für Ostwald. Seine eigenen Forschungen, so groß sie auch sind, können ohne Unrecht als weniger wichtig angesehen werden als der einzigartige Dienst, den er seiner Wissenschaft durch die Entdeckung und sofortige Nutzung ursprünglicher Theorien und Verallgemeinerungen geleistet hat, ob sie nun in den vergessenen Akten der Zeitschriften und Zeitschriften zu finden sind Transaktionen, in den Papieren seiner Zeitgenossen oder den Arbeiten seiner Studenten. Diese Aufgabe erforderte sowohl Genie als auch Großzügigkeit. Was er für Gibbs, den Amerikaner, tat, tat er für van't Hoff, den Niederländer, und Arrhenius, den Schweden, und viele andere, lebende und tote. Er hatte schon immer großes Interesse an den Menschen. Er gibt sich nicht mit dem bloßen Namen einer großen Autorität in einer Fußnote zufrieden. Er möchte wissen, was für ein Mensch er war und mit welchen Worten er seine Entdeckung erstmals öffentlich gemacht hat. Dies veranlasste ihn, das vernachlässigte Gebiet der chemischen Geschichte und Biographie zu pflegen. Die meisten Chemiker wussten aus erster Hand nichts von der Arbeit der Männer, auf die sie sich in ihren Vorlesungen leichtfertig bezogen, Avogadro, Bunsen, Dalton, Berzelius usw. Sie hätten sie auch nicht so leicht kennenlernen können, wenn sie sich die Originalarbeiten angesehen hätten waren oft unzugänglich. Deshalb begann Ostwald 1889 mit seiner Reihe „Die Klassiker der exakten Wissenschaften", in der er wichtige Aufsätze mit Anmerkungen nachdruckte.

Im Jahr 1887, als nur wenige Menschen wussten, dass es so etwas wie physikalische Chemie gibt, gründete er eine Zeitschrift dafür, die *Zeitschrift für physikalische Chemie* , jetzt im einundachtzigsten Band und mit seinen zweitausenddreihundert Seiten pro Jahr noch nicht genug Platz, um den Fortschritt der Wissenschaft aufzuzeichnen. Im Jahr 1902, als die meisten Wissenschaftler die Idee der Philosophie verspotteten, startete er ein anderes, ebenso mutiges Unterfangen: die *Annalen der Naturphilosophie* . In diesem Zeitraum von sechzehn Jahren umfasste sein literarisches Schaffen, ohne die beiden bereits erwähnten Zeitschriften und die achtzehn Bände der „Klassiker der exakten Wissenschaften", zweiundzwanzig Bücher mit insgesamt 15.850 Seiten; 120 Aufsätze mit originellen Beiträgen zur chemischen Wissenschaft, insgesamt 1630 Seiten; Adressen und Dissertationen im Umfang von 300 Seiten; und etwa 3880 Abstracts und 920 Buchrezensionen in seinen Zeitschriften. Jede chemische Bibliothek hat in ihren Regalen (normalerweise ist der Plural erforderlich) „den großen Ostwald", das „ Lehrbuch der Allgemeinen" . Chemie ", im Umfang einer Zyklopädie, mit der Datierung ihrer Bände durch die achtziger und neunziger Jahre hindurch, durch „den kleinen Ostwald", den „Grundriss der Allgemeinen" . Chemie ", zeigt stärkere Abnutzungserscheinungen am Einband. Und all das stellt, das muss man bedenken, nur eine Seite der Tätigkeit dieses außergewöhnlichen Mannes dar, denn während der Zeit dieser enormen literarischen Produktion war er Professor für Chemie an der Universität Leipzig und Direktor eines der geschäftigsten Forschungslabore der Welt.

Heutzutage finden wir an unseren amerikanischen Universitäten viele Männer, die so in ihre Forschungen vertieft sind, dass sie sich weigern, die philosophischen oder praktischen Aspekte ihrer Wissenschaft zu berücksichtigen, und dass sie es als Beleidigung empfinden, wenn die Außenwelt ihre Zeit in Anspruch nimmt. Noch nie war Ostwald so beschäftigt. Ungeachtet der Tatsache, dass er reinwissenschaftliche Forschungen betrieben hat, die ihm den Nobelpreis einbrachten, hat er es nicht verschmäht, Briefe an Maler über die Verwendung von Pigmenten zu drucken und Hausfrauen Vorträge über die Chemie des Kochens zu halten bringt seine wissenschaftlichen Kenntnisse in die pädagogischen, sozialen und religiösen Fragen ein, die in den damaligen Zeitschriften diskutiert werden.

Wenn wir uns fragen, warum noch kein amerikanischer Chemiker mit einer Nobelmedaille geehrt wurde, wird uns oft gesagt, dass die Laboreinrichtungen in diesem Land zu unzureichend seien. Ostwald wurde durch dieses Hindernis nie behindert; nicht in Riga, wo er sein eigener Mechaniker und Glasbläser war und das Labor mit selbstgebauten Büretten, Induktionsspulen und Galvanometern ausstattete; nicht in Leipzig, wo er unter Bedingungen arbeitete, die wie folgt beschrieben wurden: [10]

„Das Leipziger Laboratorium, in dem er bis 1897 arbeitete, befand sich im Landwirtschaftlichen Institut , ein alter Haufen, der ursprünglich der Agrarchemie gewidmet war und in keiner Weise für die Durchführung jener heiklen Experimente geeignet war, die Ostwald an die Spitze der Wissenschaftler brachten. Die Forschung wurde unter unzähligen

Schwierigkeiten betrieben; das Licht war schlecht, die Räume unbelüftet, die Heizung erfolgte über Öfen, die schwer zu regulieren waren und Staub erzeugten, der den feineren Instrumenten großen Schaden zufügte; Bei der Grundsteinlegung waren keine Vorkehrungen getroffen worden, um die Schwingungsdämpfung sicherzustellen. so wurden viele Experimente zunichte gemacht; Der Platzmangel schloss die Verwendung von Teleskopen zum Ablesen von Skalen aus, und insgesamt wäre es schwierig gewesen, ein Laboratorium zu bauen, das für physikalisch -chemische Untersuchungen schlechter geeignet wäre.

In einer Hinsicht muss gesagt werden, dass der Strom des wissenschaftlichen Denkens Ostwalds Ansichten völlig zuwiderläuft. Die Atomtheorie, die er abschaffen wollte, wurde begründet und erweitert. Die kinetische Theorie der Gase wurde nicht durch sein Konzept der „Volumenenergie" verdrängt, und nun wurde die Bewegung der Moleküle durch das Ultramikroskop sichtbar gemacht, und wir hören von der „Atomtheorie der Elektrizität", der „korpuskuläre Vorstellung von Licht" und die „granulare Natur der Energie". Sogar Zeit und Raum zeigen die Tendenz, sich aufzulösen und diskret zu werden. Doch das Blatt kann sich jederzeit wenden, und Ostwalds Vorstellungen geraten in wissenschaftlichen Kreisen wieder in Mode.

Wie gesagt, Ostwald scheint kein vielbeschäftigter Mann zu sein. Würde sich ein vielbeschäftigter Mann an einem schönen Sommertag den Mut nehmen, sich der Unterhaltung eines umherziehenden amerikanischen Journalisten zu widmen? Wenn ich nicht gewusst hätte, dass er Herausgeber zweier Zeitschriften und Anführer einiger der wichtigsten Bewegungen der Zeit war, hätte ich ihn vielleicht für einen bloßen Gentleman der Freizeit gehalten, als er mit mir auf der Veranda seines Landhauses saß , bereit, frei über jedes von mir vorgeschlagene Thema zu sprechen, bereit, sogar zuzuhören, wenn ich reden wollte, ohne einen sehnsüchtigen Blick durch die Tür seines Arbeitszimmers auf den schwer beladenen Schreibtisch und die stille Schreibmaschine zu werfen. Ein großer Mann, ebenso wie ein großartiger Mann, ist Ostwald; freundlich in der Art, direkt in der Rede. Sein buschiger blonder Bart hat größtenteils die Farbe verloren, die er hatte, als ich ihn 1904 zum ersten Mal auf dem Kongress der Künste und Wissenschaften in St. Louis sah, und sein Haar ist ganz weiß und jetzt kurz geschnitten und sträubt sich über seinen ganzen Kopf. Man würde ihn an seinem Aussehen und seiner Haltung als deutschen Professor erkennen, wenn man ihn irgendwo auf der Welt sehen würde, doch als Typusexemplar könnte man ihn nicht bezeichnen, denn er ist frei von den Lastern, denen der durchschnittliche deutsche Professor am meisten verfallen ist. die Liebe zu Bier, Tabak und Latein. Außerdem hasst er Duelle, obwohl er erkennt, dass diese nicht so gefährlich sind wie American Football. [11]

Aber so unkonventionell seine Ansichten auch erscheinen mögen, man darf nicht glauben, dass Ostwald ein Modeerscheiner ist. Es handelt sich um einen begründeten Radikalismus, der seinen Ursprung nicht im bloßen Neophilismus oder Bildersturm hat, sondern in der Anwendung wissenschaftlicher Prinzipien auf die Probleme des täglichen Lebens. Was Ostwald von den meisten anderen Philosophen unterscheidet, ist seine Bereitschaft, seine Prinzipien auf die Probe zu stellen, indem er danach strebt, ihnen gerecht zu werden.

Unser Gespräch fand zwangsläufig auf Englisch statt, denn meinen ersten Deutschunterricht hatte ich schon über zwanzig Jahre zuvor bei Ostwald erhalten – anhand seines „ Lehrbuchs der Allgemeinen" . „Chemie " als Fibel anstelle von Grimms „ Märchen " – er war nicht da, um mir beizubringen, es zu sprechen. Ostwald spricht jedoch Englisch genauso gut wie Deutsch – oder Französisch oder Französisch . Sein Biograph erzählt das, wenn Als er am Rigaer *Gymnasium Englisch lernte* , hatte er große Schwierigkeiten, „the" auszusprechen, bis er entdeckte, dass er den Laut erhalten konnte, indem er seinen Mund mit *Zwieback füllte* ; ich nehme an, nach dem gleichen Prinzip, wie Demosthenes Kieselsteine benutzte. Jetzt jedoch , er beherrscht seine *Th's* perfekt, und ich glaube nicht, dass er *Zwieback* im Mund hatte, als er mit mir redete.

Seine Sprache war besonders fließend und eindringlich, als er über die Frage des Sprachunterrichts diskutierte. Der Hauptpunkt seiner Anklage gegen das deutsche *Gymnasium* ist der übermäßige Zeitaufwand und die übermäßige Ehre, die der Linguistik gewidmet werden. Er hält die neue Realschule *in* dieser Hinsicht für fast ebenso schlecht wie das klassische *Gymnasium , da dort die modernen Sprachen auf die gleiche Weise gelehrt werden wie die alten.* Die Konzentration der Aufmerksamkeit des Schülers in den beeindruckenden Jahren seiner Jugend auf die Eigenheiten der deutschen Grammatik oder die Monstrositäten der englischen Rechtschreibung fördert die Fähigkeit des logischen und originellen Denkens nicht, sondern beeinträchtigt sie sogar. Ostwald führt Nietzsches pervertierte Ideen, seine falsche Vorstellung vom Kampf ums Dasein und seinen Hass auf das einfache Volk auf seine Ausbildung in klassischer Philologie zurück. Er führt als Ursache dafür, dass Österreich-Ungarn nicht in der Lage war, seinen angemessenen Anteil an großen Männern hervorzubringen, den Sprachkampf an, der die Energie seines Volkes verschlingt. Die Barriere der lokalen Sprache ist eine der Ursachen für internationale Spannungen und Bewegungsverluste, die den Geist eines Physikers beunruhigen. Als Mittel zur Überwindung dieser Reibung – sozusagen als sprachliches Schmieröl – befürwortet er die Bildung einer internationalen Hilfssprache, insbesondere für wissenschaftliche und kommerzielle Zwecke. [12] Ich nehme an, ein Grund, warum er es für möglich hält, eine künstliche Weltsprache zu konstruieren, liegt darin, dass er es gesehen hat. Die rasche Ausbreitung der Wissenschaft der organischen Chemie innerhalb der gegenwärtigen Generation hat die Erfindung von mehr neuen Wörtern erforderlich gemacht, als Shakespeares Wortschatz enthielt. Einige davon sind zwar umständlich, eher Formeln als Worte, aber bemerkenswert wegen ihrer prägnanten Bedeutung und weitgehend allen Sprachen gemeinsam. Ostwald hat kürzlich in Ido eine völlig neue Nomenklatur der Chemie erstellt und schlägt vor, diese bald für alle Abstracts seiner *Zeitschrift für physikalische zu verwenden Chemie* , so dass der Student nach einigen Stunden, die er mit dem Erlernen von Ido verbracht hat , freien Zugang zur gesamten Literatur dieser Wissenschaft hat. Professor Ostwald versicherte mir, dass er versucht habe, seine Philosophie in die neue Sprache zu übertragen, und festgestellt habe, dass sie seinen Gedanken Klarheit und Bestimmtheit verlieh. Die Übernahme einer internationalen Sprache betrachtet er als wichtigen Teil der Friedensbewegung, in der er sich nun aktiv engagiert. Ich fragte ihn, ob er erwarte, dass Schiedsverträge den Krieg beenden würden, und er erklärte, dass sie wie ein Blocksignalsystem auf einer Eisenbahn funktionieren würden, was die Katastrophe eines Krieges nicht immer verhindern, aber die Chancen dafür verringern würde.

Ido ist eine vereinfachte Form von Esperanto, die ihren Ursprung in der Weigerung von Dr. Zamenhof hat, Reformen in der von ihm erfundenen Sprache zuzulassen. Es verzichtet auf die akzentuierten Buchstaben und die Akkusativform des Esperanto und nutzt einen größeren Anteil romanischer Wurzeln, die allen europäischen Sprachen gemeinsam sind. Die offiziellen Organe sind *Progreso* (Paris: 3 Rue le Gof) und *The International Language* (London: 32 Cleveland Square). Ostwalds neue chemische Nomenklatur begann im Mai 1910 mit der Nummer *Progreso* . Der Band von Ostwald, Jespersen und drei weiteren Professoren mit dem Titel „International Language and Science" (London: Constable, 1910) enthält einen interessanten Test der Fähigkeiten der neuen Sprache, die Übersetzung ins Ido und zurück ins Englische durch eine andere Person einer Seite von James' Psychologie fast ohne Verlust dabei. Eine Seite von „Das Monistische Jahrhundert " erscheint jede Woche in Ido .

Um praktische Maßnahmen zum Abbau der Barrieren zwischen den Nationen umzusetzen, hat er ein „Internationales Institut für die Organisation der geistigen Arbeit" gegründet, bekannt als „ Die *Brücke* ", oder wie er es lieber ausdrücken würde Ido , *La Ponto* . Dies soll dem Zweck dienen, eine weltweite Informationsstelle und ein Kommunikationskanal für alle Formen der Kultur zu sein. Ein Plan für ein einheitliches System von Seitengrößen für Bücher und Zeitschriften, die „Hypotenuse oblong", wurde hier vorgelegt und in „ *Printing Art*" , April und Mai 1911, Juli 1912, besprochen.

also auf gutem Weg, sich rechtzeitig für den Friedensnobelpreis zu qualifizieren. Es ist in der Tat charakteristisch für den Mann, dass er, nachdem er in einem Bereich menschlicher Unternehmungen Erfolge erzielt hat, seine Aufmerksamkeit einem anderen zuwendet. Es ist Teil seiner Theorie der Lebenskunst. Ich war neugierig zu erfahren, warum er Leipzig und die Chemie verlassen hatte, um nach Groß- Bothen und zur Philosophie zu wechseln, warum er eine der größten Universitäten und die populärsten Wissenschaften aufgegeben hatte, um in das sächsische Dorf und ein als unproduktiv geltendes Gedankenfeld zu wechseln. Er erklärte mir, dass er in jungen Jahren eine Vorliebe für die Philosophie gehabt habe, das Thema damals jedoch mit Abneigung betrachtet worden sei. Jetzt haben sich die Dinge geändert. Die Menschen erkennen, dass es notwendig ist, sowohl einen weiten als auch einen genauen Blick zu werfen. Die Zivilisation schreitet durch abwechselnde Phasen der Spezialisierung und Generalisierung voran. Wir treten jetzt in die zweite Phase ein.

Außerdem war er aus seinen Studien über große Wissenschaftler zu dem Schluss gekommen, dass die Männer, die durch die Verlängerung ihrer produktiven Zeit am meisten Erfolg hatten, dies dadurch erreicht hatten, dass sie im Laufe ihres Lebens ihren Beruf zwei- oder dreimal wechselten; zum Beispiel Helmholtz, der die erste Hälfte seines Erwachsenenlebens der Physiologie und Medizin und die letzte Hälfte seines Lebens der Physik widmete und in beiden Bereichen gleichermaßen herausragend war; und Humboldt, der seine Arbeit bis zum Ende seiner neunzig Jahre fortsetzte, indem er von einem Wissenschaftsgebiet auf ein anderes wechselte. Nachdem Ostwald zu diesem Schluss gekommen war, musste er es als experimenteller Wissenschaftler selbst versuchen. Der Erfolg des Experiments zeigt, dass Fruchtwechsel sowohl im Menokulturbau als auch in der Landwirtschaft ein guter Plan ist.

Er wendet das gleiche Prinzip in seinem täglichen Leben an. Wenn er vom Philosophieren müde wird, wendet er sich der Malerei zu. Er findet, dass dies den Geist besser entlastet als alles andere, denn es leitet das Blut zu einer anderen Seite des Gehirns, während das Gehirn, wenn er versucht, sich durch Hinlegen Ruhe zu verschaffen, in den gleichen alten Bahnen weiterarbeitet. Diese Vertiefung in künstlerische Bemühungen nutzte er in seiner Harvard-Vorlesung über „Individualität und Unsterblichkeit", als er argumentierte, dass das höchste Glück eher in der Auslöschung der Individualität als in ihrem Fortbestehen zu finden sei. Diese Schlussfolgerung ist uns als die der Mystiker bekannt, aber Ostwald kommt charakteristischerweise auf einem anderen Weg zu ihr, dem zweiten Hauptsatz der Energetik. Nachdem er von der Tendenz von Flüssigkeiten und Wärme zur Diffusion und dem daraus resultierenden Identitätsverlust gesprochen hat, überträgt er das Prinzip auf Gesellschaft und Psychologie. Die Passage ist es wert, zitiert zu werden, weil sie praktisch einen direkten Widerspruch zu Spencers grundlegender Theorie darstellt, dass Evolution ein Fortschritt von Homogenität zu Heterogenität ist, sowohl für Materie als auch für Energie. Der Unterschied resultiert meiner Meinung nach hauptsächlich aus der Tatsache, dass Spencers Aufmerksamkeit auf den ersten Hauptsatz, den der Energieerhaltung, gerichtet war, während die Bedeutung des zweiten Hauptsatzes, den der Energiedissipation, erst lange danach erkannt wurde. [13] Der Leser wird bemerken, dass das zweite Gesetz in seinen Implikationen entschieden demokratisch ist.

Es ist in der Tat seltsam, dass durch die bloße Assoziation mit einer anderen Sache der gleichen Art die Identität verloren geht. Und noch seltsamer ist die Tatsache, dass jedes Wesen dieser Art von einem unwiderstehlichen Drang getrieben zu sein scheint, jede Gelegenheit zu suchen, seine Identität zu verlieren. Alle bekannten physikalischen Tatsachen führen zu dem Schluss, dass die Diffusion oder homogene Verteilung der Energie das allgemeine Ziel allen Geschehens ist. Es scheint keinerlei Veränderung stattgefunden zu haben, und wahrscheinlich wird es auch nie eine geben, was zu einer Konzentration führt, die größer ist als die entsprechende Energiedissipation. Eine teilweise Konzentration kann in einem System herbeigeführt werden, jedoch nur auf Kosten einer größeren Dissipation, und die Gesamtsumme ist immer eine Erhöhung der Dissipation.

Während wir uns über die allgemeine Gültigkeit dieses Gesetzes in der Anwendung auf die physische Welt so sicher sind, wie die Wissenschaft es nur kann, kann seine Anwendung auf die menschliche Entwicklung bezweifelt werden. Es scheint mir auch in diesem Fall zu gelten, wenn es mit der gebotenen Vorsicht angewendet wird. Die Schwierigkeit liegt darin, dass wir keine genauen objektiven Mittel zur Messung der Homogenität und Heterogenität in menschlichen Angelegenheiten haben und daher kein bestimmtes System genau genug untersuchen können, um eine quantitative Schlussfolgerung zu ziehen. Es scheint ziemlich sicher, dass die zunehmende Kultur dazu führt, dass die Unterschiede zwischen Männern tendenziell abnehmen. Es gleicht nicht nur den allgemeinen Lebensstandard aus, sondern mildert sogar die natürlichen Unterschiede zwischen Geschlecht und Alter. Von diesem Standpunkt aus sollte ich die Anhäufung enormen Reichtums in den Händen eines einzelnen Mannes als Zeichen für einen unvollkommenen Zustand der Kultur betrachten.

Die beschriebene Eigenschaft einer unwiderstehlichen Diffusionstendenz kann in bestimmten Fällen auch beim Menschen beobachtet werden. Bei bewussten Wesen gehen solche natürlichen Tendenzen mit einem bestimmten Gefühl einher, das wir Willen nennen, und wir sind glücklich, wenn wir nach diesen Tendenzen bzw. nach unserem Willen handeln dürfen. Wenn wir uns nun an die glücklichsten Momente unseres Lebens erinnern, werden wir feststellen, dass sie in jedem Fall mit einem merkwürdigen Verlust der Persönlichkeit verbunden sind. Im Glück der Liebe wird diese Tatsache sofort entdeckt. Und wenn Sie ein Kunstwerk, zum Beispiel eine Symphonie von Beethoven, intensiv genießen, werden Sie von der Last der Persönlichkeit befreit und vom Strom der Musik mitgerissen wie ein Tropfen von einer Welle. Das gleiche Gefühl kommt mit den großartigen Eindrücken, die uns die Natur schenkt. Selbst wenn ich ruhig im Freien sitze und skizziere, überkommt mich in einem glücklichen Moment ein süßes Gefühl der Verbundenheit mit der Natur um mich herum, die deutlich durch völlige Vergessenheit meines armen Selbst gekennzeichnet ist. Daraus lässt sich schließen, dass Individualität Einschränkungen und Unglück bedeutet oder zumindest eng damit verbunden ist.

Professor Ostwald zeigte mir das Atelier, das heute das Labor ersetzt. Es ist immer noch ein Labor, denn er experimentiert mit Pigmenten und hat neue Formen von Buntstiften oder Pastellkreiden sowie Methoden zur Fixierung erfunden. In der Malerei, wie auch in allem anderen, arbeitet er schnell und effektiv. Drei Tage an den Niagarafällen bescherten ihm zwei Dutzend oder mehr Bilder. Er hat ein gutes Gespür für Malerisches und verwendet lebendige und abwechslungsreiche Farben. Er nutzte seine Zeit an der University of California, um einige schöne Einblicke in Berkeley und das Meereslabor von Professor Loeb zu erhalten. Sein Aufenthalt in Harvard als Austauschprofessor im Jahr 1905 bescherte ihm viele Szenen aus Marblehead und Cambridge, darunter ein beeindruckendes Bild des Harvard-Stadions auf der anderen Seite des Flusses, das genauso imposant aussah wie das Kolosseum. Fotografie praktiziert er seit seiner Kindheit. Dadurch und durch die Herstellung von Feuerwerkskörpern in der Küche seiner Mutter machte er seine ersten Schritte in der Chemie. Er liebte Musik schon immer, sowohl als Zuhörer als auch als Interpret, er spielte gut Geige und, wie sein gewissenhafter Biograph sagt, sehr schlecht Fagott. Wir erfahren auch, dass er während seiner Studienzeit eine Symphonie komponierte, viele Gedichte schrieb und sich eifrig dem Studium der Bewegungsgesetze widmete, indem er stundenlang mit dem Aufprall elastischer Elfenbeinkugeln auf einer ebenen grünen Oberfläche experimentierte.

Das Gehen war jedoch schon immer seine Hauptbeschäftigung, wenn man das als Erholung bezeichnen kann, die das Mittel zu seinem produktivsten Denken darstellt. Nach dem Mittagessen zeigte er mir sein Anwesen, ein bewaldetes Hochland mit Blick auf die Dorfhäuser , die sich um Kirk und *Gasthaus gruppierten* , und dahinter die ebene, geordnete sächsische Landschaft mit ihren gemächlichen Windmühlen. Die gewundenen Spaziergänge scheinen lang genug zu sein, um ihm zu ermöglichen, den kompliziertesten deutschen Satz ungestört auszuarbeiten. Der Fremde kann den Weg zum Landhaus finden Energie , indem er bei einem Dorfbewohner „das Haus mit dem großen Briefkasten" anfragte, denn als Ostwald seinen Wohnsitz in Groß- Bothen bezog , musste für die enorme Postmenge, die ihn aus allen Teilen der Welt erreichte, Vorsorge getroffen werden.

Das Errichtungs- bzw. Bezugsdatum eines Landhauses erkennt man in Deutschland im Allgemeinen daran, ob es „ *Villa* " oder „ *Landhaus* " heißt. Die germanische Bewegung ist bestrebt, alle Fremden aus der Sprache zu vertreiben. Jetzt sehen wir also *Fahrkarte* anstelle von *Billet* , das früher verwendet wurde; *Fernsprecher* anstelle *von Telefon* ; *Zweikampf* anstelle von *Duell* ; und *Einheitslehre* anstelle des *Monismus* . Die Einführung einer internationalen Hilfssprache würde, erklärte mir Professor Ostwald, diese Bewegung erleichtern, da jede lokale Sprache sich auf ihre eigene Weise entwickeln könne, frei von der Strafe der Isolation.

Als ich über die glatte, saubere, von Bäumen gesäumte Straße zum Bahnhof zurückging, dachte ich, dass hier zumindest ein Mann war, der diesen inneren Frieden und dieses Glück, diese äußere Ehre und Nützlichkeit erlangt hatte, die theoretisch alle Philosophen belohnen sollten . Nur wenige Männer genießen in der Wissenschaft einen so großen Ruhm. Noch weniger haben unter ihren ehemaligen Schülern so viele treue Freunde. Dass er persönliche Feinde hat, ist kaum zu glauben, obwohl er viele Gegner hat. Er hat sich seinen Erfolg durch eigene Anstrengungen erkämpft und sich durch pure Charakterstärke und Fähigkeiten zu seiner jetzigen Position hochgearbeitet. Er war der zweite Sohn eines Böttchermeisters aus Riga, einer alten Hansestadt im baltischen Russland. Er wurde am 2. September 1853 geboren und erhielt seine Ausbildung am *Realgymnasium* von Riga und an der Universität Dorpat, Russland (1872–1875). Seine Dissertation zum Abschluss seines Kurses hier über „Die Massenwirkung von Wasser" betrat Neuland auf einem Gebiet, das er sich fortan zu eigen machen sollte. Damals schätzte er sich glücklich, für zweihundertfünfzig Dollar pro Jahr eine Stelle als Assistent für Physik in Dorpat zu bekommen, denn dies gab ihm die Möglichkeit zur Forschung, und seine Master- und Doktorarbeiten erregten Aufmerksamkeit durch die mutige Übernahme und Weiterentwicklung des Neuen Lösungs- und Affinitätstheorien. Er nutzte seine Ferien in Riga, um mithilfe von Klavier und Pinsel die Bekanntschaft von Fräulein Helene von Reyher zu knüpfen, die er mit siebenundzwanzig Jahren heiratete. Seine Kameraden erinnerten ihn daran, dass er kurz zuvor erklärt hatte, dass er niemals heiraten würde, da er seine ganze Zeit der Wissenschaft widmen sollte. Aber er antwortete: „Ich musste heiraten, weil das Mädchen meine Arbeit störte." Die Maßnahme war wirksam, denn sie hat sich seitdem nicht mehr in seine Arbeit eingemischt und fand sogar Zeit, bei seiner literarischen Arbeit mitzuhelfen, obwohl sie fünf Kinder großgezogen hat. Sie unternahmen ihre Hochzeitsreise in einem Postwagen von Riga nach Dorpat und richteten den Haushalt mit einem Petroleumofen und einem kleinen

Klavier als Hauptmöbeln ein; kein Sofa. Wer die Bedeutung des Sofas in einem deutschen Haushalt versteht, wird den Verzicht zu schätzen wissen. Im nächsten Jahr wurde er als Professor für Chemie an das Rigaer Polytechnikum in seine Heimatstadt berufen und verließ 1887 Russland nach Deutschland, um den Lehrstuhl für Chemie an der Universität Leipzig zu übernehmen.

In seiner Studie über Männer der Wissenschaft hat Ostwald die Unterscheidung zwischen Klassizismus und Romantik eingeführt. Der Klassizist bleibt bei einem Gedankengang und entwickelt ihn selbst logisch und vollständig weiter. Sein Verstand arbeitet mathematisch und er liebt Systeme und Formulierungen, oft ist er dem Dogmatismus verfallen. Er ist genau und gründlich, aber es mangelt ihm an experimentellen Fähigkeiten und er lässt keine Rücksicht auf praktische Anwendungen. Er ist bei der Veröffentlichung zurückhaltend und neigt dazu, ein schlechter Lehrer zu sein, der wenig persönlichen Einfluss auf seine Schüler und manchmal keinen auf seine Zeitgenossen ausübt.

Der Romantiker hingegen ist meist ein guter Lehrer und oft der Begründer einer Denkschule. Er hat das expansive Temperament und die freundliche Gesinnung; gesprächsfreudig und zur schnellen Veröffentlichung geneigt. Er führt viele verschiedene Arbeitsbereiche gleichzeitig aus und ist bestrebt, diese so schnell wie möglich in die Praxis umzusetzen. Er ist ein abenteuerlustiger Theoretiker, der bereit ist, einen Sprung ins Ungewisse zu wagen, seine Schlussfolgerungen durch eine Art Intuition zu ziehen und nicht immer zu erklären, wie er zu seinen Ergebnissen gekommen ist. Daher besteht die Gefahr, dass er auffällige Fehler macht, und er neigt dazu, bei Details ungeduldig zu sein. Der Romantiker wird in Geld bezahlt, das heißt in der Hingabe seiner Schüler und in Ehrungen von seinen Kollegen, manchmal sogar in Applaus und Reichtum von einem dankbaren Publikum. Der Klassiker muss sich mit Zahlungsaufschüben zufrieden geben, und seine Verdienste um die Wissenschaft werden oft erst nach seinem Tod angemessen gewürdigt, manchmal auch erst dann.

Unter amerikanischen Wissenschaftlern gibt es nahezu perfekte Exemplare dieser beiden Gattungen. Graf Rumford war ein typischer Romantiker und Willard Gibbs ein typischer Klassizist, und es gab, wie ich an anderer Stelle gezeigt habe, [14] den größtmöglichen Kontrast in ihren Charakteren und Karrieren. Es erübrigt sich zu erwähnen, dass Ostwald alle Merkmale des Romantikers aufweist. Durch seine Bücher und Zeitschriften ist er zu einem Weltlehrer geworden. Er hat in seinem Labor Arrhenius, Nernst und viele andere von fast gleicher Bedeutung ausgebildet. Er hatte die Genugtuung, dass seine abstrakten Theorien zur Arbeitsgrundlage riesiger Industrien wurden.

Bemerkenswert ist, dass sich die Wissenschaft, die in Deutschland am engsten mit den Universitäten verbunden war und in der die reinste Forschung betrieben wurde, am schnellsten entwickelt und am ertragreichsten erwiesen hat. Der jährliche Wert der Produkte der chemischen Industrie Deutschlands beträgt über dreihundert Millionen Dollar. Und das ist nur eine der Quellen des neuen Reichtums, der nach Deutschland kommt und das Land zu einer der führenden Weltmächte macht. In Großbritannien übersteigt die Auswanderung die Einwanderung, während in Deutschland in letzter Zeit das Gegenteil der Fall ist, obwohl in Deutschland der Bevölkerungszuwachs aufgrund des Geburtenüberschusses gegenüber den Todesfällen neunhunderttausend beträgt, doppelt so viel wie in Großbritannien. Bei diesem Tempo wird Deutschland bald eine Bevölkerung haben, die doppelt so groß ist wie die Großbritanniens. Und der Reichtum Deutschlands wächst schneller als die Bevölkerung, ungeachtet der hohen Abflüsse von Heer und Marine. Ich habe Professor Ostwald nach der Ursache für den erstaunlichen Wohlstand Deutschlands gefragt. „Wir Deutschen glauben an die Wissenschaft", antwortete er schlicht.

Die im Labor entwickelten Ideale von System, Wirtschaftlichkeit und Effizienz wurden in Deutschland mehr als anderswo auf militärische Angelegenheiten, die Förderung des Handels und Verwaltungsmethoden angewendet. Dass die wissenschaftliche Sichtweise bei der Behandlung aller gesellschaftlichen Probleme vorherrschen sollte, ist Ostwalds Absicht, und zur Förderung dieses Ziels widmet er seine Hauptaufmerksamkeit der Diskussion der ethischen und politischen Fragen der Zeit in den monistischen Gesellschaften. Als Beispiel für seine Denkweise zu solchen Themen zitiere ich eine Passage aus seinem Werk „Individualität und Unsterblichkeit":

Es besteht kein Zweifel daran, dass die Natur voller Grausamkeit ist. Überall im gesamten Bereich der organischen Lebewesen finden wir in fast jeder Tier- und Pflanzenklasse einige Arten, die auf Kosten ihrer Mitgeschöpfe leben. Ich meine parasitäre Organismen jeder Art, egal ob sie im Inneren ihrer Wirte leben, sie töten oder unglücklich machen, oder ob sie sich direkt von anderen Lebewesen ernähren. Niemand denkt daran, eine Katze zu bestrafen, die eine arme Maus ohne lebenswichtigen Zweck quält, und wir finden es völlig natürlich, dass sich die Larven bestimmter Wespen im Inneren von Raupen entwickeln und ihre Wirte langsam von innen heraus verschlingen. Nur der Mensch versucht, diese allgemeine Natur zu ändern und die Grausamkeit und Ungerechtigkeit gegenüber seinen Mitmenschen und seinen Mitgeschöpfen so weit wie möglich zu verringern. Und aus dem starken Wunsch heraus, dass dieser schwarze Fleck so vollständig wie möglich von der Menschheit entfernt werden sollte, entwickelte sich die Idee, dass es über unser körperliches Leben hinaus eine Möglichkeit geben muss, das Böse zu kompensieren, das begangen wurde und was im Laufe des Lebens ungerechtfertigt erlitten wurde Bestrafung oder Belohnung, wie es unser Gerechtigkeitssinn vorschlägt.

Aber Belohnung und Bestrafung nehmen einen ganz anderen Aspekt an, wenn wir die Menschheit als ein kollektives Wesen betrachten. Dann ist das einzelne Individuum vergleichbar mit einer Zelle in einem hochentwickelten Organismus. Die Zerstörung seiner Mitzellen wäre ein Ärgernis und eine Bedrohung für den gesamten Organismus, und daher würde jede Zelle, die ihre Nachbarn zerstört, entweder aus dem Organismus entfernt oder aber eingekapselt und so davon abgehalten werden, weiteren Schaden anzurichten. Und andererseits würden solche Zellen, die nützliche Zwecke erfüllen , ernährt und geschützt.

Die bloße Notwendigkeit, solche gefährlichen Handlungen der Zellen zu überwinden, bedeutet eine Verringerung der Leistungsfähigkeit des Organismus, da die dafür erforderliche Arbeit besser zum unmittelbaren Nutzen des Organismus selbst genutzt werden könnte. Das Beste wäre dann, die Bildung solcher schlechten Zellen im Voraus zu verhindern, und ein Organismus, der über entsprechende Mittel dazu verfügt, wäre von großem Vorteil.

Die Übertragung dieser Überlegungen auf den menschlichen Gesamtorganismus liegt auf der Hand. Bestrafung bedeutet in jedem Fall einen Verlust, und das Ziel der Kultursteigerung besteht nicht darin, die Bestrafung wirksamer zu machen, sondern sie unnötig zu machen. Je mehr jeder Einzelne von dem Bewusstsein erfüllt ist, dass er zum großen kollektiven Organismus der Menschheit gehört, desto weniger wird er in der Lage sein, seine eigenen Ziele und Interessen von denen der Menschheit zu trennen. Das Ergebnis ist eine Aussöhnung zwischen Rassenpflicht und persönlichem Glück sowie ein unverkennbarer Maßstab für die Beurteilung unseres eigenen Handelns und des Handelns unserer Mitmenschen.

Selbstaufopferung wurde in allen Zeitaltern und von allen Religionen als die höchste Vollkommenheit der ethischen Entwicklung angesehen. Gleichzeitig war sich jeder Mensch, der etwas tiefer nachgedacht hat, bewusst, dass die Selbstaufopferung einen Sinn haben muss, dass sie zu einer Wirkung führen muss, die mit anderen Mitteln nicht erreicht werden könnte. Andernfalls wäre die Selbstaufopferung kein Gewinn, sondern ein Verlust für die Menschheit. Aber wir halten Selbstaufopferung zum Wohle der Menschheit für gerechtfertigt, und dies entspricht unserem allgemeinen Empfinden. Wir bewundern einen Mann, der sich ins Feuer oder in einen Bach stürzt, um ein Kind vor dem Tod zu retten; Es sollte uns noch mehr bedeuten, wenn ein Arzt mitten in eine wütende Pest geht und sich der Gefahr bewusst ist, die ihn erwartet. Aber wir schätzen einen Mann nicht mehr, weil er sein Leben riskiert, um sein Geld vor einem brennenden Haus zu retten.

WIE MAN OSTWALD LEST

Das einzige von Ostwalds philosophischen Werken, das in englischer Sprache erhältlich ist, ist der „Grundriss der Naturphilosophie ", erschienen bei Reclam *Universal- Bibliothek* (Leipzig) und übersetzt von Thomas Seltzer und veröffentlicht von Henry Holt & Company, New York, unter dem Titel „Natural Philosophy". Dies ist als prägnante, populäre Darlegung der Grundprinzipien aller Wissenschaften gedacht und widmet sich hauptsächlich einer systematischen Betrachtung der Erkenntnistheorie und der Gesetze der Logik. Es ist daher für den allgemeinen Leser nicht so interessant wie einige seiner unübersetzten Werke, in denen er eine Vielzahl ethischer und sozialer Fragen aus wissenschaftlicher Sicht diskutiert, wie zum Beispiel „Die Forderung des Tages " . (Leipzig: Akademische Verlagsgesellschaft). Seine „Großen Männer " (gleicher Verlag) enthalten biografische Skizzen von Davy, Mayer, Faraday, Liebig, Gerhardt und Helmholtz sowie seine allgemeinen Beobachtungen zum Charakter und zur Ausbildung wissenschaftlicher Entdecker. Ostwalds Harvard-Vorlesung über „Individualität und Unsterblichkeit" wurde 1906 von der Houghton Mifflin Company veröffentlicht. Derzeit veröffentlicht er eine Reihe informeller Vorträge über wissenschaftliche Ideale und Moralvorstellungen unter dem Titel „ Monistische". Sonntagspredigten " (Verlag des Deutschen Monisten-Bundes in Berlin). Eine zweite Reihe erschien bei der Akademischen Verlagsgesellschaft , Leipzig, und ein Drittel vom Verlag Unesma , Leipzig. Einige der Titel werden ihren Charakter und Umfang verdeutlichen: „Love One Another", „The Jatho Case", „How Evil Came into the World", „The Freedom of the Will", „What is Truth?" „Nietzsche und der Kampf ums Dasein", „Naturwissenschaft und Papierwissenschaft", „Der Stein der Weisen", „Effizienz". Der letztgenannte wurde am 19. Oktober 1911 in *The Independent veröffentlicht. „The Wave Theory of History", eine Erklärung der Ursache periodischer Wechsel in Finanzen und Politik, wurde* am 10. Juli 1913 in *The Independent veröffentlicht. Ein Artikel:* „ Breaking Barriers", erschien in *The Masses* , Februar 1911. Es wäre sehr zu wünschen, dass alle diese „Monistic Sunday Predigten" sowie „The Day's Duty" und „Great Men" ins Englische übersetzt würden, da sie eine repräsentieren Gesichtspunkt von wachsender Bedeutung im modernen Denken.

Weitere auf Englisch zugängliche Artikel von Ostwald sind: „The Philosophical Meaning of Energy", in *The International Quarterly* , Bd. VII; „Die moderne Theorie der Energetik", mit Kritik von Dr. Carus , in *The Monist* , 1907; „Chemical Energy" im *Journal of the American Chemical Society* ,

August 1893, und im Smithsonian Report für 1893; „A Contribution to the Theory of Science", seine Ansprache vor der Methodologieabteilung des St. Louis Congress, in *Popular Science Monthly*, 1905, S. 219; „The Art of Making Discoveries", in *Science American Supplement*, Nr. 1807; eine Charakterskizze von Sir William Ramsay in *Nature*, 11. Januar 1912.

Von Ostwalds chemischen Werken wurden die folgenden ins Englische übersetzt: „Conversations on Chemistry" (Wiley). „Manual of Physical and Chemical Measurements" (Macmillan), übersetzt von James Walker. „The Scientific Foundation of Analytical Chemistry", übersetzt von G. McGowan (Macmillan). „Solutions", übersetzt von M. Pattison Muir (Longmans). „Die Prinzipien der Anorganischen Chemie", übersetzt von Alex. Findlay (Macmillan). „Die Grundprinzipien der Chemie", übersetzt von Harry W. Morse (Longmans). „Briefe an einen Maler über Theorie und Praxis", übersetzt von Morse (Ginn).

Der ernsthafte Student von Ostwalds Denken wird sich natürlich hauptsächlich seinen „ Annalen der Natur- und Kulturphilosophie " (Leipzig: Verlag Unesma) widmen. Die neueste und vollständigste Zusammenfassung seiner Weltanschauung findet sich in „Die Philosophie der Werte " (Alfred Kröner , Leipzig, 1914). Im Lübecker Vortrag „Die Ueberwindung des wissenschaftlichen Materialismus " (*Zeitschrift für Physik Chemie*, *Band* 18, S. 305–320, und separat erschienen bei Veit , Leipzig, 1895) und die „ Vorlesungen über Naturphilosophie " (Veit , 1902) legte er den Grundstein seiner Theorie. In „Die energetische Grundlagen der Kulturwissenschaft " (Leipzig, 1909) erweiterte er sie um die Zivilisationswissenschaft. In „Die wissenschaftlichen Stellung " („ Annalen der Naturphilosophie ", Bd finden sich in Kapiteln von „Die Forderung des Tages", im Artikel „Die Universität der Zukunft und die Zukunft der Universität" („ Annalen der Naturphilosophie ", Band X, S. 236) und in „Wider das Schulelend , Ein Notruf " (Leipzig: Akademische Verlagsgesellschaft). „ Erfinder und Entdecker " enthält Skizzen von Mayer, Helmholtz und Liebig (Bd. XXIV von *Die Gesellschaft* , Frankfurt a. M.: Rütten und Leoning). „Die Energie " ist eine beliebte Darstellung der Energetik (Bd. I von Wissen und Können . Leipzig: Barth). Ostwalds Beiträge zum Internationalismus werden größtenteils von *Die Brücke* , München, veröffentlicht. Seine populäre Propaganda des Evangeliums des Monismus wird jetzt von dem von ihm herausgegebenen wöchentlichen Organ der Gesellschaft, *Das Monistische* , weitergeführt *Jahrhundert* (Verlag Unesma , Leipzig).

Eine intime und wertschätzende Skizze über Leben und Werk „Wilhelm Ostwalds" verfasste P. Walden zum 25. Jahrestag seiner Promotion (Leipzig: Engelmann).

Es bleibt hier Raum, nur einige Hinweise auf Diskussionen und Kritik an Ostwalds Theorien zu geben. Doktor Roberty zeigt in „ Energétique et Sociologie " (*Revue philosophique* , Januar 1910) die enorme Bedeutung von Ostwalds Ausweitung der Gesetze der Energie auf lebenswichtige und soziale Phänomene. Einen sorgfältigen Vergleich der widersprüchlichen Theorien von Lombroso und Ostwald über den Charakter des Genies liefert Georg Wendel für *Zeit. für Philosophie* , 1910. In der *Vierteljahrsschrift für wiss* . *Philosophie und Soziologie* für 1905 finden Sie *Bemerkungen über die Metaphysik in der Ostwald'schen Energetik* von FW Adler und *Atomistik und Energetik von Standpunkte Ökonom Naturbetrachtung* , von Hermann Wolff. F. Dennert in seinem Band „Die Weltanschauung des modernen ". „Naturforschers " (Stuttgart, 1907) widmet Ostwald ein Kapitel.

Ich muss auch die wertvollen Artikel erwähnen, die Doktor Fielding H. Garrison am 11. September 1909 im *New York Medical Journal* über „Physiologie und der zweite Hauptsatz der Thermodynamik" verfasst hat und in denen er die Anwendung der Theorien von Gibbs und Ostwald erörtert zur Biologie.

[1] Der interessierte Leser, der Deutsch liest, findet eine ausführliche Diskussion der Formel und ihrer Bedeutung in *Die Forderung des Tages* .

[2] Meine unkonventionellen Definitionen des zweiten Hauptsatzes würden von jedem Physiker mit Selbstachtung abgelehnt werden. Der Leser wird daher gewarnt, dass die korrekte Formulierung lautet: „Die Entropie des Universums tendiert zu einem Maximum." (Clausius.)

[3] *Was ist Wahrheit ?* (*Monistiche Sonntagspredigten* , Nr. 5.)

[4] *Der energetische Imperativ* , *Ann. D. Nat. Phil* ., Bd. X.

[5] Gedruckt in *The Independent* , 19. Oktober 1911.

[6] Siehe Flammarions wissenschaftliche Fantasie *Lumen* .

[7] Gelächter. Ein Essay über die Bedeutung des Comics. Von Henri Bergson. Die Macmillan Company.

[8] Die Ueberwindung des wissenschaftlichen Materialismus . Lübecker Vortrag vor dem Deutschen Verein der Naturforscher und Ärzte.

[9] J. Willard Gibbs: „ Thermodynamische Studien ." Uebersetzt von W. Ostwald. Leipzig: W. Engelmann. 1892.

[10] *Natur* , 64, 428 (1901).

[11] „Kultur und Duell " in „Die Forderung des Tages".

[12] Ostwald widmete die 40.000 US-Dollar, die er vom Nobelfonds erhielt, dem Versuch, eine neue Sprache einzuführen, Ido . Mistral widmete sein Werk dem Versuch, eine alte Sprache, das Provenzalische, aufrechtzuerhalten. Wir sehen also , dass Dynamitgeld, wie Dynamit selbst, seine Kraft in entgegengesetzte Richtungen ausübt.

[13] Den Grundstein seiner Philosophie legte Spencer mehr als zwanzig Jahre vor der Veröffentlichung von Clausius' „Die mechanische " mit dem Aufsatz „Fortschritt: Sein Gesetz und seine Ursache". Warmetheorie .

[14] „Führende amerikanische Männer der Wissenschaft." (Holt & Company.)

KAPITEL VI

ERNST HAECKEL

Monistische Naturerforschung als Erkenntnis des Wahren, monistische Ethik als Schulung zum Guten, monistische Ästhetik als Streben nach dem Schönen – das sind die drei großen Zweige unseres Monismus: durch deren harmonische und konsequente Pflege bewirken wir zuletzt das Wahre die selige Vereinigung von Religion und Wissenschaft, nach der sich heute so viele so schmerzlich sehnen. Das Wahre, das Schöne, das Gute, das sind die drei erhabenen Göttlichen, vor denen wir in Anbetung die Knie beugen; in der ungezwungenen Kombination und gegenseitigen Ergänzung dieser gewinnen wir die reine Vorstellung von Gott. Zu diesem dreieinigen göttlichen Ideal wird das 20. Jahrhundert seine Altäre bauen . – Haeckels „Das Glaubensbekenntnis eines Mannes der Wissenschaft".

Die geographische Verteilung der deutschen Universitäten ist derart, dass sie den geordneten Geist unseres General Education Board schockiert, der wie ein gelernter Förster daran glaubt, eng zusammenwachsende Institutionen auszusortieren oder vielmehr nicht zu pflegen. Aber in Deutschland ist der Boden so reichhaltig, dass er drei große Universitäten – Leipzig, Halle und Jena – beherbergen kann, die in einem Umkreis von dreißig Kilometern angesiedelt sind und dennoch alle gedeihen. Auch die überwältigende Entwicklung der Berliner Universität seit der Reichshauptstadt hat die kleineren Einrichtungen noch nicht in den Schatten gestellt. Denn so merkwürdig es uns Amerikanern auch vorkommen mag: Studenten in Europa lassen sich bei der Wahl einer Universität nicht hauptsächlich von deren Größe, der Pracht ihrer Gebäude oder gar ihrer sportlichen Leistung beeinflussen. Sie scheinen vielmehr die Persönlichkeit der Professoren für das Wichtigste zu halten und legen oft beträchtliche Entfernungen zurück, was eineinhalb Hundertstel Cent pro Meile dritter Klasse kostet , um sich der Anleitung eines bestimmten Mannes zu unterziehen haben Gefallen daran gefunden und eine andere Universität völlig ignoriert, die aus unserer Sicht einen Anspruch auf ihre Treue hatte, weil sie näher lag oder von ihren Vätern besucht wurde. Jena, zahlenmäßig das kleinste der drei, ist deshalb nicht bereit, seine Unterlegenheit gegenüber einem seiner Rivalen einzugestehen, nicht einmal gegenüber dem großen Berlin. Im Gegenteil entschuldigte sich Haeckel in seiner berühmten Kontroverse mit Virchow mit satirischer Höflichkeit für die Unkenntnis seines Gegners in der Zoologie , mit der Begründung, dass von ihm nicht erwartet werden könne, mit dem Fortschritt der Wissenschaft Schritt zu halten, wenn er das kleine Institut von Virchow verlassen habe Würzburg für die luxuriöse Ausstattung und die politischen und gesellschaftlichen Pflichten Berlins. Tatsächlich hat Haeckel mit seiner Vorliebe für Formulierungen in diesem Punkt vor 35 Jahren ein Gesetz aufgestellt, das, wie er sagt, bis heute nicht auf Widerspruch stößt: „Die wissenschaftliche Leistung einer Institution steht im umgekehrten Verhältnis zu ihrer Größe." ."

Wenn Abgeschiedenheit und wissenschaftliche Traditionen dem intellektuellen Erfolg förderlich sind, ist Jena sicherlich der Ort für den Denker. Mit eintausendachthundertsiebzehn Studenten ist die Universität etwa ein Drittel so groß wie die University of Wisconsin. Die Einwohnerzahl der Stadt ist etwa gleich groß wie die von Madison. Doch während Madison andere Interessen hat, vor allem politische, ist Jena in der Universität aufgegangen. Ihr Hauptindustriezweig, die Glashütte, ist ein Ableger der Universität, denn sie entstand durch die glückliche Zusammenarbeit von Ernst Abbé, einem Professor, der Brechungsindizes herausfinden konnte, und Carl Zeiss, einem Glasmacher, der bereit war, Geld in seltsame Formeln zu stecken. dass die neuen Objektive entdeckt wurden, die unsere moderne Fotografie und Mikroskopie ermöglichen. Die Schulden der Industrie gegenüber der Wissenschaft wurden großzügig zurückgezahlt, denn die Firma Zeiss hat einen großen Teil der Kosten für den Unterhalt der Universität und die Errichtung ihrer neuen Gebäude getragen und der Stadt außerdem viele öffentliche Gebäude geschenkt, darunter ein prächtiges Badehaus, ein Auditorium und eine kostenlose Bibliothek und ein Lesesaal, in dem einhundertfünfzehn Tageszeitungen und dreihundertsechzig Zeitschriften (amerikanische Bibliothekare aufgepasst) archiviert sind.

Daran lässt sich erkennen, dass Jena eine moderne Stadt ist. Doch gleichzeitig hat es mehr mittelalterliche Bildhaftigkeit bewahrt als die meisten anderen und vermischt das Neue und das Alte, wie es nur die Deutschen verstehen. „ *Das Liebe Das „närrische Nest* ", wie Goethe es nannte, liegt so versteckt in den Thüringer Hügeln, dass die Eisenbahn lange Zeit hatte, es zu finden. Die kopfsteingepflasterten Gassen schlendern lässig vom Marktplatz ab und ändern ihre Meinung Wohin sie ohne Vorankündigung gehen, um gotische Kirchen herumschlendern, unter alten Türmen hindurchtauchen, langsam am Ufer der Saale entlangwandern oder plötzlich steil bergauf starten. Die geschwätzigen Giebel der alten Häuser neigen sich einander zu wie geriffelte Spitzengesichter Rote Mützen. Sie stehen manchmal so nah, dass man die Wände auf beiden Seiten berühren kann, und man muss mit einem Fuß auf dem Bürgersteig und dem anderen auf dem Bürgersteig gehen, wie der zerstreute deutsche Professor, der glaubte, er sei lahm geworden. Als ich Jena sah, verstand ich etwas, was mir schon lange ein Rätsel war, nämlich die Entstehung des Dackels. Er ist offensichtlich ein Produkt der Evolution nach dem Prinzip des Überlebens des Stärkeren, denn nur ein nach den Vorgaben konstruiertes Lebewesen ist möglich. „Eineinhalb Hunde lang und einen halben Hund hoch" konnte sich bequem und schnell seinen Weg durch dieses Labyrinth aus engen Gassen bahnen. Aber auch alle möglichen Fahrzeuge und Lasttiere kommen irgendwie herum; Ochsen und Pferde, Autos und Fahrräder, Hundekarren und Frauenkarren. Am auffälligsten sind überall die Studenten, die mit dem Bewusstsein, sie zu besitzen, durch die Stadt stolzieren, ihre bunten Corps-Mützen hochnäsig schräg gestellt und ihre Gesichter, die für den Jenaer Studenten wie Werbung für die Gefahren des Verzichts auf Rasierapparate aussehen Er muss der dreihundertfünfzigjährigen universitären Tradition gerecht werden und ist sich ihrer Verantwortung voll und ganz bewusst.

Die alte und ehrenwerte Geschichte Jenas ist unausweichlich. Es ist in die Struktur des Ortes eingewoben, und wer rennt, kann es an den Straßenschildern ablesen. Das erwähnte Volkshaus ist über die Ernst-Abbé-Straße und die Carl-Zeiss-Straße sehr gut zu erreichen. Auf der anderen Seite liegt die Lutherstraße, denn Jena beherbergte den großen Reformator zwei Jahre lang in einer kritischen Phase seiner Karriere. Diese führt zur Goethestraße – Goethe komponierte in Jena den „ Erlkönig ". Die nächste Abzweigung führt uns in die Schillerstraße – Schiller war zehn Jahre lang Geschichtsprofessor an der Universität und widmete sich nebenbei der Poesie. Ein großer Stein im alten Garten markiert die Stelle, an der er 1798 „Wallenstein" schrieb. Am Gartentor befindet sich der Ernst-Haeckel-Platz, von dem aus uns die Ernst-Haeckel-Straße zu unserem Ziel, der Villa Medusa, führt. Welche andere Stadt könnte einen zehnminütigen Spaziergang bieten, der so reich an erinnerungswürdigen Namen ist?

Die Villa Medusa ist wohlgemerkt nicht nach der griechischen Gorgone benannt, sondern nach der wunderschönen Qualle mit der langen Bahn aus wehenden Fäden, einem der lebenden Kometen, die von der Challenger ausgebaggert wurden und die Haeckel vor dreißig Jahren abgebildet und beschrieben *hat* . Das Haus ist ein quadratisch gebautes, weißes, zweistöckiges Wohnhaus, das halb von hohen Bäumen verdeckt wird. Die Möbel sind vom herkömmlichen deutschen Typ. Der Raum, in den ich geführt wurde, war nicht klein, aber als Professor Haeckel ihn betrat, schien es so, denn der erste Eindruck, den man bekommt, ist Größe. Er ist wirklich ein großer Mann, egal wie man ihn sieht; groß, schwergliedrig, großgesichtig; Sein Haar ist jetzt weiß, aber dicht, und sein Bart ist breit und buschig. Mittlerweile bewegt er sich einigermaßen steif, aber ansonsten haben seine vierzig Jahre seiner Vitalität keinen Abbruch getan. Seine Haltung ist aufrecht und sein Händedruck stark. Sein Lachen ist herzlich und seine blauen Augen funkeln, während er eine amüsante Begebenheit aus den Kontroversen erzählt, von denen sein Leben erfüllt ist.

Denn Haeckel war ein Sturmzentrum der Zyklonbewegungen, die im letzten Jahrhundert über die ganze Erde hinwegfegten. Sein Name war ein

Schlachtruf in den wissenschaftlichen, religiösen und politischen Kriegen von mehr als einer Generation und nie mehr als jetzt, wo eine neue Religion mit vielen tausend Anhängern sich auf den Weg gemacht hat, die Welt unter dem Zeichen zu erobern: „Es gibt eine Substanz und Haeckel ist ihr Prophet." Aus dem, was er zu mir sagte, und noch mehr aus dem, was er nicht sagte, schloss ich, dass er von der halbkirchlichen Form, die die Propaganda jetzt in Deutschland annimmt, nicht sehr begeistert war, sondern mehr an der ruhigeren und breiteren Akzeptanz seiner Propaganda interessiert war Ideen, die er in wissenschaftlichen Kreisen als nahezu abgeschlossen ansieht. Wie Comte lehnte er jede Absicht, einen Kult oder ein Ritual zu etablieren, entschieden ab. Ich glaube, dass der Satz, mit dem er sein Kapitel über „Unsere monistische Religion" beendete,

So wie die Katholiken im 16. Jahrhundert eine Reihe von Kirchen der Reformation überlassen mussten, so wird in den kommenden Jahren eine noch größere Zahl an die freien Gesellschaften der Monisten übergehen.

wurde, wie viele andere Absätze im Buch, eher mit dem Ziel eingefügt, die Geistlichkeit zu irritieren, als mit ernsthafter Absicht. Aber es ist merkwürdig zu beobachten, wie schnell die monistischen Einheimischen die Formen der nonkonformistischen Gemeinden annehmen. Sie feiern Weihnachten – also die Wintersonnenwende – mit Bäumen, Kerzen und Geschenken. Sie haben eine wöchentliche Predigt von Ostwald und eine Sonntagsschulzeitung, *Die Sonne* .

Um Haeckel von seiner besten Seite zu sehen, sollte man ihn dazu bringen, von seinem geliebten Jena zu sprechen, was in der Tat nicht schwer ist, denn er ist immer bereit, mit Begeisterung von seiner Schönheit, seiner Gedankenfreiheit und seiner Führungsrolle in vielen Bereichen zu sprechen große Geistesbewegungen der deutschen Geschichte. Als ich die vielen schönen Straßen und Wege auf den Hügeln rund um die Stadt bemerkte, erklärte er, Jena sei die letzte Universitätsstadt, die mit der Eisenbahn erreichbar sei. Professoren und Studenten waren arm und mussten laufen, also lernten sie, gut zu gehen, Freude an der Bewegung im Freien zu haben und schöne Ausblicke zu genießen. Dass Haeckel selbst ein großer Liebhaber der Landschaft sowie des Schönen in allen Lebensformen ist, ist den Lesern seiner Reiseskizzen wohlbekannt. Dafür würdigt er seine Mutter, die ihr, wie er ihr seine „Indianerbriefe" widmet, sagt,

Erweckte in mir schon in meiner frühesten Kindheit ein Gespür für die unendliche Schönheit der Natur und lehrte den heranwachsenden Jungen den Wert der Zeit und die Freude an der Arbeit.

Seine Fähigkeiten als Zeichner und Kolorist kommen in seinen zoologischen Werken zum Ausdruck, und neben dieser professionellen Arbeit hat er in seinen Portfolios mehr als tausend Originalskizzen in Öl- und Aquarellfarben von Landschaften von Norwegen bis Malaiisch; Tatsächlich in jedem Viertel der Welt außer Amerika. Als er fünfundzwanzig war , war er so fasziniert von Sizilien, dass er beinahe die Wissenschaft aufgegeben hätte, um Landschaftsmalerei zum Beruf zu machen.

Die Freiheit der Lehre, die Jena auch für Deutschland in außergewöhnlichem Maße genossen habe, führt Haeckel zum Teil auf die Tatsache zurück, dass die Universität in einem der Kleinstaaten liegt, weit entfernt von den großen politischen Zentren, und ihre Unterstützung aus mehreren Quellen bezieht . „Wir hatten vier Herren", sagte Professor Haeckel zu mir, „und so blieben wir frei." Er schließt seine Ansprache von 1892 über „Monismus als Band zwischen Religion und Wissenschaft" mit einer dankbaren Laudatio auf den Großherzog Karl Alexander, der, wie er sagt,

hat sich während einer wohlhabenden Regierungszeit von vierzig Jahren stets als berühmter Förderer von Wissenschaft und Kunst erwiesen; Als Rektor Magnificentissimus unserer thüringischen Universität Jena hat er stets deren heiligstes Palladium – das Recht auf freie Forschung und Lehre der Wahrheit – geschützt.

Wir sehen, dass Haeckel Grund hat, für den ihm gewährten Schutz dankbar zu sein, wenn wir bedenken, dass er sich erstmals 1862 für die Sache Darwins einsetzte, nur drei Jahre nach der Veröffentlichung von „Die Entstehung der Arten", und dass es zwanzig Jahre danach Professoren waren wurden von amerikanischen Universitäten entlassen oder wegen ihres Glaubens an die Evolution mit Argwohn betrachtet. Auch heute noch würde es einem Mann mit Haeckels Ansichten über Religion und seiner unverblümten Art, sie zum Ausdruck zu bringen, schwerfallen, seinen Lehrstuhl an den meisten amerikanischen Universitäten zu behalten. In Deutschland kann ein Professor fast alles sein, was er will – außer Sozialist – und seinen Posten behalten.

Ein Lied der Jenaer Studenten enthält das Couplet

„ Wer die Wahrheit kennt und sagt sie nicht ,
Der ist fürwahr ein erbärmlicher Wicht !"

Doch laut Haeckel haben die Studierenden der Berliner Universität eine andere Version:

Wer die Wahrheit kennet und saget sie frei ,
Der kommt in Berlin auf die Stadtvogtei ! [1]

Das Großherzogtum Sachsen-Weimar-Eisenach, dessen Hauptstädte Jena ist, hat etwa die gleiche Fläche wie Rhode Island und weniger Einwohner. Es war der erste deutsche Staat, der 1816 eine konstitutionelle Regierung erhielt. Die Gemeinschaft ist im evangelisch-lutherischen Glauben, den sie als eines der ersten vertrat, eher streng orthodox. Wie gut Großherzog Karl Alexander die Jenaer Tradition der *Lehrfreiheit pflegte* , zeigt ein Vorfall, der sich ereignete, als Haeckel Deutschland zum ersten Mal empörte, indem er sich für die Sache des Darwinismus einsetzte. Ein prominenter Theologe kam in den Palast des Großherzogs in Weimar und flehte ihn an, den ketzerischen Professor zu entlassen. Karl Alexander fragte: „Glauben Sie, dass er wirklich glaubt, was er veröffentlicht?"

„Mit Sicherheit tut er das", war die prompte Antwort. „Sehr gut", sagte der Großherzog, „dann macht der Mann einfach das Gleiche wie Sie."

Ungefähr zu dieser Zeit erkannte Haeckel, dass die Universität unter dem Angriff auf ihn litt, und wandte sich an Seebeck , den Leiter des Leitungsgremiums, mit dem Angebot, seine Professur aufzugeben, um die Spannungen abzubauen. Seebeck , der mit seinen Theorien wenig Verständnis hatte, antwortete: „Mein lieber Haeckel, du bist noch jung und wirst noch reifere Ansichten über das Leben haben. Schließlich wirst du hier weniger Schaden anrichten als anderswo, also hast du es besser." bleiben."

Es wäre angebracht hinzuzufügen, dass Haeckel seine Ansichten zwar nicht änderte, außer dass er mit zunehmendem Alter radikaler wurde, die Universität jedoch auf lange Sicht nicht unter seiner Präsenz litt. Im Gegenteil, sein Ruhm als Forscher und Lehrer zog Studenten aus der ganzen Welt an und brachte der Universität mehrere große Stiftungen ein.

In der Nähe der Ernst-Haeckel-Straße und gegenüber dem Park Paradise befindet sich ein einzigartiges Gebäude, das Phyletische Museum, das von Haeckel gegründet wurde, um Sammlungen zur Veranschaulichung der Evolutionstheorie zu beherbergen. An die Wand ist der Stammbaum der größten Familie der Welt gemalt, der das gesamte Tierreich umfasst, und über dem Mittelbogen ist ein Zitat des Dichters Goethe eingraviert, den Haeckel am meisten bewundert:

Wir sind Wissenschaft und Kunst besitzt
Der Hut Religion;
Wir sind diese beide nicht besitzt
Der habe Religion!

Was Lange ins Englische bringt als

Wer die Wissenschaft und die Kunst hat,
der hat auch die Religion. Wer daran keinen Anteil hat, solle seine Religion tun.

Heutzutage, wo die Evolutionstheorie allgemein akzeptiert ist, wenn sie sowohl von der Kanzel als auch in der Schule gepredigt wird, fällt es uns schwer, die Verachtung und Ungläubigkeit zu erkennen, die der Theorie bei ihrer ersten Formulierung entgegengebracht wurden. Wir, die um uns herum

Laboratorien der experimentellen Evolution sehen, in denen nach im Voraus erstellten Spezifikationen nach Belieben neue Pflanzen- und Tierarten hervorgebracht werden, können uns kaum in die Lage derjenigen versetzen, die vor fünfzig Jahren glaubten, die Unveränderlichkeit der Arten in Frage zu stellen sollte intellektuelle Verwirrung hervorrufen und moralisches Chaos hervorrufen. Daher können wir den Mut und die Scharfsinnigkeit des jungen Haeckel kaum würdigen, der sich offen für den Darwinismus einsetzte, zu einer Zeit, als diese Theorie nicht nur von Theologen als Absurdität angesehen wurde, wie man aus Andrew D. Whites „Warfare of Science with Theology" schließen kann. , sondern von den meisten führenden Autoritäten in allen Bereichen der Wissenschaft. Aber wir können ihn uns an jenem denkwürdigen Sonntagabend des 19. September 1863 vorstellen, als er aufstand, um die Eröffnungsrede des Wissenschaftlichen Kongresses in Stettin zu halten; ein großer, gutaussehender junger Mann, blondbärtig, strahlende Augen, sonnengebräunt, fleißig, athletisch (im selben Jahr gewann er beim Leipziger Festival einen Lorbeerkranz für einen Rekordsprung von sechs Metern). Es war sicherlich anmaßend für einen erst neunundzwanzig Jahre alten Zoologen , der sich gerade eine Stelle im Universitätskreis als außerordentlicher Professor in Jena gesichert hatte (was in Deutschland unter dem Ordinarius bedeutet); der gerade sein erstes Buch, die „Monographie über die Radiolarien", veröffentlicht hatte, um die Überzeugungen seiner dort versammelten Ältesten und Meister anzugreifen. Haeckel war kein halbherziger Mann. Sobald er sich für den Darwinismus einsetzte – und das geschah kaum einen Monat, nachdem er „Die Entstehung der Arten" gesehen hatte –, zog er daraus Schlussfolgerungen , die Darwin selbst nur zögerlich vorzuschlagen hatte; Einerseits, dass das Leben aus anorganischer Materie entstand, andererseits, dass die Menschheit aus niederen Tieren hervorgegangen ist. Er erstellte sofort einen Stammbaum nicht nur der Radiolarien , sondern der gesamten Menschheit. Hier eine Passage vom Anfang seiner Stettiner Rede:

Was den Menschen selbst betrifft, so müssen wir, wenn wir konsequent sind , seine unmittelbaren Vorfahren in den affenähnlichen Säugetieren erkennen; früher noch bei känguruähnlichen Beuteltieren; darüber hinaus in der Sekundärperiode bei eidechsenähnlichen Reptilien; und schließlich, in einem noch früheren Stadium, der Primärperiode, bei niedrig organisierten Fischen.

Und das geschah, wie wir uns erinnern, acht Jahre bevor Darwin sein Werk „Die Abstammung des Menschen" veröffentlichte.

„Ohne Haeckel hätte es Darwin gegeben, aber keinen Darwinismus", sagt einer seiner begeisterten Schüler. Aber das wirft sofort die Frage auf, ob es überhaupt ein Vorteil war, aus Darwin einen „Ismus" gemacht zu haben. Als bloße Frage der Taxonomie wäre seine Theorie von der Laienwelt als harmlos und uninteressant angesehen worden. Aber Haeckel verkündete, dass der Darwinismus ein Beweis für den Materialismus, ein Feind der Kirche und destruktiv für das Christentum sei und rief auf allen Seiten Feinde hervor, die sich sonst nicht mit ihm beschäftigt hätten. Dies ist jedoch eine Frage, wie es gewesen sein könnte, und ob die Sklaven nicht ohne Blutvergießen befreit worden wären, *wenn* die Abolitionisten nicht so extrem gewesen wären und wenn die Südstaatler nicht so intolerant gewesen wären. Also in diesem Fall; Haeckel war extrem, seine Gegner waren intolerant, also musste der Krieg sein. Der sanftmütige Darwin musste seinen leidenschaftlichen deutschen Verfechter mehr als einmal warnen, bei seinen Angriffen auf diejenigen, die die älteren Ansichten vertraten, weniger gewalttätig und pauschal vorzugehen. Sie seien mehr zu bedauern als zu tadeln, sagte Darwin, und sie könnten den Strom der Wahrheit nicht dauerhaft zurückhalten. In England führte Huxley zur gleichen Zeit mit einer ebenso scharfen Feder wie Haeckel einen ähnlichen Krieg gegen klerikale Gegner.

Man kann sagen, dass Haeckel den Rest seines Lebens damit verbrachte, den Entwurf auszufüllen, den er auf dem Stettiner Kongress von 1863 entworfen hatte, denn wie detailliert die Arbeit, mit der er sich beschäftigte, auch war, er verlor danach nie den Leitfaden zur Orientierung aus den Augen Labyrinth der Lebensentwicklung. Uns geht es hier nicht um die zoologischen Studien, auf denen sein Ruhm sicher beruht, sondern nur um die philosophischen Ansichten, zu denen sie ihn führten. Seine Überzeugungen waren bereits im frühen Mannesalter fest verankert, und er vertritt heute im Wesentlichen denselben Standpunkt wie vor fünfzig Jahren. In dieser Zeit konzentrierten sich seine Bemühungen zunehmend darauf, ein breiteres Publikum zu erreichen. 1866 entwickelte er die Grundprinzipien seiner monistischen Philosophie in den beiden großen Bänden seiner „Allgemeinen Morphologie der Organismen". Dies fand außerhalb des Gelehrtenkreises nur wenige Leser und dort wenig Akzeptanz. 1868 brachte er seine Evolutionstheorie in „Die Naturgeschichte der Schöpfung" in eine populärere Form. Für ein Buch dieser Art war dies ein ungewöhnlicher Verkaufsschlager, aber Haeckel war unzufrieden, als er sah, dass die breite Öffentlichkeit von den neuen Welt- und Menschenbildern, die sich aus den Entdeckungen der modernen Wissenschaft ergaben, gleichgültig und unberührt blieb. Schlimmer noch, er beobachtete mit Besorgnis eine zunehmende Welle reaktionären Denkens am Ende des Jahrhunderts und eine wachsende Dominanz der klerikalen Macht in der deutschen Politik. Also beschloss er, einen letzten Versuch zu unternehmen, um Einfluss auf seine Generation zu nehmen, indem er sich an das Gericht der letzten Instanz, den Cäsar von heute, das Volk, wandte. Er packte seine Wissenschaft und Philosophie in einen mittelgroßen Band, füllte die Lücken mit *Obiter dicta* und veröffentlichte es 1899 unter dem Titel „Das Rätsel des Universums". Diesmal hat er genau ins Schwarze getroffen. Der Erfolg des Buches war sofort und erstaunlich. Ein Autor eines

Detektivromans oder einer Zenda-Romanze hätte ihn vielleicht beneidet. Innerhalb weniger Monate wurden zehntausend Exemplare verkauft, innerhalb eines Jahres einhunderttausend, und mittlerweile hat der Verkauf der deutschen und englischen Ausgabe zweifellos die halbe Million überschritten, ganz zu schweigen von den vierzehn anderen Sprachen, in die das Buch übersetzt wurde übersetzt worden. Da ein Buch wie dieses in der Regel mehrere Leser pro Exemplar hat, ist es wahrscheinlich, dass die Zahl derjenigen, die Haeckel innerhalb von fünfzehn Jahren direkt erreicht hat, in die Millionen gehen muss. Darüber hinaus wurde die Verbreitung seiner Ansichten natürlich durch einen ähnlichen Band, „The Wonders of Life", fünf Jahre später, und durch die weit verbreiteten Broschüren des Deutscher weiter ausgedehnt Monistenbund . *Häckels Die einheitliche Weltanschauung* [2] ist also, was auch immer man darüber denken mag, unbestreitbar ein wichtiger Faktor im HYPERLINK "https://gutenberg.org/files/48180/48180-h/48180-h.htm" \l "Footnote_2_50" heutigen Denken.

Ich fand Professor Haeckel nicht ganz erfreut darüber, dass er seinen populären Ruf einem seiner Werke verdankte, auf das er am wenigsten stolz war. Er schien es fast genauso wenig zu schätzen wie seine Gegner und gab offen zu, dass es Stil- und Inhaltsmängel gab. „Aber", sagte er im Wesentlichen zu mir, „ich hatte meine Philosophie vor mehr als dreißig Jahren in meiner ‚Allgemeinen Morphologie' mit der gebotenen Würde und Ordnung dargelegt, und niemand hat sie gelesen. Niemand liest sie jetzt, selbst wenn sie meine Ideen kritisieren." . Was blieb mir also anderes übrig, als sie auf eine Art und Weise zu präsentieren, die Aufmerksamkeit erregte?"

Wir müssen festhalten, dass er, um dieses breitere Publikum zu gewinnen, keines der gewöhnlichen Mittel nutzte, wie z. B. die Beschönigung unpopulärer Ansichten, das Auslassen trockener Details und die Vermeidung von Fachbegriffen. „Das Rätsel des Universums" ist nicht die Art von Schrift, die als „Populärwissenschaft" bezeichnet wird und die gemeinhin als notwendig angesehen wird, um die Aufmerksamkeit des Laienlesers zu erregen und ihn verständlich zu machen. Haeckel erörtert Fragen der Physiologie, Zoologie , Botanik, Paläontologie und Astronomie, jedes in seiner eigenen Sprache, die nackten Tatsachen dargelegt, ohne jede poetische Verkleidung oder blumige Verzierung. Weit davon entfernt, langen Wörtern auszuweichen , wenn es nötig ist, erfindet er sie, wenn sie unnötig sind. Nur wenige Männer haben so viel Wortprägung betrieben. Allein bei seiner Arbeit an den Radiolarien musste er mehr als 3500 neue Arten taufen, jeweils zwei Namen. Daher ist es kein Wunder, dass er, wenn er über Metaphysik und Religion spricht, an der Gewohnheit festhält, seine Sprache im Laufe der Zeit zu erfinden.

Bei anderen Autoren dieser Reihe musste ich aus den Blättern vieler Bände die Essenz ihrer Philosophie herausarbeiten. Manchmal musste ich Gedichte in Prosa übersetzen und manchmal vereinzelte Vorschläge und schwache Anspielungen zu einer kohärenten und kompakten Lehre zusammenfügen. Aber im Falle Haeckels ist meine Aufgabe einfach, denn nichts dergleichen ist notwendig. Er selbst hat seine Ansichten in prägnanter Form und klarster Sprache zum Ausdruck gebracht. Er hat genauso viel Freude an Glaubensbekenntnissen und dogmatischen Aussagen wie jeder scholastische Theologe, und er hat den gleichen unbedingten Glauben an Formeln, die alle Dinge im Himmel und auf Erden ausdrücken können. Ein Grund dafür, dass seine Konflikte mit dem Klerus so scharf und erbittert waren, liegt darin, dass er weitgehend die gleiche Denkweise hat und eine ähnliche Sprache verwendet. Normalerweise kreisen die Gegner im sogenannten Krieg zwischen Religion und Wissenschaft wie Doppelsterne hoffnungslos umeinander, ohne jemals in Kontakt zu kommen.

Die für unsere Zwecke geeignetste Formulierung von Haeckels Philosophie ist die, die er als eine Art Glaubensbekenntnis für seine Laienkirche, den Monistenbund , vorbereitet hat . Es wird hier vollständig und größtenteils wörtlich übersetzt, wenn auch in etwas gekürzter Form. [3]

Die dreißig Thesen des Monismus

I. – Theoretischer Monismus

1. Monistische Philosophie. Die einheitliche Weltanschauung basiert ausschließlich auf der soliden Grundlage wissenschaftlicher Erkenntnisse, die die menschliche Vernunft durch kritische Erfahrung erworben hat.

2. Empirismus. Dieses empirische Wissen wird teilweise durch Sinnesbeobachtungen der Außenwelt und teilweise durch bewusste Reflexion unserer mentalen Innenwelt erlangt.

3. Offenbarung. Im Gegensatz zu dieser monistischen Erkenntnistheorie steht das vorherrschende dualistische Weltbild, dass die tiefsten und wichtigsten Wahrheiten durch übernatürliche oder göttliche Offenbarung gewonnen werden können. All diese Ideen sind entweder auf obskure und unkritische Dogmen oder auf fromme Betrügereien zurückzuführen.

4. Apriorismus. Ebenso unhaltbar ist die Behauptung der kantischen Metaphysik, dass gewisse Erkenntnisse *a priori unabhängig von jeglicher Erfahrung* erworben werden .

5. Kosmologischer Monismus. Die Welt ist ein großes Ganzes, ein Kosmos, der von festen Gesetzen regiert wird.

6. Kosmologischer Dualismus. Die Vorstellung, dass es zwei Welten gibt, eine materielle oder natürliche und die andere spirituelle oder übernatürliche, entspringt Unwissenheit, unklarem Denken und mystischer Tradition.

7. Biophysik. Die Biologie ist nur ein Teil der allumfassenden physikalischen Wissenschaft und Lebewesen unterliegen denselben Gesetzen wie anorganische Materie.

8. Vitalismus. Die sogenannte „Lebenskraft", von der manche immer noch glauben, dass sie physikalische und chemische Prozesse im Organismus steuert und kontrolliert, ist ebenso fiktiv wie eine „kosmische Intelligenz".

9. Genesis. Organische Wesen und anorganische Natur wurden gleichermaßen durch einen großen Evolutionsprozess durch eine ununterbrochene Kette kausal verbundener Transformationen entwickelt. Ein Teil dieses universellen Evolutionsprozesses ist direkt spürbar; sein Anfang und sein Ende sind uns unbekannt.

10. Schöpfung. Die Vorstellung, dass ein persönlicher Schöpfer die Welt aus dem Nichts erschuf und seinen schöpferischen Gedanken in Form von Organismen verkörperte, muss aufgegeben werden. Einen solchen anthropomorphen Schöpfer gibt es ebenso wenig wie eine von ihm verordnete „moralische Weltordnung" oder eine „göttliche Vorsehung".

11. Abstammungstheorie. Dass alle existierenden Lebewesen die transformierten Nachkommen einer langen Reihe ausgestorbener Organismen sind, die sich im Laufe von Millionen von Jahren entwickelt haben, wird durch vergleichende Anatomie, Ontogenese und Paläontologie bewiesen. Diese biogenetische Transformation ist etabliert, unabhängig davon, ob wir sie durch Selektion, Mutation oder eine andere Theorie erklären.

12. Archigonie . Als die Erdkruste ausreichend abgekühlt war, entstand organisches Leben durch die Katalyse kolloidaler Kohlenstoff- und Stickstoffverbindungen in Form strukturloser Plasmakügelchen (Monera), die heute durch die Chromoceæ repräsentiert werden .

13. Plasmastoffwechsel . Die unzähligen Formen des pflanzlichen und tierischen Lebens sind aus der unaufhörlichen Transformation der lebenden Substanz entstanden, wobei die physiologischen Funktionen der Variation und Vererbung die wichtigsten Faktoren sind.

14. Phytogenese . Alle Pflanzen und Tiere bilden einen einzigen Stammbaum, der in der Monera verwurzelt ist.

15. Anthropogenie. Die Stellung des Menschen in der Natur ist mittlerweile vollständig verstanden. Er weist alle Merkmale der Wirbeltiere und Säugetiere auf und hat sich im späteren Tertiär aus dieser Klasse entwickelt.

16. Pithecoid- Theorie. Der Mensch ist den schwanzlosen Affen am nächsten verwandt, stammt jedoch von keiner der existierenden Formen ab. Vielmehr sind die gemeinsamen Vorfahren aller Menschenaffen und des Menschen in den früher ausgestorbenen Altweltaffenarten (Pithecanthropus) zu suchen .

17. Athanismus . Die Seele besteht aus der Gesamtheit der Gehirnfunktionen. Dieses Seelen- oder Gedankenorgan des Menschen, ein bestimmter Bereich der Großhirnrinde, funktioniert nach den gleichen Gesetzen der Psychophysik wie bei den anderen Säugetieren. Diese Funktion endet natürlich mit dem Tod, daher ist es heutzutage völlig absurd, an „die persönliche Unsterblichkeit der Seele" zu glauben.

18. Indeterminismus. Der menschliche Wille ist wie alle anderen Funktionen des Gehirns (Empfindung, Vorstellungskraft, rationales Denken) von der Anatomie dieses Organs abhängig und wird notwendigerweise durch die vererbten und erworbenen Eigenschaften des individuellen Gehirns bestimmt. Die alte Lehre vom „freien Willen" wird daher als unhaltbar angesehen und muss der gegenteiligen Lehre des Determinismus weichen.

19. Gott. Wenn unter diesem mehrdeutigen Begriff ein persönliches „höchstes Wesen" verstanden wird, ein Herrscher des Kosmos, der nach Art der Menschen denkt, liebt, erzeugt, regiert, belohnt, bestraft usw., muss ein solcher anthropomorpher Gott degradiert werden das Reich der mystischen Fiktion, unabhängig davon, ob dieser persönliche Gott eine menschliche Gestalt annimmt oder als unsichtbarer Geist oder als „gasförmiges Wirbeltier" betrachtet wird. Für die moderne Wissenschaft ist die Vorstellung von Gott nur insoweit haltbar, als wir in diesem „Gott" die ultimative, unerkennbare Ursache der Dinge, die unbewusste hypothetische „erste Ursache der Substanz" erkennen.

20. Gesetz der Substanz. Das ältere chemische Gesetz der Erhaltung der Materie (Lavoisier, 1789) und das neuere physikalische Gesetz der Erhaltung der Energie (Mayer, 1842) wurden später (1892) durch unseren Monismus zu einem einzigen großen universellen Gesetz vereint, denn wir erkannten die Materie und Energie (Körper und Geist) als untrennbare Attribute der Substanz (Spinoza).

II. – Praktischer Monismus

21. Soziologie. Die Kultur, die die menschliche Rasse über die anderen Tiere erhoben und ihr die Herrschaft über die Erde verschafft hat, beruht auf der rationalen Zusammenarbeit der Menschen in der Gesellschaft mit einer durchgängigen Arbeitsteilung und der gegenseitigen Abhängigkeit der arbeitenden Klassen. Bei den Herdentieren (vor allem den Primaten) sind die biologischen Grundlagen der Gesellschaft bereits spürbar. Ihre Herden und

Gruppen werden durch den sozialen Instinkt (erbliche Gewohnheiten) zusammengehalten.

22. Verfassung und Gesetze. Die rationale Ordnung der Gesellschaft und ihre Regulierung durch Gesetze können durch verschiedene Regierungsformen erreicht werden, deren Hauptziel eine gerechte Nomokratie, die Errichtung einer weltlichen Macht auf der Grundlage von Gerechtigkeit, ist. Die Gesetze, die die Freiheit des Bürgers zum Wohle der Gesellschaft einschränken, sollten ausschließlich auf der nationalen Anwendung der Naturwissenschaft basieren und nicht auf ehrwürdigen Traditionen (überlieferten Gewohnheiten).

23. Kirche und Glaubensbekenntnis. Andererseits sollten alle Mittel eingesetzt werden, um die Hierarchie zu bekämpfen, die die weltliche Macht mit einem spirituellen Mantel umhüllt und die Leichtgläubigkeit der unwissenden Massen ausnutzt, um ihre selbstsüchtigen Ziele voranzutreiben. Der Bekenntniszwang als besondere Form des Aberglaubens ist besonders anzugreifen, da er nur dazu dient, die Unterscheidung zwischen Andersgläubigen hervorzurufen. Die angestrebte Trennung von Kirche und Staat soll so erfolgen, dass der Staat alle Formen des Glaubens gleichermaßen frei lässt und gleichzeitig ihre praktischen Eingriffe einschränkt. Die geistliche Macht (Theokratie) muss immer der weltlichen Regierung (Nomokratie) untergeordnet sein.

24. Papistik. Die stärkste Hierarchie, die heute die spirituelle Herrschaft über den größten Teil der zivilisierten Welt ausübt, ist die Papistrie oder der Ultramontanismus. Obwohl diese mächtige politische Organisation in scharfem Widerspruch zur ursprünglichen Reinform des Christentums steht und ihre Insignien fälschlicherweise zur Machterlangung einsetzt, findet sie dennoch starke Unterstützung auch bei ihren natürlichen Gegnern, den weltlichen Fürsten. Im unvermeidlichen Kulturkampf gegen das Papismus ist es vor allem notwendig, seine drei stärksten Stützen, das Zölibat des Klerus, die Ohrbeichte und den Ablasshandel, per Gesetz abzuschaffen. Diese drei gefährlichen und unmoralischen Institutionen der neokatholischen Kirche sind dem ursprünglichen Christentum fremd. Auch die Stärkung des gesellschaftsgefährdenden Aberglaubens durch den Wunderkult (Lourdes, Marpingen) und den Reliquienkult (Aix la Chapelle, Trèves) soll gesetzlich verhindert werden.

25. Monistische Religion. Wenn wir unter Religion nicht einen abergläubischen Kult und ein irrationales Glaubensbekenntnis verstehen, sondern die Erhebung des Geistes durch die edelsten Gaben der Kunst und Wissenschaft, dann bildet der Monismus ein „Band zwischen Religion und Wissenschaft" (1892). Die drei Ideale dieser rationalen monistischen Religion sind Wahrheit, Tugend und Schönheit. In allen zivilisierten Staaten ist es die

Pflicht der Volksvertreter, dafür zu sorgen, dass die monistische Religion offiziell anerkannt und ihre Gleichberechtigung mit anderen Konfessionen sichergestellt wird.

26. Monistische Ethik. Die rationale Ethik, die Teil dieser monistischen Religion ist, leitet sich nach unserer modernen Evolutionstheorie von den sozialen Instinkten der höheren Tiere ab und nicht von einem dogmatischen „kategorischen Imperativ" (Kant). Wie alle höheren Herdentiere strebt der Mensch danach, das natürliche Gleichgewicht zwischen den beiden unterschiedlichen Verpflichtungen, dem Gebot des Egoismus und dem Gebot des Altruismus, zu erreichen. Das ethische Prinzip der „Goldenen Regel" hat diese doppelte Verpflichtung vor 2500 Jahren in der Maxime zum Ausdruck gebracht: „Tu anderen, was du möchtest, damit sie dir tun."

27. Monistische Schulen. In den meisten zivilisierten Ländern und insbesondere in Deutschland ist der Unterricht der Jugend in der Ober- und Unterstufe noch weitgehend in Fesseln gebunden, die die scholastische Tradition des Mittelalters bis heute beibehalten hat. Nur die völlige Trennung von Kirche und Schule kann diese Fesseln lösen . Der vorherrschende konfessionelle oder dogmatische Religionsunterricht soll durch vergleichende Religionsgeschichte und monistische Ethik ersetzt werden. Der Einfluss des Klerus jeglicher Konfession soll aus der Schule entfernt werden. Die unvermeidliche Schulreform muss auf der Grundlage moderner Naturwissenschaften durchgeführt werden. Der größte Teil der Bildung sollte nicht dem Studium der klassischen Sprache und Geschichte gewidmet werden, sondern den verschiedenen Zweigen der Naturwissenschaften, insbesondere der Anthropologie und der Evolutionstheorie.

28. Monistische Bildung. Da die gesunde Entwicklung der Seele (als Funktion der Großhirnrinde) eng mit der des übrigen Organismus verbunden ist, muss die monistische Erziehung der Jugend, frei von den dogmatischen Lehren der Kirche, auf den Aufbau von Seele und Körper abzielen ebenso von frühester Jugend an. Tägliche Gymnastik, Bäder und Übungen, Spaziergänge und Touren müssen den Organismus von früher Jugend an entwickeln und stärken. Beobachtung und Liebe zur Natur werden dadurch geweckt und intensiviert. Durch öffentliche Bibliotheken, Fortbildungsschulen und populäre monistische Vorlesungen werden die Fortgeschrittenen mit geistiger Nahrung versorgt.

29. Monistische Kultur. Der bewundernswerte Höhepunkt der Kultur, den die Menschheit im 19. Jahrhundert erreicht hat, der erstaunliche Fortschritt der Wissenschaft und ihre praktischen Anwendungen in Technik, Industrie, Medizin usw. geben Anlass zu der Erwartung, dass die Kultur im 20. Jahrhundert noch weiter wachsen wird. Dieser wünschenswerte Fortschritt wird dann jedoch nur dann möglich sein, wenn die ausgetretenen Pfade der

traditionellen Dogmen und des klerikalen Aberglaubens aufgegeben werden und stattdessen eine rationale monistische Naturerkenntnis die Oberhand gewinnt.

30. Der Monistenbund . Um die natürliche Einheitstheorie des Universums in den weitesten Kreisen zu verbreiten und die wohltuenden Früchte des theoretischen Monismus praktisch zu verwirklichen, ist es wünschenswert, dass alle Bemühungen in dieser Richtung durch die Gründung einzelner monistischer Gesellschaften einen gemeinsamen Anwendungspunkt finden. In diesem universalen monistischen Verband finden nicht nur alle Freidenker und alle Anhänger der monistischen Philosophie Platz, sondern auch freie Gemeinden, ethische Gesellschaften und freireligiöse Vereinigungen usw., die die reine Vernunft als einzige Regel ihres Denkens und Handelns anerkennen und kein Glaube an traditionelle Dogmen und vorgetäuschte Offenbarungen.

Es besteht eine starke formale Ähnlichkeit zwischen diesem Glaubensbekenntnis der monistischen Religion und den Glaubensbekenntnissen, die von vielen anderen Religionen in der Weltgeschichte formuliert wurden; das gleiche Nebeneinander von Kosmogonie und Ethik ohne erkennbaren Zusammenhang; die gleiche Mischung aus Grundlegendem und Trivialem, Dauerhaftem und Vergänglichem; die gleiche Bekräftigung idealistischer Ziele, vermischt mit Angriffen auf die angeblichen Überzeugungen der Opposition.

Es ist nicht meine Absicht in diesem Buch, die von mir dargelegten Ansichten zu kritisieren oder meine persönliche Meinung aufzudrängen, daher werde ich dieses monistische Glaubensbekenntnis nicht diskutieren, außer um auf den auffälligen Kontrast zwischen den theoretischen und praktischen Teilen der Aussage hinzuweisen. Das zweite ist keineswegs eine Schlussfolgerung vom ersten, und sie sind in ihrem Charakter so unterschiedlich, dass sie wie eine Enttäuschung wirken. Haeckels Grundprinzipien sind kühn und revolutionär. Seine praktischen Schlussfolgerungen sind schüchtern und konventionell. Es wäre eine langweilige Fakultätssitzung, die nicht ketzerischere Ansichten über Bildung hervorbringen würde, als Haeckel zum Ausdruck bringt. Warum ist es notwendig, die Zinnen des Himmels zu stürmen und eine neue Erde zu erschaffen, um Griechisch zur Pflicht zu machen und die Schüler zum Baden und Spazierengehen zu bewegen? [4] Jede Sitzung der American Sociological Society wird von angesehenen und angesehenen Professoren mehr Vorschläge für die radikale Neuorganisation der Gesellschaft hervorbringen, als in allen Werken Haeckels zu finden sind. Er scheint blind für die offensichtlichen Übel seines Landes zu sein, die Last des Militarismus, die

Unterdrückung durch die Regierung, den Klassenkonflikt, das Landmonopol, die Ungerechtigkeit des erblichen Ranges, den Aberglauben des Königtums und dergleichen . Wenn er diese überhaupt berührt, dann in milder und vorsichtiger Weise. Seine Dankbarkeit gegenüber dem Großherzog, der so freundlich war, ihn in Ruhe zu lassen, drückt sich in einer Sprache aus, die für amerikanische Ohren kriecherisch klingt. Sein ganzer Zorn richtet sich gegen die Kirche, sowohl die protestantische als auch die katholische, dennoch blieb er bis zu seinem 77. Lebensjahr Mitglied der orthodoxen lutherischen Kirche. Natürlich ist es Haeckel nicht eigen, radikal im Denken und konventionell in der Praxis zu sein. Es ist den meisten Denkern gemeinsam, in seinem Fall ist es jedoch besonders auffällig.

Die von ihm befürworteten Reformen der gesellschaftlichen Bräuche fallen überwiegend sehr moderat aus. Er ist selbst Nichtraucher und findet, dass die deutschen Studenten dem Bier und dem Duell zu viel Aufmerksamkeit widmen. Das ist vernünftig, aber nicht überraschend. Er protestiert gegen die Tyrannei der Mode und prangert Korsetts als gesundheitsschädlich an. [5] Darin würden ihm jedoch die meisten Männer und nicht wenige Frauen zustimmen. Er behauptet, dass die Ehe kein Sakrament, sondern ein zivilrechtlicher Vertrag sei und als solcher aufgelöst werden könne [6]. Dies ist eine gemeinsame Lehre im Hebräischen und Puritaner. Eines der Hauptziele der Gründung des Monistenbundes war die Durchsetzung der Trennung von Kirche und Staat und die Säkularisierung der Schulen. Dies scheint so offensichtlich gerecht und wünschenswert zu sein, dass es für uns schwer ist, zu erkennen, aus welchen Gründen man dagegen sein sollte. Und was die in Artikel 25 zum Ausdruck gebrachten Forderungen angeht, ist es für uns fast unvorstellbar, dass eine Regierung einem Mann das Recht verweigern könnte, sich zum Monisten statt zum Lutheraner oder Hebräer zu erklären, wenn er das möchte.

In unserem eigenen freien Land kann jeder eine eigene Kirche gründen, wenn er Anhänger findet, und wenn er lieber keiner Kirche angehören möchte, geht es niemanden außer ihm etwas an. Nicht so in Deutschland, wo ein Mann auf Schritt und Tritt seine Religion sowie sein Alter und seinen Beruf angeben muss. Auch wenn er nichts weiter will als eine Baugenehmigung oder eine Ermäßigung seiner Bahnfahrpreise, ist er zu einem Glaubensbekenntnis aufgerufen. Und es muss eine der wenigen vom Staat offiziell anerkannten Religionen sein; Keine der „Schicksalreligionen" wird die Prüfung bestehen. Ein Mann, der erklärt, er sei kein Mitglied einer etablierten Kirche, *konfessionslos* , wird mit Argwohn als eine Art Gesetzloser betrachtet. Unter diesen Umständen besucht natürlich ein großer Teil der Anhänger der Staatskirchen nie die Gottesdienste und glaubt nicht an das Glaubensbekenntnis, zu dem sie sich bekennen.

In Deutschland findet derzeit etwas statt, was man eine „antichristliche Erweckung" nennen könnte. In den Städten finden längere Versammlungen statt, bei denen monistische Missionare die Menschen ermahnen, die Kirche zu verlassen, und am Ende werden die Konvertiten aufgefordert, aufzustehen und gezählt zu werden. Im Jahr 1913, während einer stürmischen Kampagne zur Weihnachtszeit in Berlin, fanden 16 Versammlungen statt, an denen 13.000 Menschen teilnahmen, von denen 2343 ihre Absicht verkündeten, sich formell von den Kirchen zu trennen, denen sie nominell angehören . Die monistischen Einheimischen, die unabhängigen Gemeinden und die freigeistigen Gesellschaften haben sich unter der Leitung eines zentralen *Komitees zusammengeschlossen Konfessionslos* . Seltsamerweise steht die Sozialdemokratische Partei, die in ihren Anfängen so entschieden antiklerikal war, von der Bewegung distanziert und scheint sie mit Missfallen zu betrachten.

Ziel dieser *Kirchenaustrittsbewegung ist es, die völlige Trennung von Kirche und Staat* herbeizuführen und dem Einzelnen die Freiheit der Religionswahl zu sichern. Es deutet daher nicht auf eine so große Zunahme der Irreligion hin, wie es auf den ersten Blick scheint. Im Gegenteil wird es dazu tendieren, den Anteil der Heuchelei zu verringern und das Entstehen neuer Formen religiöser Vereinigungen zu ermöglichen, die besser an die Zeit angepasst sind als die etablierten Kirchen. Es hat bereits einen nützlichen Reflex ausgelöst. Aus Amerika wurde der „Go-to-Church Sunday" eingeführt und die Landeskirchen zeigen so viele Lebenszeichen wie schon lange nicht mehr.

Offensichtlich wäre es Haeckel gegenüber ungerecht, anzunehmen, dass die praktischen Reformen, die er befürwortet, uns abgedroschen und schüchtern erscheinen, in Deutschland weder Scharfsinn noch Mut erfordern. Tatsache ist, dass Deutschland, obwohl es intellektuell fortgeschritten ist, in seiner Regierung und seinen Bräuchen immer noch mittelalterlich ist. Wenn zum Beispiel ein deutscher Geistlicher dieses Land besuchen und im Haus eines amerikanischen Geistlichen übernachten sollte, wäre dieser wahrscheinlich über die Ansichten des Besuchers über die Irrtumslosigkeit der Heiligen Schrift und den Wert von Bier beunruhigt Andererseits wäre der Deutsche ebenso schockiert, wenn er hören würde, wie sein ehrwürdiger Freund weltliche Schulen befürwortet und das göttliche Recht der Könige lächerlich macht.

Haeckel übernimmt die Grundprinzipien der christlichen Ethik praktisch intakt und macht die Goldene Regel zur Grundlage seines Systems, weigert sich jedoch charakteristischerweise, Jesus irgendeine Anerkennung dafür zuzusprechen, indem er sagt, sie habe einen „polyphyletischen Ursprung". Er greift tatsächlich bestimmte extreme Formen davon an, Askese, Herabwürdigung des Familienlebens, absolute Selbstaufopferung usw., aber er übernimmt im Wesentlichen die moralischen Maßstäbe, die die christlichen Männer seiner Zeit und Umgebung bekennen und zu praktizieren versuchen. Ich sage nicht, dass es falsch ist, Ethik vom Christentum zu übernehmen. Ich glaube nicht, dass er es besser machen könnte. Aber er hätte der Welt einen großen Dienst erwiesen, wenn er, anstatt ein fertiges ethisches System zu übernehmen, es auf der Grundlage seines Grundprinzips der Evolution entwickelt hätte, wie es Spencer, Drummond und Kropotkin versucht haben. Wenn er dabei zu den gleichen Schlussfolgerungen gelangt wäre wie die christlichen Moralisten, wäre seine Hilfe gerade jetzt von unschätzbarem Wert gewesen, da es fast zum ersten Mal Angriffe weniger auf die Theologie als vielmehr auf die Ethik des Christentums gibt , und dies auch im Namen der Wissenschaft. Die Luft ist erfüllt von Fragen, die sich in Haeckels eigentümlichem Fachgebiet stellen. Hat Nietzsche zum Beispiel das Recht, rücksichtslosen Egoismus als logische Lektion der Evolution zu predigen? Oder ist es wahr, wie viele heute sagen, dass die Erhaltung und der Schutz der Schwachen an Körper und Geist zwangsläufig zur Degeneration der Rasse führen? In den beiläufigen Hinweisen, die er auf diese Fragen macht, [7] verurteilt er Nietzsche, befürwortet aber die Sterbehilfe für hoffnungslos Kranke, wobei er die erste Schlussfolgerung aus seiner „eigenen persönlichen Meinung" und die zweite aus „reiner Vernunft" zieht. Als individuelle Ansichten eines Evolutionisten sind diese interessant und sogar wertvoll, aber sie können kaum als etablierte Prinzipien der Wissenschaft der Evolutionsethik angesehen werden.

Haeckels Politik lässt sich so zusammenfassen, dass er antiklerikal ist und nicht viel mehr. Er kümmert sich wenig um die Regierungsform oder die wirtschaftlichen Verhältnisse und betrachtet sie sogar als vergleichsweise unwichtige Angelegenheiten.

Die monistische und die sozialistische Bewegung in Deutschland sind eng miteinander verbunden, aber hauptsächlich, so scheint es mir, weil beide antiklerikal sind und nicht weil die Evolutionsphilosophie notwendigerweise entweder zur Demokratie oder zum Sozialismus führt. Viele Sozialdemokraten bekennen sich zu Monisten, und zweifellos würde ein großer Teil dieser Partei in Religionsfragen mit Haeckel übereinstimmen. Andererseits können sie aus der monistischen Literatur kaum oder gar keine Unterstützung für ihre Lehren ableiten. Seine Meinung äußert Haeckel mit gewohnter Offenheit in einem Beitrag für Maximilian Hardens Magazin, der mit den Worten endet:

Ich bin sicherlich kein Freund von Herrn Bebel, der mich immer wieder angegriffen und unter anderem in seinem Buch über die Frau verleumdet hat. Außerdem halte ich die utopischen Ziele der offiziellen Sozialdemokratie für undurchführbar und ihren idealen künftigen Zustand als großes Arbeitshaus. Das kann mich jedoch nicht davon abhalten, den Kern der Gerechtigkeit in der großen sozialen Bewegung zu erkennen. Dass dies durch die repressiven Maßnahmen des Berliner Rates, durch die Macht der Polizei und der Staatsanwälte überwunden werden kann, kann nur jemand glauben, der weder die Geschichte noch die Naturgeschichte der Menschheit kennt. – Zukunft, 1895 , *Nr* . 18. Zitiert in der Einleitung zu „ Frei Wissenschaft und freie Lehre ", S. 9.

Die immense Popularität von „Das Rätsel des Universums" ist meiner Meinung nach größtenteils auf die Persönlichkeit des Autors zurückzuführen. Der Mann hinter der Waffe gab ihr Kraft. Ich meine nicht, dass die Resonanz, die das Buch erhielt, auf Haeckels Ansehen als Zoologe zurückzuführen war . Die Außenwelt weiß wenig und kümmert sich weniger um den Ruf der Wissenschaft. Vielmehr offenbarte das Buch einen Mann mit enormem Ernst, der sich zu Fragen von größtem Interesse für alle entschieden hatte und der seine Gedanken in der klarsten und eindringlichsten Sprache sagte, ohne Rücksicht darauf, wessen Gefühle er verletzte. „Das Rätsel des Universums" und „Die Wunder des Lebens" sind meiner Meinung nach als Beiträge zur Psychologie des Genies wertvoller als zur Philosophie. Das persönliche Interesse, das er geweckt hat, wird durch die Tausenden von Briefen deutlich, die er zu diesen Büchern erhielt und immer noch erhält, deren Tonfall von herzlichem Mitgefühl bis zu wütender Feindseligkeit reicht. Schon vor Jahren musste er auf die Aufgabe verzichten, sie ohne einen ausgedruckten Zettel zu beantworten.

Nur wenige Bücher haben jemals so heftige Kontroversen ausgelöst. Hunderte von Kritiken und Antworten wurden veröffentlicht, und auch fünfzehn Jahre später erscheinen häufig neue . Das Buch sollte das Feuer des Feindes, des Klerikalismus, auf sich ziehen, und das tat es auch. Auch die Philosophie des Lehrstuhls wurde nicht positiv aufgenommen. In diesem Punkt genügt es, die scharfe Kritik von Professor Friedrich Paulsen von der Universität Berlin zu zitieren, dessen idealistischer Monismus in direkten Kontakt mit Haeckels materialistischem Monismus kommt:

„Ich habe dieses Buch mit brennender Scham über den Zustand der allgemeinen Kultur und der philosophischen Kultur unseres Volkes gelesen. Dass ein solches Buch möglich war, dass es von einem Volk, das Ansprüche stellt, geschrieben, gedruckt, verkauft, gelesen, bewundert und geglaubt werden konnte." Ein Kant, ein Goethe, ein Schopenhauer ist schmerzhaft."

Wissenschaft verteidigt . Dies war größtenteils in der Evolutionskontroverse der Fall. Der wahre „Ursprung der Arten" lag im wissenschaftlichen Denken. Es war die Wissenschaft, die entdeckte, dass alle vielfältigen Formen des Pflanzen- und Tierlebens in verschiedene Typen eingeteilt werden können, die, wie sie zu voreilig annahm, absolut getrennt und fest seien. Als die Wissenschaft später diese Ansicht revidierte, stellte sie fest, dass die Unveränderlichkeit der Arten inzwischen irgendwie zu einem theologischen

Dogma geworden war, das von Geistlichen, die eine Art nicht von einer Gattung unterscheiden konnten, eifrig verteidigt werden musste.

Das Gleiche gilt für die Theorie der spontanen Zeugung bzw. der Entstehung von Lebewesen aus unbelebter Materie. Dies war früher eine gute christliche Lehre, die vom heiligen Augustinus angenommen und von den mittelalterlichen Gelehrten gelehrt wurde, und als der italienische Arzt Francisco Redi 1674 zeigte, dass die Maden, die in toter Materie auftauchten, aus Eiern stammten, wurde er wegen Unglaubens verfolgt. Es wurde jedoch immer noch behauptet, dass in Bouillon und Heuaufgüssen spontan mikroskopisch kleine lebende Formen entstehen könnten, bis Pasteur bewies, dass dies falsch war, denn in versiegelten und sterilisierten Röhrchen ist keine Spur von Leben zu sehen. Solche negativen Experimente sind natürlich nicht geeignet, zu beweisen, dass irgendwann und unter anderen Bedingungen möglicherweise kein Leben aus dem Nichtleben entstehen könnte. Seltsamerweise übernahmen Haeckels theologische Gegner jedoch freiwillig diese unhaltbare Position und führten Krieg gegen ihn, insbesondere weil er glaubte, dass sich beim Abkühlen der Erdkruste Verbindungen der Blausäure in Kügelchen von Albumin umwandelten, aus denen sich einzellige Organismen entwickelten.

Die einzige Alternativhypothese, die hierzu aufgestellt wurde, ist die von Arrhenius vertretene, dass die Lebenskeime möglicherweise von einem anderen Planeten in Meteoriten eingeschleppt wurden oder frei im Weltraum schwebten und durch Strahlungsenergie angetrieben wurden. Dies ist anscheinend nicht unmöglich, aber es scheint eine sehr gewalttätige Annahme zu sein, die viel schwieriger zu akzeptieren ist als die andere, die der Abiogenese. Denn die Mauer zwischen dem Organischen und dem Anorganischen ist vollständig niedergerissen, und die zwischen dem Lebendigen und dem Nichtlebenden wird von beiden Seiten durchbohrt. Einerseits ist es uns gelungen, so komplexe organische Moleküle wie Zucker und Protein künstlich herzustellen. Andererseits wurde festgestellt, dass es möglich ist, in silikatischen und metallischen Lösungen Nachahmungszellen herzustellen, die wachsen, sich bewegen, Pseudopodien hervorbringen, ihre Nahrung auswählen, sich durch Spaltung vermehren und viele der charakteristischen Formen des pflanzlichen und tierischen Lebens annehmen. In mehr als einem Labor werden hoffentlich immer noch Experimente zur Entstehung von Leben durchgeführt, und die Bekanntgabe ihres Erfolgs würde die Biologen im Allgemeinen nicht überraschen. Aber auch wenn die Abiogenese als Laborexperiment für immer unmöglich bleiben sollte, wäre sie als Hypothese über die Entstehung des Lebens unter den außergewöhnlichen Bedingungen einer früheren Phase der Weltgeschichte nicht unhaltbar. Eine solche Annahme, ob wahr oder nicht, ist zumindest nicht irreligiöser als die Anerkennung der Tatsache, dass sich unbelebte Materie in unserem eigenen Körper kontinuierlich in lebende Materie umwandelt.

Der Band lud zum Angriff ein, weil er nicht nur absichtlich provokativ, sondern auch ungewollt verletzlich war. Man muss nicht besonders gebildet sein, um darin gelegentliche Fehler sowie viele extravagante und fragwürdige Aussagen zu entdecken. Die Tatsache, dass nur wenige Menschen ein so breites Themenspektrum behandeln konnten, ohne mehr Fehler zu machen als Haeckel, schützte ihn natürlich nicht vor Kritik. Huxley, dem es genauso viel Freude bereitete wie Haeckel, sich mit dem Klerus zu streiten, achtete sorgfältiger darauf, sich vor Gegenangriffen zu schützen. Wenn eine Diskussion über Dämonologie unerwartet zur Frage nach dem genauen Status des Bezirks Gadara im Römischen Reich führte, war er bereit, seinen Gegnern sowohl auf diesem Gebiet als auch in der Biologie entgegenzutreten. Nicht so Haeckel. Er übernimmt seine Kirchengeschichte von ungläubigen Pamphletisten [8] und karikiert rücksichtslos den christlichen Glauben. Indem er das Dogma der Unbefleckten Empfängnis Mariens angreift, verwechselt er es mit dem Dogma der jungfräulichen Geburt Christi und verwendet gleichzeitig eine Sprache, die für diejenigen, die die Mutter Jesu mit Anbetung betrachten, unnötig beleidigend ist. [9]

Gegen Haeckel erhob später Dr. Brass einen schwerwiegenderen Vorwurf als die Unkenntnis der Kirchengeschichte, nämlich, dass er durch die Fälschung seiner Zeichnungen von Embryonen Beweise zur Stützung seiner Evolutionstheorie erfunden und unter anderem Wirbel entfernt habe Sie stammten aus dem Schwanz eines Affenembryos und hatten das Rückgrat eines menschlichen Embryos verlängert, um die Ähnlichkeit zu verstärken. Da Genauigkeit die Seele der Wissenschaft ist, ist dies genauso schwerwiegend, wie es beispielsweise wäre, einem Pfarrer die Predigt von Wundern vorzuwerfen, obwohl er nicht daran glaubt. In seiner Antwort räumte Haeckel ein

dass ein kleiner Teil meiner zahlreichen Embryobilder (vielleicht sechs oder acht Prozent) tatsächlich „gefälscht" (im Sinne von Doktor Brass) sind, und zwar alle, bei denen das zur Beobachtung vorliegende Material so unvollständig oder unbefriedigend war war gezwungen, die Lücken durch Hypothesen zu füllen und die fehlenden Glieder durch vergleichende Synthese zu rekonstruieren, um eine zusammenhängende Evolutionskette zu erzeugen.

Haeckel bestreitet nachdrücklich jede Täuschung oder Falschdarstellung und macht darauf aufmerksam, dass solche schematischen und rekonstruierten Zeichnungen allen physiologischen Werken gemeinsam sind und notwendig sind, um die gewünschten Punkte hervorzuheben. Ob Haeckel die zulässigen Grenzen einer solchen Schematisierung des Materials überschritten hat , kann ich nicht beurteilen. 36 deutsche Wissenschaftler unterzeichneten eine Verurteilung Haeckels; 47 deutsche Wissenschaftler unterzeichneten eine Verurteilung von Brass und dem Keplerbund , „obwohl ihnen die Art der Schematisierung, die Haeckel in einigen Fällen praktizierte, nicht gefiel" . Die Zahlen haben keine Bedeutung, da Mehrheiten nie etwas außer der Meinungsabwägung entscheiden, aber die Gruppe, die Haeckel unterstützte, bestand aus mehr Embryologen und Zoologen als die andere.

Deshalb werde ich das Thema abtun, indem ich die Meinung eines Biologen und Evolutionisten zitiere, der Haeckels Beiträge zur Wissenschaft äußerst zu schätzen weiß. Professor VL Kellogg von der Stanford University sagt in seinem Überblick über die „Evolution des Menschen" in *der Wissenschaft* :

„Biologen sind sich wahrscheinlich nicht einig darüber, ob es ratsam ist, Haeckels ‚Evolution des Menschen' als Führer und Ratgeber zu diesem wichtigsten Evolutionsthema in die Hände des Laienlesers zu legen. Haeckel ist solch ein Proselytierer, solch ein Spötter und ..." Als Kämpfer derer, die anderer Meinung sind als er, kann man in seinen Büchern nicht nach dieser schlichten, ungeschminkten Darlegung von Tatsachen und der Beschreibung der Dinge, wie sie sind, suchen einer These, dieser Kampf für die Haeckesche Phylogenie und den Haeckeschen Monismus, all das sorgt für Interesse und Leben in seinen Schriften."

Diese ganze Angelegenheit ist ein eindrucksvolles Beispiel für Huxleys Beobachtung, dass eine Kontroverse immer eine unglückliche Tendenz zeigt, von der Frage, was richtig ist, auf die relativ unwichtige Frage abzurutschen, wer Recht hat. Haeckels Kritiker haben selten versucht, seine wissenschaftliche Arbeit zu bestreiten und wären in den meisten Fällen auch nicht in der Lage, darüber zu diskutieren. Selbst wenn er alle behaupteten Fehler begangen hätte, hätte dies keinen wesentlichen Einfluss auf seine wissenschaftlichen Schlussfolgerungen.

Wenn wir Haeckels Fehler zur Kenntnis nehmen, laufen wir Gefahr, das wunderbare konstruktive Genie des Mannes nicht zu würdigen; die schöpferische Vorstellungskraft, die für den großen Wissenschaftler noch mehr charakteristisch ist als für den großen Dichter. Es war diese Gabe, die es ihm ermöglichte, in einer Handvoll Schleim, den der *Challenger aus den Tiefen des Meeres* ausgebaggert hatte, ein geordnetes System von Lebewesen zu erkennen, in dem jedes mikroskopisch kleine Silikatskelett seine natürliche Nische fand. Es war diese Fähigkeit, die es ihm ermöglichte, maßgeblich zur Transformation der Zoologie beizutragen , von einer rein beobachtenden und beschreibenden Wissenschaft, wie sie zu Beginn seiner Arbeiten war, zu einer rationalen, experimentellen und prophetischen Wissenschaft, wie sie es war, als er sie abschloss . So wie Cuvier aus wenigen Knochenstücken ein ganzes Tier konstruieren konnte, so wagte Haeckel bereits 1865 den Versuch, aus verstreuten Arten einen Stammbaum zu konstruieren, der alle Lebewesen von der Monera bis zum Menschen umfasste. Vom Standpunkt unseres gegenwärtigen Wissens ist es fehlerhaft, aber dennoch muss es unsere Bewunderung hervorrufen, wegen der Einsicht, die er bei der Wahrnehmung natürlicher Zusammenhänge zeigte, und der Geschicklichkeit, mit der er die Lücken in seiner Lebenskette durch hypothetische Formen überbrückte. So wie der große russische Chemiker Mendeléef in der Lage war, damals unbekannte Elemente im Voraus zu beschreiben, die aber später entdeckt wurden und an die freien Plätze passten, die er ihnen in seinem Periodengesetz zugewiesen hatte, so wurden Haeckels Vorhersagen in vielen Fällen bestätigt spätere Wissenschaft. Es war sein Glück, Schädeldecke und Oberschenkelknochen des „Missing Link" in der Hand halten zu können, über das sich die Anti-Evolutionisten jahrelang lustig gemacht hatten. Der Affenmensch oder Pithecanthropus, den er 1885 beschrieben und benannt hatte, wurde 1894 von Dubois auf Java entdeckt. Der Geist von Haeckel ist so hochgespannt, dass er wie ein Zehntausend-Volt-Strom über die Lücken einer Demonstration springt.

Sein Bericht darüber, wie er dazu gebracht wurde, am Dogma der Unveränderlichkeit der Arten zu zweifeln, muss zitiert werden, weil er die Weisheit des Laborsprichworts hervorragend veranschaulicht: „Studiere die Ausnahmen. Sie beweisen eine andere Regel."

Das Problem der Konstanz oder Umwandlung von Arten fesselte mich mit lebhaftem Interesse, als ich vor zwanzig Jahren als zwölfjähriger Junge einen entschlossenen, aber erfolglosen Versuch unternahm, die „guten und schlechten Arten" der Brombeeren zu bestimmen und zu unterscheiden. Weiden, Rosen und Disteln. Jetzt blicke ich voller Genugtuung auf die Besorgnis und die schmerzhafte Skepsis zurück, die meine jugendlichen Gemüter bewegten, als ich schwankte und zögerte (in der Manier der meisten „guten Klassifikatoren", wie wir sie nannten), ob ich nur „gute" Exemplare in mein Herbarium aufnehmen sollte und das „Böse" abzulehnen oder das Letztere zu umarmen und eine vollständige Kette von Übergangsformen zwischen den „guten Arten" zu bilden, die all ihrem „Guten" ein Ende machen würden. Aus der damaligen Schwierigkeit bin ich durch einen Kompromiss herausgekommen, den ich allen Klassifikatoren empfehlen kann. Ich habe zwei Sammlungen gemacht. Die eine, nach offiziellen Grundsätzen geordnet, bot dem aufmerksamen Beobachter alle Arten in „typischen" Exemplaren als radikal unterschiedliche Formen an, jede mit ihrem hübschen Etikett versehen; die andere war eine Privatsammlung, die nur einem vertrauenswürdigen Freund gezeigt wurde und nur die abgelehnten Arten enthielt, die Goethe so glücklich nannte: „die charakterlosen oder ungeordneten Rassen, die wir kaum einer Art zuzuschreiben wagen, da sie sich in unendlichen Varianten verlieren". wie

Rubus , Salix , Verbascum , Hieracium, Rosa, Cirsium usw. Dabei veranschaulichte eine große Anzahl von Exemplaren, angeordnet in einer langen Reihe, den direkten Übergang von einer guten Art zur anderen. Sie waren die offiziell verbotene Frucht der Erkenntnis, an der ich in meinen Mußestunden eine heimliche, knabenhafte Freude hatte. – Bölsches „Leben des Haeckel", S. 38.

Ernst Heinrich Philipp August Haeckel, um ihm ausnahmsweise seinen vollen Taufnamen zu geben, wurde am 16. Februar 1834 in Potsdam geboren. Er verfügt über ein doppeltes Erbe an Talenten, denn sowohl die Haeckels als auch die Sethes, die Familie seiner Mutter, haben prominente Namen beigesteuert in die deutsche Geschichte ein, und die beiden Familien haben mehr als einmal untereinander geheiratet. Es ist eine merkwürdige Tatsache, dass Gustav Freytag in seiner Serie „Bilder aus der deutschen Vergangenheit" zwei von Haeckels Vorfahren zu seinen repräsentativen Männern des 19. Jahrhunderts ausgewählt haben soll: den Vater seiner Mutter, Christoph Sethe, Geheimrat und Verteidiger Preußens gegen Napoleon und seinen Vater, Karl Haeckel, Staatsrat.

Doch Ernst folgte nicht der Familientradition und wandte sich nicht dem Gesetz zu. Da er eine unverkennbare Neigung zu den Naturwissenschaften zeigte, ließ ihn sein Vater als Kompromissberuf zum Arzt ausbilden. Er nahm an einem Medizinstudium teil und stimmte im Gehorsam gegenüber dem Wunsch seines Vaters zu, den Beruf ein Jahr lang auszuüben, um zu sehen, ob er damit Erfolg haben könnte. Im Laufe des Jahres kamen nur drei Patienten zu ihm, was vielleicht daran lag, dass Haeckel, um Zeit für seine biologischen Forschungen zu gewinnen, seine Sprechstunde auf fünf bis sechs Uhr morgens festgelegt hatte. Sein Vater gab es dann auf, aus ihm einen Arzt zu machen, und erlaubte ihm 1859, nach Messina zu gehen, um Meerestiere zu studieren. Haeckel verlobte sich sofort mit seiner Cousine Anna Sethe und heiratete sie gleich nach seiner Anstellung in Jena. Ihr Glück war nur von kurzer Dauer. Zwei Jahre später starb sie und hinterließ den damals dreißigjährigen Haeckel so erschüttert, dass er das Gefühl hatte, den Schlag nicht lange überleben zu können, und so stürzte er sich in fieberhafter Eile an die Vorbereitung seiner „Allgemeinen Morphologie", um der Welt seine Wissenschaft zu überlassen und Philosophie in systematischer Form. Es wurde geschrieben und gedruckt, zwei dicke Bände mit mehr als zwölfhundert Seiten, in weniger als einem Jahr, in dem Haeckel wie ein Einsiedler lebte, den ganzen Tag und die halbe Nacht arbeitete und von den zwanzig Stunden kaum drei oder vier Stunden Schlaf bekam -vier.

Haeckel verewigte seine Frau, indem er ihr ein lebendes Denkmal statt eines aus Marmor oder Messing schenkte. Er benannte nach ihr eine seiner geliebten Medusen , eine feenartige Qualle, deren Masse aus langen, nachhängenden Tentakeln ihn an das blonde Haar seiner Frau erinnerte. Das

Mitrokom Ann? wird in seiner 1864 veröffentlichten „Monographie über die Medusen " beschrieben, und in einer Notiz heißt es, dass es so genannt wurde [10]

im Gedenken an meine liebe, unvergessene Frau Anna Sethe . Wenn es mir gegeben wird, während meiner irdischen Pilgerreise für Wissenschaft und Menschlichkeit etwas zu tun, verdanke ich es größtenteils dem gesegneten Einfluss meiner begabten Frau, die mir 1864 durch ein vorzeitiges Ende entrissen wurde.

Drei Jahre später heiratete er erneut Agnes Huschke, Tochter eines Jenaer Anatomen. Sie haben drei Kinder, zwei Töchter und einen Sohn, der das künstlerische Talent seines Vaters geerbt hat und sich in München der Kunst widmet.

Haeckels ästhetischer Geschmack zeigt sich nicht nur in den Tausenden von Gemälden und Zeichnungen, die seine Monographien füllen, sondern insbesondere in seinen „Kunstformen der Natur", die aus zehn Portfolios mit großen Farbtafeln bestehen, die seltsame und schöne Kreaturen aus allen Bereichen des Tierlebens darstellen vor allem aber in wenig bekannten niederen Formen, Fischen, Krebstieren, Korallen, Radiolarien , Kieselalgen und Desmiden. Hier sind echte Wasserspeier zu sehen, die grotesker sind, als die bloße Vorstellungskraft eines Bildhauers schaffen könnte. Hier finden Designer und Dekorateure Hunderte anregender Themen für fast jeden Zweck, so dass sie keine Entschuldigung haben, die abgedroschenen und traditionellen Formen so zu wiederholen, wie sie es tun.

Einen großen Teil dieser „Kunstformen" entdeckte Haeckel im Zuge seiner Untersuchungen des Tiefseelebens anhand des gesammelten Materials der *Challenger,* die 1872–1875 im Auftrag der britischen Regierung zur Erforschung des Ozeans eingesetzt wurde. Die Ergebnisse dieser Expedition, die in fünfzig großen Bänden veröffentlicht wurden, stellten den größten Beitrag zur Ozeanographie dar, der jemals geleistet wurde. Haeckel steuerte die Bände über die Medusen , die Siphonophora , die Keratosa und die Radiolarien bei . Den Radiolarien widmete Haeckel zehn Jahre (1877–1887) und beschrieb 4318 Arten und 739 Gattungen, ausgehend von den seltsam komplizierten Kieselskeletten, die diese winzigen einzelligen Lebewesen auf dem Meeresgrund abgelagert hatten.

Obwohl sich Haeckels Leben weitgehend der eingehenden Erforschung der kleinsten Lebensformen widmete, verlor er dennoch nie die umfassenderen Aspekte seiner Wissenschaft aus den Augen. Es scheint, als hätte er das Bedürfnis verspürt, seine Augen auszuruhen, indem er sie vom Mikroskop hob und aus dem Fenster blickte, um sich auf die Unendlichkeit zu konzentrieren. Haeckel ist im Grunde ein Spezialist mit einer Vorliebe für Verallgemeinerungen. Er begrüßte den Wandel im Gedankengang, der am

Ende des 19. Jahrhunderts einsetzte, die Bemühungen des neuen Jahrhunderts, den inneren Sinn der Masse verschiedener Fakten zu ergründen, die das alte Jahrhundert angehäuft hatte. Mit der Absicht, diese Bewegung zu unterstützen, verfasste er im Alter von 65 Jahren sein „Rätsel des Universums" und wollte damit den endgültigen Ausdruck seiner Weltanschauung darstellen, eine fragmentarische Skizze statt einer vollständigen „System der monistischen Philosophie", das er vor vielen Jahren entworfen hatte und jetzt nicht hoffen konnte, es zu vollenden. Doch fünf Jahre später ergänzte er dies durch einen ähnlich populären Band, „The Wonders of Life", in dem er auf bestimmte Kritikpunkte antwortet und die biologischen Prinzipien erläutert, auf denen seine Philosophie basiert. Im Gegensatz zum „Rätsel" wurde dieses Werk nicht in unterschiedlichen Abständen über viele Jahre hinweg komponiert, sondern ununterbrochen während seines viermonatigen Aufenthaltes in Rapallo an der italienischen Riviera geschrieben

angeregt durch den ständigen Anblick des blauen Mittelmeers, dessen unzählige Bewohner fünfzig Jahre lang so reichlich Material für meine biologischen Studien geboten hatten; und meine einsamen Spaziergänge in den wilden Schluchten des ligurischen Apennins und das bewegende Schauspiel seiner waldbekrönten Altäre inspirierten mich mit einem Gefühl der Einheit der lebendigen Natur – ein Gefühl, das beim Studium der Details nur allzu leicht verblasst Labor.

Professor Haeckel schied 1909 im Alter von 75 Jahren aus dem aktiven Dienst als Lehrer und Forscher aus. „ In der Tat bin ich ganz und gar ein Kind des 19. Jahrhunderts, und mit seinem Ende ziehe ich den Schlussstrich unter mein Lebenswerk", sagte er, und die Veröffentlichung von „The Wonders of Life" im Jahr 1904 bestätigt dies eher, als dass es widerspricht, denn es zeigt es er behält seine Position völlig unerschüttert durch die Revolution, die im philosophischen Denken stattgefunden hat. Wie Herbert Spencer erlebte er eine Reaktion gegen viele der Meinungen, für die er am ernsthaftesten kämpfte.

Das 19. Jahrhundert war sich vieler Dinge sicher, an denen das 20. Jahrhundert zweifelte. Wir sind nicht so sicher, dass, wie Haeckel sagt, alles auf die Bewegung der Atome zurückgeführt werden kann. Das Atom selbst zerfällt, und was ist die Bewegung? Der Äther, an dessen Realität Haeckel unbedingt glaubt, ist für uns eine zweifelhafte, vielleicht unnötige Hypothese. Vitalismus und Teleologie kehren in neuen Formen in die Biologie zurück. Pluralismus, nicht Monismus, ist die Mode der Zeit, und manche führen ihn fast zum Polytheismus. Der Indeterminismus findet heutzutage mehr Befürworter als der Determinismus. Haeckel macht den ersten Hauptsatz der Thermodynamik (Energieerhaltung) zu einem der Eckpfeiler seiner

Philosophie, schenkt dem zweiten (Energieabbau) jedoch wenig Beachtung. Das moderne Denken hält das zweite Gesetz für wichtiger als das erste. [11]

Und was sollen wir über das „Gesetz der Substanz" sagen, das Haeckels Beitrag zu den Grundprinzipien darstellt und das er offenbar für ebenso wichtig hält wie die Entdeckungen von Lavoisier und Mayer? [12] Ich persönlich kann es nicht akzeptieren, weil es für mich absolut bedeutungslos ist. Wir wissen, was das Gesetz der Erhaltung der Materie bedeutet. Das bedeutet unter anderem, dass 12 Pfund Kohlenstoff bei der Verbrennung 44 Pfund Kohlendioxid ergeben , das wir zersetzen und wieder 12 Pfund Kohlenstoff zurückgewinnen können. Das Energieerhaltungsgesetz bedeutet unter anderem, dass wir bei der Verbrennung von 12 Pfund Kohlenstoff 135.305.600 Fuß Pfund Energie erzeugen. Aber was bedeutet es, wenn wir sagen, dass Materie und Energie oder Körper und Geist irgendwie dieselbe Substanz sind? Haben wir mehr gesagt als bei der getrennten Bestätigung der beiden Gesetze? Selbst wenn es wahr ist, macht es für irgendjemanden oder irgendetwas einen kleinen Unterschied? Oder um die Frage in eine pragmatische Form zu bringen: Kann es wahr sein, wenn es für niemanden oder irgendetwas einen kleinen Unterschied macht? Aber wir müssen bedenken, dass die starre Anwendung dieser Formel auf viele historische Versuche, das „Rätsel des Universums" zu lösen, weniger davon intakt lassen würde als im Fall von Haeckel.

die Ideen von Haeckel zu pauschal verurteilen . Auch in Sachen Religion ist Haeckel bei weitem nicht so ketzerisch, wie er annimmt oder behauptet wird. Viele der Dinge, die er angreift, sind kaum wiederzuerkennende Karikaturen moderner religiöser Ansichten. Es sei daran erinnert, dass das „Rätsel" und die „Wunder" zu einer Zeit geschrieben wurden, als er sah, wie die deutsche Regierung unter die Herrschaft des Blau-Schwarzen Blocks geriet, und als es ihm so vorkam, als ob diese Koalition aus Konservativen und Geistlichen eine Bedrohung darstellte die freie Meinungsäußerung zu unterdrücken und den Fortschritt der Wissenschaft zu behindern. In seinen früheren Schriften werden seine Ansichten in einer viel versöhnlicheren Sprache ausgedrückt. Tatsächlich ist sein Pantheismus zeitweise kaum von Theorien der göttlichen Immanenz zu unterscheiden, wie sie heute in orthodoxen Kirchen sehr häufig vertreten werden. Worin liegt die Magie des Wortes „Monismus", wenn nicht in unserem tief verwurzelten Vorurteil zugunsten der Einheit, das vom heftigen Monotheismus der Juden geerbt wurde? Macht sich Haeckel dann nicht die Donner vom Sinai zunutze, um seine neue Religion durchzusetzen?

Seine „Allgemeine Morphologie" von 1866, die er, wie er mir sagte, als Ausdruck seiner Philosophie seinen späteren Werken vorzieht, schließt mit folgender Passage:

Unsere Philosophie kennt nur einen Gott, und dieser allmächtige Gott beherrscht ausnahmslos die gesamte Natur. Wir sehen sein Wirken ausnahmslos in allen Phänomenen. Die gesamte anorganische Welt ist ihm ebenso unterworfen wie die organische. Wenn ein Körper in der ersten Sekunde fünfzehn Fuß in den leeren Raum fällt, wenn sich drei Sauerstoffatome mit einem Schwefelatom zu Schwefelsäure vereinigen , wenn der Winkel, den die aneinandergrenzenden Oberflächen einer Bergkristallsäule bilden, immer 120 beträgt °, diese Phänomene sind ebenso wirklich das direkte Wirken Gottes wie das Blühen der Pflanze, die Bewegung des Tieres oder der Gedanke des Menschen. Wir alle existieren „durch die Gnade Gottes", der Stein ebenso wie das Wasser, der Radiolarier ebenso wie die Kiefer, der Gorilla ebenso wie der Kaiser von China. Keine andere Vorstellung von Gott außer dieser, die seinen Geist und seine Kraft in allen Naturphänomenen sieht, ist seiner allumfassenden Größe würdig; Erst wenn wir alle Kräfte und alle Bewegungen, alle Formen und Eigenschaften der Materie auf Gott als den Erhalter aller Dinge zurückführen, gelangen wir zu der menschlichen Vorstellung und Ehrfurcht vor ihm, die seiner unendlichen Größe wirklich entspricht. In ihm leben und bewegen wir uns und haben unser Sein. So wird Naturphilosophie zur Theologie. Der Naturkult geht in den Gottesdienst über, von dem Goethe sagt: „Wahrlich, es gibt keine edlere Ehrfurcht vor Gott als die, die in unserem Herzen für den Umgang mit der Natur aufsteigt." Gott ist allmächtig: Er ist der alleinige Erhalter und Ursache aller Dinge. Mit anderen Worten: Gott ist das universelle Gesetz der Kausalität. Gott ist absolut perfekt; er kann nicht anders als vollkommen gut handeln; er kann daher nicht willkürlich oder frei handeln – Gott ist Notwendigkeit. Gott ist die Summe aller Kräfte und damit aller Materie. Jede Vorstellung von Gott, die ihn von der Materie trennt und ihm eine Summe von Kräften entgegensetzt, die nicht göttlicher Natur sind, führt zum Amphitheismus (oder Ditheismus) und weiter zum Polytheismus. Indem er die Einheit der gesamten Natur zeigt, weist der Monismus darauf hin, dass es nur einen Gott gibt und dass dieser Gott sich in allen Naturphänomenen offenbart. Indem der Monismus alle Phänomene der organischen oder anorganischen Natur auf dem universellen Gesetz der Kausalität begründet und sie als das Ergebnis „wirksamer Ursachen" darstellt, beweist er, dass Gott die notwendige Ursache aller Dinge und das Gesetz selbst ist. Indem er in der Natur nur göttliche Kräfte anerkennt und alle Naturgesetze als göttlich verkündet, erhebt sich der Monismus zu der größten und erhabensten Vorstellung, zu der der Mensch, das Vollkommenste aller Dinge, fähig ist: die Vorstellung von der Einheit von Gott und Natur .

WIE MAN HAECKEL LEST

„Das Rätsel des Universums" (Harper) ist aus Haeckels Sicht die beste populärwissenschaftliche Darstellung von Wissenschaft und Philosophie. Dies kann durch „The Wonders of Life" (Harper) ergänzt werden, in dem er die biologische Seite ausführlicher entwickelt und sich gegen bestimmte Kritikpunkte wehrt. Dazu kommt noch das sehr interessante Leben Haeckels von W. Bölsche (Jacobs). Günstige Ausgaben dieser drei werden von der Rationalist Press Association, London, veröffentlicht. Sie sowie andere Werke Haeckels wurden von Joseph McCabe übersetzt.

„The Natural History of Creation" (Appleton) und „The Evolution of Man" (Appleton oder Putnam) sollen beide die grundlegenden Prinzipien der Evolutionstheorie und die biologischen Fakten, auf denen sie basiert, auf eine für den allgemeinen Leser verständliche Weise erklären basiert. Besondere Ansprachen von Haeckel werden unter den Titeln „Monism as Connecting Religion and Science" (Macmillan) und „Last Words on Evolution" (New York) übersetzt. Von seinem „ Indischen Reisebilder " gibt es zwei Versionen auf Englisch: eine von Mrs. SE Boggs mit dem Titel „India and Ceylon", die weder wörtlich noch vollständig ist, und eine von Clara Bell, „A Visit to Ceylon" (Eckler), die besser ist. Auf Auf der persönlichen Seite können Herman Schauffauers Skizzen „Haeckel, ein Koloss der Wissenschaft" (*North American Review* , August 1910) und „A Talk with Haeckel at Home" in *TP's Magazine* , 1912, gelesen werden; Elbert Hubbards „Little Journeys to the Homes of Great Scientists" und Joseph McCabes „A Scientist's Sunset Years", in *Harper's Weekly*, 7. August 1909. Einige der bemerkenswerteren Bücher und Artikel über den Haeckelismus in englischer Sprache sind: „Life and Matter" von Sir Oliver Lodge, eine Kritik aus der Sicht eines Spiritualisten; die Diskussion zwischen Lodge und McCabe im *Hibbert Journal* , Bd. III, S. 315 und 741; „The World View of a Scientist", von Frank Thilly in *Popular Science Monthly*, Bd. LXI, S. 407–425; „Ernst Haeckel, Darwinist, Monist", von VL Kellogg, in *Popular Science Monthly* , Bd. LXXVI, S. 136–142; „Haeckel and Monism", von J. Butler Burke, in *Oxford and Cambridge Review* , 1907; „Lucretius und Haeckel", von FBR Hellems , in „University of Colorado Studies", Bd. Kranke, 1905; „Religion als glaubwürdige Doktrin", von WH Mallock ; „Haeckels Monismus falsch", von Reverend F. Ballard; „Das alte Rätsel und die neueste Antwort", von Pater Gerard; „Haeckel's Critics Answered", von Joseph McCabe (London: Rationalist Press); „Haeckels Antwort an die Jesuiten" (New York: *Truthseeker*); „Haeckel and His Methods", von RL Mangan, in der *Catholic World*, Mai 1909. Der Monismus von Doktor Paul Cams aus Chicago ist eine andere Spielart als der von Haeckel, wie er im Monist, Bd. II, S. 498; Bd. IV, S. 228; und Bd. XVI, S. 120.

Aus dem umfangreichen Bestand an deutschsprachiger Literatur über Haeckel ist es unmöglich, mehr als einige ausgewählte Titel zu nennen. Die

Bibliographie ist bei „Ernst Haeckel: Versuch einer „Chronik seines Lebens und Wirkens " von Walther May (Leipzig: Barth, 1909) widmet vierzehn Seiten den Titeln von Haeckels Schriften, vier Seiten einer Liste biografischer Bücher und Skizzen und dreizehn Seiten einer Liste von Kritiken und Diskussionen über den Haeckelismus .

„Die Welträtsel " und „Die Lebenswunder " erscheinen im Verlag Alfred Kröner , Leipzig. Der Inbegriff von Haeckels Philosophie, der auf den vorhergehenden Seiten fast vollständig wiedergegeben wird, findet sich in „Der Monistenbund ", *Thesen zur Organisation des Monismus* (Neuer Frankfurter Verlag). Weitere Werke Haeckels allgemeinen und philosophischen Charakters sind: „ Natürliche Schöpfungs-Geschichte " (Berlin: Reimer); „Anthropogenic oder Entwickelungsgeschichte des Menschens " (Leipzig: Engelmann); „ Generalle Morphologie der Organismen " (Reimer); „ Systematische Phylogenie " (Reimer); „Der Kampf um den Entwickelungs-Gedanken " (Reimer); „Der Monismus als Band zwischen Religion und Wissenschaft " (Kröner); „ Frei Wissenschaft und freie Lehre ", die Antwort an Virchow (Kröner); „Das Weltbild von Darwin und Lamarck", die Hundertjahrfeierrede zu Darwins Geburtstag (Kröner).

Haeckels Reiseskizzen finden sich im „ Indischen" . Reisebriefe " (Berlin: Paetel) und „ Aus Insulinde " (Kröner). Selbst wer kein Deutsch liest, wird beim Durchblättern der Farbtafeln in „ Kunstformen der Natur " (Leipzig: Bibliographisches Buch) Freude und Verständnis für die künstlerische Seite Haeckels finden Institut) oder „ Wanderbilder " (Gera: Köhler).

Eine bemerkenswerte Hommage an weltweite Zuneigung ist der zu seinem achtzigsten Geburtstag erschienene Band „Was wir Ernst Haeckel verdanken " (Leipzig: Verlag Unesma), zu dem 125 Männer und Frauen beigetragen haben – Gelehrte, Künstler, Arbeiter , Beamte und Geschäftsleute.

Der monistischen Bewegung können die Broschüren der Gesellschaft folgen, die üblicherweise beim Verlag Unesma , Leipzig, erhältlich sind. Zu den interessanteren dieser *Flugschriften* gehören: „Friedrich Paulsen über Ernst Haeckel" von Albrecht Rau; „Reinke contra Haeckel", von Heinrich Schmidt; „Eine neue Reformation vom Christentum zum Monismus ", von Hannah Dorsch und Arnold Dodel ; „ Monismus und Christentum ", von Heinrich Schmidt; „ Monismus und Klerikalismus ", von J. Unold ; „Das Einheit der physikochemischen Wissenschaften ", von Wilhelm Ostwald; „Die einheitliche Weltanschauung", von Ernst Diesing : Letzteres fordert die Monisten auf, die Friedens- und Naturschutzbewegungen zu unterstützen. Das offizielle Organ ist *Das Monistische Jahrhundert* , eine von Ostwald herausgegebene Wochenschrift, herausgegeben vom Verlag Unesma , Leipzig. Die Ausgabe vom 14. Februar 1914 ist zu Ehren seines achtzigsten Geburtstages Haeckel gewidmet. Zur Geschichte der monistischen

Philosophie im Allgemeinen von den Griechen bis zur Gegenwart siehe „Der Monismus " von verschiedenen Autoren, herausgegeben von Arthur Drews (Jena: Diederich , 1908) oder „ Geschichte des Monismus " von Rudolf Eisler (Leipzig). : Kröner).

Von der darlegenden und kontroversen Literatur, Pro und Contra, muss es genügen, die folgenden Titel zu erwähnen: „Die Weltanschauung Haeckel", von Max Upel (Berlin-Schönberg; Buchverlag der Hilfe), eine kurze und faire Kritik; „Ernst Haeckel, ein Bild seines Lebens und seiner Arbeit", von Wilhelm Breitenbach (Brackwede ich . W.: Verlag von Breitenbach & Hoerster), eine Hommage an den Meister zu seinem siebzigsten Geburtstag; „Haeckels Welträtsel nach ihren starken und ihren schwächen Seite ", von Julius Baumann (Leipzig: Diederich , 1900); „Anti-Haeckel", von F. Loofs , Professor für Theologie in Halle; „Philosophia Militans " von F. Paulsen, Professor für Philosophie in Berlin. Eine gute Darstellung von Die Haeckel-Paulsen-Kontroverse von Theodor Lorenz findet sich in der *Deutschen Literaturzeitung* vom 12. März 1910 und später.

[1] Ein Studienfreund von mir, dem ich diese Verse zur Übersetzung in die Landessprache des Campus empfohlen habe, gibt mir diese Version:

Wer die Wahrheit kennt und nichts sagt,
der ist in der Tat ein trauriger Lümmel! Wer die Wahrheit kennt und zu locker redet, gerät in Berlin ins Chaos!

[2] Dies ist *nicht* zu übersetzen, wie ich einmal einen Studenten sagen hörte: „Haeckels einseitige Darstellung des Universums."

[3] „ Thesen zur Organisation des Monismus.

[4] „Rätsel des Universums", S. 363.

[5] „Wunder des Lebens", S. 430.

[6] *Ebenda.* , P. 248.

[7] „Wonders of Life", S. 115 und 119.

[8] Präsident Thomas vom Middlebury College legte in *The Independent , Bd .* 1, die Quelle seiner Theorie offen, dass der Vater Christi ein römischer Offizier namens Pandera war . 64, S. 515.

[9] Einige der anstößigeren dieser Passagen werden in den späteren Ausgaben von „Die Welträtsel " geändert oder entfernt.

[10] Eine weitere Medusa wurde ebenfalls nach seiner Frau Demomema benannt Annasethe ist auf einer der Farbtafeln der New International Encyclopedia (Bd. XII, S. 68) zu finden.

[11] Die Bedeutung dieses Schwerpunktwechsels in seiner Bedeutung für metaphysische, religiöse und ethische Ideen habe ich im vorangegangenen Kapitel zu erklären versucht.

[12] Siehe Nummer 20 der oben genannten dreißig Thesen.